中小会社の
計算書類と経理実務

「指針」と「基本要領」

中島茂幸［著］

税務経理協会

　　　　　　　は　し　が　き

1．「中小会計要領」の制定
　平成24年2月に「中小企業の会計に関する基本要領」(「中小会計要領」という。)が公表され，会計ルールに重大なパラダイム変化が生じました。今後は，企業規模等によって複数の会計ルールから身の丈に合ったものを選択して使えることになったのです。多数の中小会社にとって「中小会計要領」は会社の実態に適した会計ルールとして活用されるものと思われます。この「中小会計要領」は，総論9項目，各論14項目及び様式集から構成され簡潔に記載されています。

　中小企業のための会計ルールには，平成17年8月「中小企業の会計に関する指針」(「中小会計指針」という。)もありますが，こちらは会計基準の簡易版ともいうべき存在で，総論9項目，各論20項目の会計処理について要点及び解説を簡潔に記載されています。

2．本書は「中小会社の会計実務ハンドブック」
　「中小会計要領」や「中小会計指針」は簡素に書かれているため，これらを理解するためには，企業会計原則や会社法等を参照しなければなりません。
　そこで本書は，中小会社の会計項目を中心に，その沿革や企業会計原則における理論的背景をベースに，会社法及び会社計算規則，法人税法を踏まえて実務的な観点から検討を加えて体系的に述べてみました。その上で，「中小会計要領」や「中小会計指針」のルールがどのようになっているのかを明らかにしてみました。したがって，これらの会計項目として省略されていても，経営者や会計人が実務的に常識的に知っておかなければならない「会社の機関」，「資本金」や「剰余金」などについても述べています。いわば「中小会社の会計実

務ハンドブック」ともいうべきものを目指してみました。

3．大会社と中小会社の会計

これまでは，会計基準といえば，「企業会計原則」をベースとして，近年は連結財務諸表をはじめ，税効果会計，減損会計，資産除去債務会計など「IFRS」へコンバージェンスするために膨大な会計基準が公表されてきました。

こうした中で「中小会計指針」が公表されていましたが，これはIFRSの影響を受けて会計基準が改正されるつど毎年改正され，中小会社のための会計ルールとしてはあまり評価されませんでした。

そこで今回は，会社の実態を見据え，真に中小会社のための会計ルールとはどうあるべきか，平成22年から金融庁，中小企業庁，法務省，企業会計基準委員会，日本経済団体連合会，日本商工会議所，日本公認会計士協会，日本税理士会連合会など，企業会計に関係するオールジャパンの委員による大議論の結果，一応の完成をみたのが「中小会計要領」です。

4．中小企業の経営者に役立つ信頼性のある会計

この会計ルールは，中小会社の会計実務を検討し，「経営者に役立つ会計」であると同時に，利害関係者から求められる公正性や妥当性を有し信頼性のある有用な会計ルールで，しかも中小会社において「実行可能な会計」をボトムアップで集約したものです。大会社に適用される会計基準とは一線を画し，中小会社のための会計ルールとしたのです。つまり，これまでの「会計基準」は金融商品取引法や会社法の大会社向けの高度で複雑な会計ルールとして，「中小会計要領」は中小会社向けの簡易な会計ルールとして，ダブル・スタンダードになったのです。

5．「中小会計要領」違反は「違法決算書」

このような会計ルールが設定されたのですから，今後の中小会社の会計は，少なくとも「中小会計指針」又は「中小会計要領」に従っていなければ，会社

法の要請する「一般に公正妥当と認められる企業会計の慣行」に従った会計といえないものとなりました。少なくとも「中小会計要領」に準拠しない「決算書」は会社法上「違法」の疑念を生じることになります。中小会社の会計実務は，税理士や公認会計士に委嘱して行われることが多いので，税理士や公認会計士が会社の決算書を作成するときには，会社法の定めに従い，「中小会計要領」に準拠していなければならないでしょう。

　もし「中小会計要領」に従って適切な会計情報の開示がなされていない場合には，その決算書を活用した金融機関等の第三者から，その会社役員はもとより，代理作成者として税理士等も損害賠償責任を問われることもあるでしょう。

6．中小会社の会計は「会計の基礎」

　本書は，税理士や公認会計士が中小会社から会計業務を受任して行う場合に最低限必要な知識となっています。また，経営者をはじめ学生や社会人などが「会計」を学ぶ場合にも，会社法の背景などを踏まえて会計を理解する必要があるので，本書で重要会計項目をコンパクトに学ぶことは有益でしょう。

　特に「経営者」におかれては，「中小会計要領」が制定されたことを受けて後掲資料の「チェックリスト」を参照され，自社の決算書にチェックリストが添付されているかを確認し，税理士等がどのような決算作業を行っているのか知っておく必要があるでしょう。

7．刊行の謝辞

　本書を上梓するにあたっては，会計，会社法など多くの先人達の研究業績を参考にさせていただきました。特に故武田隆二神戸大学名誉教授から中小企業の会計について「ダブル・スタンダード論」をご教授いただき，また，「中小会計要領」研究会の委員メンバーで，甲南大学大学院院長河﨑照行先生からも「河﨑素案」のご教授をいただきありがとうございます。浅学非才のため，思わぬ間違いや勘違いがあるかも知れませんが，ご指摘ご指導賜れば幸いに存じます。

税務経理協会編集部エディター堀井裕一氏をはじめ皆様からのアドバイスをいただき大変お世話になりました。この紙面を借りて感謝申し上げます。

平成24年9月

中島　茂幸

目　次

はしがき

第1章　会計制度と中小会計要領

第1節　会計制度の沿革 ……………………………………… 3
1　戦後の企業会計 …………………………………………………… 3
2　会社決算書の適正担保 …………………………………………… 4
3　「中小会計指針」の制定経緯と改正 …………………………… 5

第2節　中小会計要領の創設 ……………………………… 7
1　中小企業向け会計基準の再検討 ………………………………… 7
2　中小会計要領の創設 ……………………………………………… 10

第3節　会社法と会計基準の準拠性 …………………… 12
1　会計慣行への準拠性 ……………………………………………… 12
2　公正妥当な企業会計の解釈 ……………………………………… 13
3　会社の態様と会計 ………………………………………………… 15
4　公正妥当な企業会計の慣行 ……………………………………… 18
5　決算書の信頼性 …………………………………………………… 18

第4節　会計帳簿の作成と保存 　20

1　会計帳簿の作成－帳簿記帳の適時性と正確性－ 　20
2　会社法の会計帳簿保存義務－会社法10年，法人税法7年－ 　22
3　帳簿の適時性と決算書に信頼性付与 　23

第2章　計算書類の意義と概要

第1節　計算書類の意義 　27

1　株式会社の計算書類 　27
2　持分会社の計算書類 　28

第2節　計算書類の概要 　30

1　計算書類の種類と内容 　30
2　計算書類の相違と作成者 　32
3　計算書類の記録と保存 　33

第3節　計算関係書類の監査等と決算公告 　34

1　計算関係書類の監査と株主総会の承認（報告） 　34
2　事業報告及び附属明細書の監査 　37
3　計算書類の公告 　37

第3章　損益計算書の本質と様式

第1節　経営成績の表示 ----- 43

1　損益計算書の目的 ----- 43
2　収益及び費用の認識基準 ----- 44

第2節　中小会計の収益及び費用 ----- 48

1　中小会計指針の収益及び費用 ----- 48
2　中小会計要領の収益及び費用 ----- 53

第3節　損益計算書の様式 ----- 55

1　損益計算書の表示 ----- 55
2　損益計算書の改正点 ----- 56
3　会社計算規則の様式 ----- 57

第4節　中小会計の損益計算書 ----- 62

1　中小会計指針の損益計算書 ----- 62
2　中小会計要領の損益計算書 ----- 62

第4章　貸借対照表の本質と様式

第1節　貸借対照表の構造と区分基準 ----- 67

1　貸借対照表の構造 ----- 67
2　貸借対照表の本質 ----- 68

3 貸借対照表の主な区分 _____ 69
4 流動と固定の区分基準 _____ 70

第2節 貸借対照表の様式 _____ 73

1 貸借対照表の様式 _____ 73
2 「貸借対照表の要旨」の様式 _____ 75

第3節 中小会社の貸借対照表 _____ 76

1 中小会計指針の貸借対照表 _____ 76
2 中小会計要領の貸借対照表 _____ 76

第4節 資産評価の原則 _____ 77

1 取得原価主義 _____ 77
2 時価主義と純資産への表示 _____ 77

第5節 会社法の評価規定の概要 _____ 78

1 取得原価主義 _____ 78
2 償却資産の償却 _____ 79
3 著しい下落の損失 _____ 80
4 資産の減損損失 _____ 81
5 取立不能見込額の損失 _____ 82
6 取得価額と債権金額の差異 _____ 82
7 低価法と時価法の適用 _____ 83

第6節 中小会計の評価 _____ 85

1 中小会計指針の評価 _____ 85
2 中小会計要領の評価 _____ 85

第5章　流動資産と金銭債権

第1節　流動資産の意義 89

1　当座資産 89
2　棚卸資産 89
3　その他の流動資産 89

第2節　流動資産の科目と内容 90

第3節　金銭債権の意義と取得価額 93

1　金銭債権の意義 93
2　金銭債権の取得価額 93

第4節　貸倒損失と貸倒引当金 94

1　貸倒損失と貸倒引当金の計上 94
2　貸倒損失見込額の算定 94
3　法人税法上の貸倒損失，貸倒引当金 96

第5節　中小会計の金銭債権と貸倒損失等 98

1　中小会計指針の金銭債権と貸倒損失等 98
2　中小会計要領の金銭債権と貸倒損失等 101

第6章　有価証券

第1節　有価証券の意義と評価 ―――――――――― 107
1　有価証券の意義と取得価額 ――――――――――――― 107
2　有価証券の表示区分と期末評価 ――――――――――― 108
3　期末評価と評価差額の処理 ――――――――――――― 109

第2節　有価証券の会計処理 ―――――――――――― 112
1　売買目的有価証券 ―――――――――――――――― 112
2　満期保有目的の債券 ――――――――――――――― 113
3　その他有価証券（株式） ――――――――――――― 114

第3節　中小会計の有価証券 ―――――――――――― 116
1　中小会計指針の有価証券 ――――――――――――― 116
2　中小会計要領の有価証券 ――――――――――――― 118

第7章　棚卸資産と経過勘定

第1節　棚卸資産の意義と取得価額 ―――――――――― 123
1　会計基準と会社法における棚卸資産 ――――――――― 123
2　法人税法における棚卸資産 ――――――――――――― 124
3　棚卸資産の取得価額 ―――――――――――――――― 124
4　棚卸資産の評価方法 ―――――――――――――――― 125
5　期末の時価評価 ―――――――――――――――――― 128

第2節　中小会計の棚卸資産 ―――――――――――― 130

1　中小会計指針の棚卸資産 ―――――――――――――――― 130
2　中小会計要領の棚卸資産 ―――――――――――――――― 132

第3節　経過勘定等 ――――――――――――――――― 134

1　経過勘定の意義 ―――――――――――――――――――― 134
2　経過勘定の具体例 ――――――――――――――――――― 134

第4節　中小会計の経過勘定等 ―――――――――――― 137

1　中小会計指針の経過勘定等 ――――――――――――――― 137
2　中小会計要領の経過勘定 ―――――――――――――――― 138

第8章　固定資産

第1節　固定資産の意義と区分 ――――――――――――― 141

1　固定資産の意義 ―――――――――――――――――――― 141
2　固定資産の区分 ―――――――――――――――――――― 142

第2節　固定資産の取得価額と減価償却等 ―――――――― 147

1　固定資産の取得価額 ―――――――――――――――――― 147
2　減価償却の意義 ―――――――――――――――――――― 149
3　減価償却方法 ――――――――――――――――――――― 150
4　貸借対照表の表示 ――――――――――――――――――― 156
5　減損の意義と認識 ――――――――――――――――――― 156

第3節　中小会計の固定資産と減価償却 ---------------- 158
1　中小会計指針の固定資産と減価償却 ------------------------------ 158
2　中小会計要領の固定資産と減価償却 ------------------------------ 159

第9章　繰延資産

第1節　繰延資産の変遷 ------------------------------------- 163

第2節　繰延資産の内容と表示 ---------------------------- 165
1　繰延資産の意義と会計処理 ------------------------------------- 165
2　繰延資産の表示 -- 168

第3節　中小会計の繰延資産 ------------------------------- 169
1　中小会計指針の繰延資産 -- 169
2　中小会計要領の繰延資産 -- 171

第10章　リース取引

第1節　リース取引の形態と分類 ------------------------- 175
1　リース取引の形態 -- 175
2　リース取引の分類 -- 176
3　リース取引のメリットとデメリット ----------------------------- 177

第2節　リース取引の会計処理 ―――――――――― **178**

1　リース取引の性質 ――――――――――――――――― 178
2　原則的処理方法－通常の売買取引と同じ会計処理－ ―――― 178
3　利息相当額の例外処理方法 ―――――――――――――― 179
4　法人税法のリース取引 ――――――――――――――― 180

第3節　中小会計のリース取引 ――――――――― **182**

1　中小会計指針のリース取引 ―――――――――――――― 182
2　中小会計要領のリース取引 ―――――――――――――― 182

第11章　外貨建取引等

第1節　外貨建取引等の沿革と意義 ―――――――― **187**

1　国際協定による外国為替の変遷と考え方 ――――――――― 187
2　外貨建取引等の発生原因と対応 ―――――――――――― 188

第2節　外貨建取引等の会計処理 ――――――――― **189**

1　外貨建取引の会計処理 ――――――――――――――― 189
2　在外支店の財務諸表項目の換算 ―――――――――――― 191
3　在外子会社等の財務諸表項目の換算 ――――――――――― 192

第3節　中小会計の外貨建取引等 ――――――――― **193**

1　中小会計指針の外貨建取引等 ――――――――――――― 193
2　中小会計要領の外貨建取引等 ――――――――――――― 195

第12章　税効果会計

第1節　税効果会計の概要 ───── 199
1　税効果会計の意義と沿革 ───── 199
2　税効果会計の基本的な計算と処理 ───── 200
3　税効果会計の発生要因 ───── 201

第2節　税効果会計の会計処理 ───── 203
1　税効果会計の適用と方法 ───── 203
2　税効果会計の表示と設例 ───── 204
3　繰延税金資産・負債の計上と見直し ───── 208

第3節　中小会計の税効果会計 ───── 210
1　中小会計指針の税効果会計 ───── 210
2　中小会計要領の税効果会計 ───── 211

第13章　負債と引当金

第1節　負債の意義 ───── 215
1　会計上の負債 ───── 215
2　会社法の負債 ───── 215

第2節　負債の区分と評価 ───── 217
1　負債の区分と科目内容 ───── 217

2　負債の評価 --- 219

第3節　中小会計の負債 ------------------------------------ 221

1　中小会計指針の負債 -- 221
2　中小会計要領の負債 -- 222

第4節　引当金の意義と会計 -------------------------- 224

1　期間損益計算と引当金 --- 224
2　会社法の引当金 -- 225
3　引当金項目の比較 --- 226

第5節　会社法の主な引当金 -------------------------- 227

1　退職給付引当金 -- 227
2　返品調整引当金 -- 228

第6節　中小会計の引当金 ----------------------------- 229

1　中小会計指針の引当金 --- 229
2　中小会計要領の引当金 --- 235

第14章　純資産と株主資本

第1節　純資産の区分 --------------------------------------- 239

第2節　株式会社の資本金 ------------------------------- 241

1　戦後の資本金等の変遷 --- 241
2　設立時の資本金 -- 243

3 資本金の増加 ―――――――――――――――――― 246
4 資本金の減少 ―――――――――――――――――― 246
5 減資等による欠損填補 ―――――――――――――― 249

第3節　株式会社の準備金と剰余金 ―――――――― 250

1 資本金・準備金・剰余金の増加と減少 ―――――― 250
2 準備金と剰余金の会計処理 ――――――――――― 251
3 「剰余金の配当」による準備金の計上 ―――――― 252
4 分割・交換等による準備金の積立て ――――――― 255
5 準備金の減少・欠損金額の消去・剰余金の処分 ― 255

第4節　自己株式の会計と表示 ――――――――――― 258

1 自己株式の取得 ――――――――――――――― 258
2 自己株式の会計処理 ――――――――――――― 259

第5節　中小会計の純資産 ――――――――――――― 261

1 中小会計指針の純資産 ――――――――――――― 261
2 中小会計要領の純資産 ――――――――――――― 262

第15章　株式会社と持分会社の剰余金等

第1節　株式会社の剰余金 ――――――――――――― 265

1 「剰余金の額」の意義 ――――――――――――― 265
2 剰余金の額の計算 ――――――――――――――― 266

第2節　剰余金の配当 ・・ 269

1　配当の決議と制限 ・・・ 269
2　違法配当の責任 ・・・ 272

第3節　持分会社の資本金等 ・・・・・・・・・・・・・・・・・・・・・・・・・・・・・・ 273

1　持分会社の資本金等 ・・ 273
2　持分会社の資本金の減少 ・・ 273
3　持分会社の配当 ・・・ 274

第4節　合同会社の資本金等の特則 ・・・・・・・・・・・・・・・・・・・・・・・ 275

1　合同会社の資本金等 ・・ 275
2　合同会社の剰余金額 ・・ 275
3　利益の配当 ・・・ 277

第16章　株主資本等変動計算書

第1節　創設と他の財務表との理論 ・・・・・・・・・・・・・・・・・・・・・・・ 281

1　作成の経緯と目的 ・・・ 281
2　株主資本等変動計算書の理論構造 ・・・・・・・・・・・・・・・・・・・・・・・・・・・・・・・・ 282

第2節　株主資本等変動計算書の様式 ・・・・・・・・・・・・・・・・・・・・ 285

第3節　表示方法 ・・ 288

1　株主資本の各項目 ・・・ 288
2　株主資本以外の各項目 ・・・ 288

3	当期変動額がない項目	289

第4節　変動事由　290

1	株主資本の変動事由	290
2	株主資本以外の変動事由	290

第5節　設　例　292

第17章　注　記　表

第1節　注記表の創設と概要　301

1	注記表の創設	301
2	個別注記表の概要	301
3	個別注記事項の一覧表	305

第2節　注記事項の内容　306

1	継続企業の前提に関する注記	306
2	重要な会計方針に係る事項に関する注記［中小会社必須］	307
3	会計方針の変更に関する注記［中小会社必須］	308
4	表示方法の変更に関する注記［中小会社必須］	309
5	会計上の見積りの変更に関する注記	309
6	誤謬の訂正に関する注記［中小会社必須］	310
7	貸借対照表に関する注記	310
8	損益計算書に関する注記	312
9	株主資本等変動計算書に関する注記［中小会社必須］	312
10	税効果会計に関する注記	313

11	リースにより使用する固定資産に関する注記	313
12	金融商品に関する注記	315
13	賃貸等不動産に関する注記	315
14	持分法損益等に関する注記	316
15	関連当事者との取引に関する注記	316
16	一株当たり情報に関する注記	318
17	重要な後発事象に関する注記	319
18	連結配当規制適用会社に関する注記	319
19	その他の注記［中小会社必須］	320

第3節　中小会計の個別注記表　321

1　中小会計指針の個別注記表　321
2　中小会計要領の個別注記表　322

【資料編】

1．中小会計要領の「損益計算書」 325
2．中小会計要領の「製造原価報告書」 326
3．中小会計要領の「販売費及び一般管理費の明細」 327
4．中小会計要領の「貸借対照表」 328
5．中小会計要領の「株主資本等変動計算書」 330
6．中小会計要領の「個別注記表」 331
「中小企業の会計に関する基本要領」の適用に関するチェックリスト 333

参考著書 337
索　　引 339

凡　　　例 (五十音順)

会社法，会	会社法（平成18年5月1日施行） （平成17年6月29日成立，法律第86号，平成24年3月31日改正）
旧商法	商法（平成18年5月1日会社法施行前） （明治32年3月9日，法律第48号）
金商基準	金融商品に関する会計基準（企業会計基準第10号） （平成20年3月10日改正，企業会計基準委員会）
計算規則	会社計算規則（平成18年5月1日施行） （平成18年2月7日，法務省令第13号，平成23年11月16日改正）
原則	企業会計原則 （昭和24年7月9日，企業会計制度対策調査会）
減損基準	固定資産の減損に係る会計基準 （平成14年8月9日，企業会計審議会）
財務諸表等規則	財務諸表等の用語，様式及び作成方法に関する規則（内閣府令） （昭和38年11月27日制定，平成24年3月26日改正）
施行規則	会社法施行規則（平成18年5月1日施行） （平成18年2月7日，法務省令第12号，平成23年11月16日改正）
退職基準	退職給付に関する会計基準（企業会計基準第26号） （平成24年5月17日改正，企業会計基準委員会）
棚卸基準	棚卸資産の評価に関する会計基準（企業会計基準第9号） （平成20年9月26日改正，企業会計基準委員会）
中小会計指針	中小企業の会計に関する指針 （平成23年7月20日改正，日本公認会計士協会，日本税理士会連合会，日本商工会議所，企業会計基準委員会）
中小会計要領	中小企業の会計に関する基本要領 （平成24年3月27日公表，中小企業庁，金融庁，企業会計基準委員会等）
変動基準	株主資本等変動計算書に関する会計基準（企業会計基準第6号） （平成22年6月30日改正，企業会計基準委員会）
法人税法	法人税法（昭和40年4月1日施行） （昭和40年3月31日全文改正，法律第34号，平成24年3月31日改正）

第 1 章

会計制度と中小会計要領

本章の要点

1. 商法から会社法へ ⇒ 企業会計の変化に対応
2. 金融商品取引法 ⇒ 金融商品の多様化に対応
3. 企業会計原則から個別会計基準 ⇒ 企業の国際化に対応
4. 中小企業の会計制度 ⇒ 中小会計指針（会計参与に対応）
   ⇒ 中小会計要領（中小実務に対応）
5. 企業会計制度の適正担保の確保
   ⇒ 監査制度，チェックリスト制度
6. 会計帳簿の作成と保存 ⇒ 適時性，検証可能性，秩序性の確保

中小会計の考え方

◎ 中小会計指針 ⇒ 会計参与制度の会計基準

「指針のチェックリスト」による信頼性の付与

◎ 中小会計要領 ⇒ 中小企業のための簡素な会計基準

「要領のチェックリスト」による信頼性の付与

第1節　会計制度の沿革

1　戦後の企業会計

　戦後わが国の企業会計は，昭和24（1949）年に公表された「企業会計原則」をベースに，商法，証券取引法及び法人税法の理論的背景として発展してきた。

（1）　商法・会社法
　商法は，上場会社の不正や倒産を契機として，そのつど監査の充実を図るため監査対象範囲を拡大し監査の充実を図るよう改正してきた。近年，企業の国際化と柔軟な活動を支援するよう頻繁に改正が行われた。また，文語体であった商法の「会社編」は新たに「会社法」として平成17（2005）年6月に成立し，平成18年5月から施行された。その細目を規定する会社計算規則は，同年2月7日に公布され会社法と同時に施行された。

（2）　証券取引法・金融商品取引法
　証券取引法は，経済社会における金融商品の取引が，株式，社債にとどまらず，FX，デリバティブなど複雑多岐にわたり拡大してきたため，平成19年10月に「金融商品取引法」と改称しその対象範囲を拡大してきた。

（3）　企業会計原則・会計基準
　企業会計原則は昭和24年に制定され，個々の意見書を含めて，法令ではないが企業会計において尊重される会計理論を示していたが，昭和57(1982)年改正を最後にその後改正されていなかった。平成9年6月「連結財務諸表制度の見直しに関する意見書」以後，会計ビッグバンといわれ，会計制度が，国際的な会計基準と調整のため短期間で大幅に見直され，新たな問題に対しては個別に会計基準を公表して整備を図るという大改革を行ってきた。

法人税法は、その目的が課税所得の計算であり課税の公平や政策的目的から企業会計とは異なる。戦後の改正においては、可能な限り企業会計との整合性を図るよう改正してきたが、企業会計のビッグバンを契機として、企業会計とは別離の課税制度へと改正されている[*1]。

2 会社決算書の適正担保

会社は多くの利害関係者を有しており、健全に発展し透明性の高い経営をしていくためには、会計帳簿を作成し決算書（会社法上は「計算書類」という。）を公告しなければならないものであり、株式会社にはその規模の大小を問わず決算書の公告義務を課している[*2]。証券取引所の上場会社等は、有価証券報告書を提出しなければならない。しかし、中小会社は、経営上「会社」制度を利用していても税金・金融以外に会計認識は薄く、決算書の信頼性も低い状況で、かつ、決算公告を行わない会社がほとんどの状態である。こうした中小会社の決算書の適正担保をどのように確保するか、重要な課題であったところ、平成2年6月には商法及び有限会社法の改正に際して衆議院法務委員会から次のような附帯決議（平成2年6月）がなされた。

---

① 会社の社会的信用を高めるとともに債権者の保護を図るため、計算書類の登記所における公開の制度について、速やかに立法措置を講ずること
② 会計専門家による中小会社の計算の適正担保の精度について更に検討を進め、関係各界の理解を求めた上、速やかに立法上の措置を講ずること

---

*1 拙著『新会社法における会計と計算書類』平成18年10月、税務経理協会。商法から会社法への変遷と会計基準の改正について第1章に詳述した。
*2 会社法は決算公告違反に対して100万円以下の罰金（会社法976条1項2号）。

その後も会計ビックバンなどに対応した複雑で高度な会計基準に対して，「中小企業に対し過重な負担を課し，経営を阻害することのないよう，必要な措置を講ずる」(平成14年5月参議院附帯決議)ようさらなる要請が出された。

3 「中小会計指針」の制定経緯と改正

(1) 中小会計指針の制定経緯

国会の附帯決議を受けて，中小企業庁は平成14(2002)年6月に「中小企業の会計」[3]を，日本税理士会連合会は同年12月「中小会社会計基準」を，日本公認会計士協会は翌年6月に「中小会社の会計のあり方に関する研究報告」をそれぞれの立場から発表した[4]。その後，日本税理士会連合会，日本公認会計士協会，日本商工会議所及び企業会計基準委員会の4団体によって統合され，平成17年8月3日に「中小企業の会計に関する指針」(以下「中小会計指針」という。)として公表された。

この「中小会計指針」は，会社法に創設される「会計参与」制度のため制定され，中小企業の会計として実践されはじめた。そのため会社法及び会社計算規則の制定を受けて，平成18年4月に「中小会計指針」は改訂され，その後も，会計基準の制定や改正を受けて平成23年まで，毎年，改正されている。

---

[3] 経済産業省中小企業庁，『中小企業の会計に関する研究会報告書』，平成14年6月では，「中小企業の会計実務は，専ら税務を主に念頭に置いて行われ，経営者のディスクロージャーはそれほど意識されてこなかったと言われている。このため，メインバンクや継続的な取引先以外には，中小企業の経営状態を外部から理解することは容易ではなかった。」，「公開大企業を対象とした高度な新会計基準が次々と導入されていることは承知していても，それは自分の経営する中小企業にとって明らかに過重であると実感されているのではないか。」と問題点を指摘し，「こうした中，中小企業が具体的にどのような会計を行うことが適当なのか，必ずしも明確に意識されていなかったと考えられる。」との問題意識に立って研究した。

[4] 拙論「中小会社の会計基準についての一考察」『北見大学論集』第27巻第2号，平成17年2月，権威ある中小会社会計基準の制定を論じた。

(2) 「中小会計指針」における実務上の問題

　会社法の施行とともに「会計参与」のために制定された中小会計指針ではあったが，現実の実務には余り活用されていない。その理由の1つには「中小会計指針」設定自体の考え方にある。つまり中小会計指針は，<u>「企業の規模に関係なく，取引の経済実態が同じなら会計処理も同じになるべき」</u>とするシングル・スタンダードの考えから会計基準の簡素化ベースで，かつ，中小会社に多用されている税法基準を容易に認めていないことにあった。さらに，国際財務報告基準（IFRS）の公表によって，適宜改正される日本の会計基準に影響され，それに連動して「中小会計指針」も連年改正されてきたことにある。もちろん「中小会計指針」の規定においても<u>「会計処理の簡便化や法人税法で規定する処理の適用が，一定の場合には認められる。」</u>とはしているが，その「法人税法で定める処理を会計処理として適用できる場合」とは，第7項で次のよう定めている（下線は著者）。

＜中小会計指針第7項＞
(1) 会計基準がなく，かつ，法人税法で定める処理に拠った結果が，<u>経済実態をおおむね適正に表していると認められる場合</u>
(2) 会計基準は存在するものの，法人税法で定める処理に拠った場合と<u>重要な差異がないと見込まれる場合</u>

　このように法人税法の処理基準を適用する場合であっても機械的には適用できず，(1)の場合には「経済実態をおおむね適正に表していると認められる」か否かの判断を行った上で適用しなければならない。また，(2)の場合には，定めのある会計基準の数値と税法基準の数値とを算定し，両者の結果による差異について「重要な差異がないと見込まれる」との判断を行った上で適用することになる。つまり原則的な会計処理の判断それ自体が，中小企業には大変な事務負担を課しているのに，さらに法人税法による処理の数値を算出して比較することは，さらなる会計処理の過重負担となっていたのである[*5]。

第2節　中小会計要領の創設

1　中小企業向け会計基準の再検討

(1)　「非上場会社の会計基準に関する懇談会　報告書」

　国際会計基準審議会（IASB：The International Accounting Standards Board）の会計基準（IFRS：International Financial Report Standards）は，投資者指向型の資産負債アプローチによる企業の公正価値[*6]を求める会計処理を要求している。会計処理の対応においては原則主義を採用しているため，企業における見積数値が多くなる。もちろん見積りについては「合理的な見積り」ということになるが，当然，そこには経営者の判断による将来予測数値を用いることになり，客観性，合理性の判断が重要な論点として残る。

　このような会計数値の変貌に対して，実務的に公正価値を必要としない多くの中小会社からは，そのような会計のあり方に疑問が持たれるようになった。

　こうした「中小会計指針」に内在する問題点を解消するため，日本商工会議所，日本税理士会連合会，日本公認会計士協会，日本経済団体連合会，企業会計基準委員会が連帯して平成22年2月25日に「非上場会社の会計基準に関する懇談会」を立ち上げ，同年8月30日に「報告書」（以下「懇談会報告書」という。）をとりまとめた。この『懇談会報告書』によると，まず，非上場会社について利害関係者の実態などから「非上場会社の財務諸表の利用者と目的」の論点整理を行い，さらに諸外国におけるIFRSの適用，規模の相違による会計基準の適用状況について調査を行い，諸外国においてもIFRSの適用だけ

[*5]　河﨑照行『各国の中小企業版IFRSの導入実態と課題』国際会計研究学会，平成23年9月，195頁。

[*6]　浦崎直浩『公正価値会計』森山書店，平成14年6月。浦崎は「公正価値会計とは，伝統的な期間損益計算の枠組では把握されえない事実関係を，公正価値による測定を介して数関係に写像し，これを利害関係者に伝達するシステムである」（2頁）と定義して，公正価値会計の体系化を展開している。

ではなく,各国それぞれの会計基準を有しており,上場会社と非上場会社や中小会社に対する会計基準の適用が区々に異なることが明らかにされた。

その結果,図表1-1のように,すべての会社を4つに区分し,連結財務諸表(連結)と個別財務諸表(単体)とに分けて,会計基準の適用関係を示した。

図表1-1　会社の分類と適用される会計基準

区分	会社数	連結	単体
① 上場会社	約3,900社	国際会計基準の任意適用	日本基準
② 金商法開示企業（上場会社以外）	約1,000社	日本基準 連結先行でコンバージェンス	
③ 会社法大会社（①及び②以外），(資本金5億円又は負債総額200億円以上)	約10,000社から①,②に含まれるものの数を除く。	作成義務なし	日本基準 簡略化*1
④ 上記以外の株式会社（①,②及び③以外）	約260万社から①,②及び③に含まれるものの数を除く。	作成義務なし	中小会計指針*2 / 中小会計要領*2

「懇談会報告書」,20頁,一部修正。

(著者注)
* ＊1 会社法の大会社は会計監査人設置会社であるが,連結計算書類の作成は任意適用となっている(会社法444条)。金融商品取引法の適用がないので会計基準の一部簡略化も可能である。
* ＊2 「中小会計指針」は「中小企業の会計に関する指針」,「中小会計要領」は「中小企業の会計に関する基本要領」(平成24年2月1日中間報告)を意味している。

このことは,従来のシングル・スタンダードとは異なり,非上場会社の実態を踏まえてダブル・スタンダード(複数基準)の考え方によって会計基準を示したのである。なお,「会計参与」制度が会社法の制度であることから,「中小会計指針」は残されている。

(2) 「中小企業の会計に関する研究会　中間報告書」

　中小企業庁は，前述の5団体による懇談会と並行して，平成22（2010）年2月15日から同年9月17日まで「中小企業の会計に関する研究会」を開催した。そこでは中小企業の現状認識を確認した上で，実務的な観点から，「一般に公正妥当と認められる企業会計の慣行」とはどのようなものをいうのか，「新たに中小企業の会計処理のあり方を示すもの」を取りまとめるにあたって**図表1－2**のように4つの考え方をベースに検討した。

図表1－2　中小企業の会計に関する基本的な考え方

①　経営者が理解でき，自社の経営状況を適切に把握できる，「経営者に役立つ会計」
②　金融機関や取引先等の信用を獲得するために必要かつ十分な情報を提供する，「利害関係者と繋がる会計」
③　実務における会計慣行を最大限考慮し，税務との親和性を保つことのできる，「実務に配慮した会計」
④　中小企業に過重な負担を課さない，中小企業の身の丈に合った，「実行可能な会計」

「中間報告書」23頁。

　この「考え方」には書かれていないが，国際会計基準からの影響を遮断又は回避することについてコンセンサスがある。中小会計指針では「企業の規模に関係なく，取引の経済実態が同じなら会計処理も同じになるべき」とするシングル・スタンダードの考え方を採用しているが，新たな中小会計要領は，「Ⅰ．総論　6．国際会計基準との関係」に「<u>本要領は，安定的に継続利用可能なものとする観点から，国際会計基準の影響を受けないものとする。</u>」（下線は著者）と，企業会計基準のコンバージェンスと一線を画して行うべきとの考え方を明記している。また，会計処理のあり方についても**図表1－3**のように中小企業の実務慣習を重んじた簡潔平易なものをベースに行うものとしている。

図表1-3　会計処理のあり方

① 中小企業が会計実務の中で慣習として行っている会計処理（法人税法・企業会計原則に基づくものを含む。）のうち、会社法の「一般に公正妥当と認められる企業会計の慣行」と言えるものを整理する。
② 企業の実態に応じた会計処理を選択できるよう幅のあるもの（企業会計基準や中小指針の適用も当然に認められるもの）とする。
③ 中小企業の経営者が理解できるよう，できる限り専門用語や難解な書きぶりを避け，簡潔かつ平易で分かりやすく書かれたものとする。
④ 記帳についても，重要な構成要素として取り入れたものとする。

「中間報告書」35頁。

そして取りまとめにあたっては，「中小企業関係者の総意として行われる」という手続を担保するため，従来の中小会計指針のように，企業会計基準をベースとしてそれを簡素化するという「トップダウン・アプローチ」ではなく，「中小企業の属性を検討し，取得原価主義，企業会計原則等を踏まえつつ，積み上げ方式で策定する」という「ボトムアップ・アプローチ」を採用すべきであるとした[7]。

2　中小会計要領の創設

以上のような流れを受けて，中小企業庁及び金融庁は，平成23年2月に「中小企業の会計に関する検討会」（以下「検討会」という。）を設置し，同月15日に初会合を開催した。この検討会を立ち上げた組織が「中小企業庁」と「金融庁」であり，さらに法務省がオブザーバーとして参加していることが重要である。中小企業庁は中小企業へ支援指導的立場で，過去からこうした中小企業の会計ルールに参画してきていたこと，一方の金融庁は，金融商品取引法による

---

[7]　河﨑照行，前掲書，197頁。

監督官庁であり，公認会計士監査の監督をしている，法務省はこれらの会計が会社法との適法性から，この三者によって会社法における一般に公正妥当な企業会計の慣行としての会計ルールは，会社の実態に照らして「ダブル・スタンダード（複数基準）」であることも容認されるものであると合意されたのである。このことは，従来の会計基準「シングル・スタンダード」とする考えからの離脱を意味しており，会計ルールの有り様としては大転換である。そして，この検討会の結論が平成23年11月8日「中小企業の会計に関する基本要領（案）」として意見聴取され，平成24年2月1日に中間報告が公表され，同年3月27日に確定したのである[*8]。

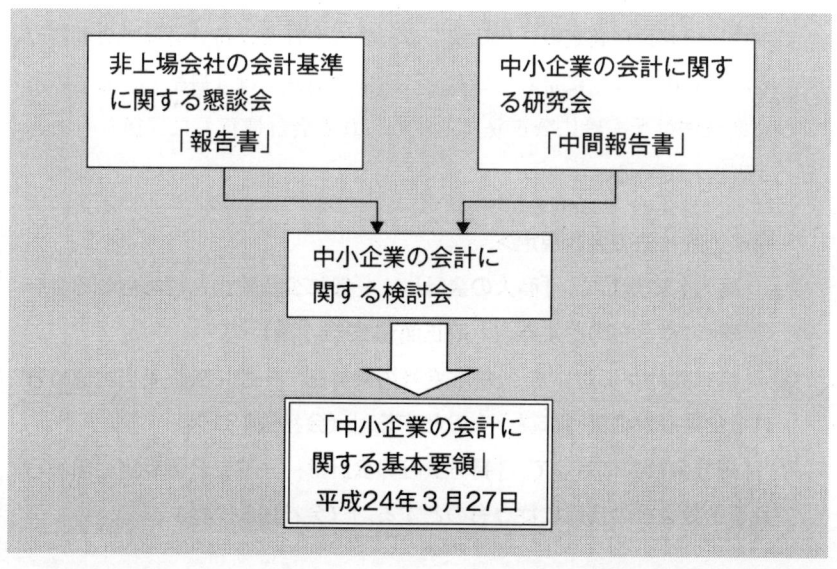

---

*8 TKC会報 平成24年6月号別冊No.41「『中小企業の会計に関する基本要領』取りまとめの背景と意義」に委員からの詳細な経緯が述べられている。

第3節　会社法と会計基準の準拠性

1　会計慣行への準拠性

(1)　「企業会計の慣行に従う」準拠規定

　商法（平成17年改正前）は，「総則」において「商業帳簿の作成に関する規定の解釈については公正妥当なる会計慣行を斟酌すべし」（商法32条2項）と定め，商法施行規則に規定されていない会計事項について会計慣行を斟酌して処理する考え方を示していた。

　この点，平成17年制定の「会社法」は，株式会社及び持分会社の会計について，それぞれ次のように定めている。改正前の商法では「斟酌」としていたところを会社法は「一般に公正妥当と認められる会計慣行」に「従うものとする」と表現している。

＜商法・会社法の会計規定＞
① 「商人」に対して，「商人の会計は，一般に公正妥当と認められる会計の慣行に従うものとする。」（改正商法19条1項）
② 「株式会社」に対して，「株式会社の会計は，一般に公正妥当と認められる企業会計の慣行に従うものとする。」（会社法431条）
③ 「持分会社」に対して，「持分会社の会計は，一般に公正妥当と認められる企業会計の慣行に従うものとする。」（会社法614条）

---

(2)　「会計慣行」の斟酌規定

　会社法の委任事項は，「会社法施行規則」において具体的に規定している。しかし，会計帳簿及び計算書類に関しては，会社法施行規則に「見出し」のみを掲げ，具体的な内容に関して「会社計算規則」に詳細を規定した。

　そこで会社計算規則では，この省令の用語の解釈及び規定の適用に関して

は，「一般に公正妥当と認められる」ことを前提として，「企業会計の基準その他の会計慣行をしん酌しなければならない」として具体的な事項を定めている（計算規則3条）。法令表現の要点は**図表1－4**のようになる。

図表1－4　人格区分による法令の表現

人格区分	商法及び会社法		会社計算規則（3条）	
	対象	行為	対象	行為
商人	会計は	会計の慣行に従う	－	－
株式会社	会計は	企業会計の慣行に従う	省令の用語の解釈及び規定の適用に関しては	企業会計の基準その他会計慣行をしん酌しなければならない
持分会社	会計は	企業会計の慣行に従う		

2　公正妥当な企業会計の解釈

(1)　「従う」と「しん酌」の解釈

　会社法が「一般に公正妥当な企業会計の慣行」に「従う」としている。この主体は，「会社の会計」の「あり方」のことであり，すべての事項を会社法に規定できないので，「法のすき間」については企業会計に依拠するという根源的に当然のことを規定している。これに対して会社計算規則は「この省令の用語の解釈及び規定の適用に関しては，一般に公正妥当と認められる企業会計の基準その他の企業会計の慣行をしん酌しなければならない」（計算規則3条）としている。この斟酌しなければならないのは，「この省令の用語の解釈及び規定の適用」に関して，一般に公正妥当と認められる「企業会計の基準」と「その他の会計慣行」についてである。その用語の持つ意味は異なると解される。

　法務省民事局付郡谷大輔氏は，「会社法431条は，会社の会計に関して，会社法及び下位法令である法務省令に規定がある場合も，ない場合も含めて，そ

もそも，会社の会計については，『一般に公正妥当と認められる企業会計の慣行』に従う旨を規定しているものである。他方，（中略）<u>法務省令の規定があくまで企業会計の慣行の範囲内で定められていることに過ぎないことを前提</u>として，これを形式的に適用するのではなく，企業会計の慣行を斟酌して解釈し，適用すべきであるということを規定している」（週刊「経営財務」平18．4．3，No.2765，39頁）と解している（下線は著者）。

（2）　企業の実態に応じた「公正妥当な会計慣行のしん酌」

　すなわち，会計の対象となる会社の実態は，株式会社及び持分会社のいずれの会社組織であっても上場会社のような大規模な会社から小規模零細な会社まで存在している。そこで会社法は，基本的な事項を規律し，根源的な会計のあり方として「一般に公正妥当な企業会計の慣行に従う」（会社法431条）と表現したものと解される。一方，会社計算規則は「株式会社の会計」及び「持分会社の会計」について具体的な細部を規律しているので，会計実践として，一般に公正妥当と認められる「企業会計の基準」と，一般に公正妥当と認められる「その他の会計慣行」について，会社の実態を踏まえた柔軟な会計慣行の選択適用の余地を，「斟酌」と表現したものと解される。

　会社計算規則は，「企業会計の基準」として企業会計原則をはじめ「金融商品に関する会計基準」（平成20年3月改正）や「固定資産の減損に係る会計基準」（平成14年8月）など個々の具体的な企業会計の基準を意識しながら，「その他の会計慣行」として，例えば，「中小企業の会計に関する指針」（以下「中小会計指針」という。）や将来公表される公正妥当な会計慣行なども意識して表現したのではないかと思われる。

　そうしたところ平成24年2月1日に「中小企業の会計に関する基本要領」（以下「中小会計要領」という。）が，中小企業のための公正妥当な会計ルールとして公表された。もちろん中小会計要領とはいっても，中小企業において絶対的なものではなく，中小企業のために最小限度の会計ルールとしてまとめたものである。したがって，そこに記述されていない事柄については中小会計

指針や他の会計基準によって補充していくものである。しかし，中小会計要領は，中小企業庁と金融庁が共同で公表したものであり，法務省もオブザーバーとして参加して検討したオーソライズされたものであるから，この会計ルールも，「一般に公正妥当と認められる企業会計の慣行」となったのであろう。

3 会社の態様と会計

(1) 金融商品取引法の対象会社の会計

金融商品取引法の対象会社は，経営者はもちろん，従業員，株主，投資者，金融機関，顧客，仕入先，国・地方公共団体，地域住民など幅広く多くの利害関係者が存在しており，それらに会社の財政状態及び経営成績を明瞭に示すため，企業会計原則をはじめ複雑で具体的な多数の会計基準が適用されている。これらの会計基準は，財務諸表等規則（第1条3項）及び連結財務諸表等規則（第1条3項）によって金融庁長官告示に掲げたすべての会計基準が「公正妥当な企業会計の基準」とされている。

したがって，平成24年5月現在，連結財務諸表に対して企業会計基準第1号から第26号までを必ず適用し，さらに，国際的な財務活動又は事業活動を営む特定会社の場合には，別表二（第3条関係）に掲げられている国際財務報告基準（IFRS）第1号から第9号まで及び国際会計基準（IAS）第1号から第41号までを用いて連結財務諸表を作成することができるものとしている。

図表1－5 「公正妥当な企業会計の慣行」の準拠性

○企業会計審議会の企業会計の基準 ○金融庁の財務諸表に関する事項 ○財務会計基準機構・企業会計基準委員会の企業会計基準等	（金融庁長官告示） 一般に公正妥当な 企業会計の慣行	金融商品取引法 適用の株式会社

つまりIFRSやIASは任意適用となっている（連結財務諸表等規則１条の２）。個別財務諸表に対しては，別表に企業会計基準委員会の会計基準のみが掲げられている。金融商品取引法対象会社に対する会計基準の適用関係は**図表１－５**のように金融庁長官の告示に従ってすべての会計基準を適用しなければならない。

(2) 大会社の会計

会社法は，株式会社の組織について柔軟化を図ったところであるが，大会社（資本金５億円以上又は負債総額200億円以上の株式会社）については，委員会設置会社を除いて監査役会及び会計監査人を必ず設置しなければならないものとしている（会社法328条）。そして会計監査人には公認会計士又は監査法人が就任し，会計の専門家が監査にあたり，財務諸表に対する信頼性を確保することとしている（会社法337条）。この場合，原則として個別財務諸表に適用される会計基準は，金融庁長官の告示「別表」に掲げられている「企業会計基準委員会の公表している会計基準のすべて」を適用することとなるものと思われるが，金融商品取引法の適用がないので，利害関係者への財務諸表として，合理性があれば会計基準の適用に当たって簡素化することも認められる。例えば，「会計上の変更及び認識の訂正に関する会計基準」や「包括利益の表示に関する会計基準」などを適用せずに，簡素化できると考えられる。

(3) 中小企業の会計

一方，中小企業の利害関係者は，一般的に経営者，債権者，金融機関及び税務官署などに限定されるため，中小企業に対して複雑な多数の会計基準を大会社と同様に適用することは，中小企業の実態に合わず実務的に過重な負担をかけることになる。そこで中小企業の実態に照らしてその目的に適合するような中小企業の会計ルールとして「中小会計指針」及び「中小会計要領」が公表され，その妥当性を認められたのである。

このことは，会社法制定当時，中小会計指針について法務省民事局付岩崎友

彦氏は,「比較的整備が進みつつある有価証券報告書提出会社向けの会計基準とは異なり,中小企業における会計処理は,現在においても,不文の会計慣行に委ねられている部分も多い。会社法の改正は,そうしたものを公正な「会計慣行」に含まれないとすることが趣旨ではない」という。したがって,中小会計指針は,「一定の範囲の株式会社にとっては会社法における『一般に公正妥当と認められる企業会計の慣行』に該当することになるものと解される。」(週刊「経営財務」平17.12.5,No.2749,81頁)と述べていることからも妥当な解釈であろう。

これによって中小企業の会計処理及び財務諸表の作成について「中小会計指針に準拠して作成したもの」又は「中小会計要領に準拠して作成したもの」は,一応,一般に公正妥当な会計処理と認められるものとなった。つまり「中小会計指針」及び「中小会計要領」(以下この2つのものを一括して「中小会計ルール」という。)による個々の会計基準の弾力的な適用が正当化されたのである。中小会計指針は,これまで公表されている多数の会計基準に対して一定の条件の下で,中小企業には適用しないことを適法化でき,中小会計要領は,それ自体で中小会社の会計の一応の適法性を意味するものとなったのである。

しかしながら,会社法の定めにより,会計参与が取締役と共同して作成する計算書類については,「中小会計指針」に準拠しなければならない。

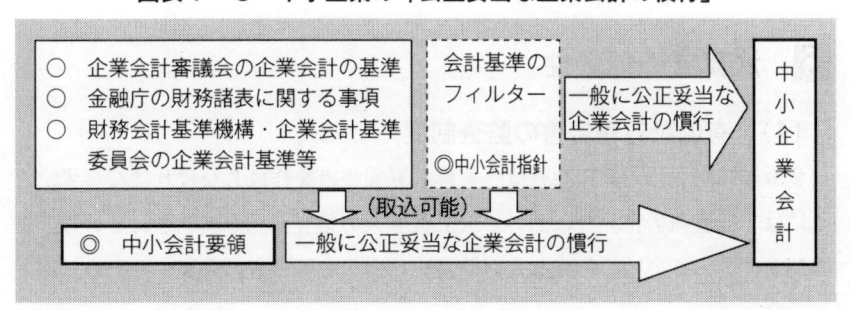

図表1-6 中小企業の「公正妥当な企業会計の慣行」

会計基準	フィルター	
○ 企業会計審議会の企業会計の基準 ○ 金融庁の財務諸表に関する事項 ○ 財務会計基準機構・企業会計基準委員会の企業会計基準等	◎中小会計指針	一般に公正妥当な企業会計の慣行 → 中小企業会計
◎ 中小会計要領	(取込可能) 一般に公正妥当な企業会計の慣行	

4　公正妥当な企業会計の慣行

　以上のように検討してみると，株式会社及び持分会社における「一般に公正妥当と認められる企業会計の慣行」とは何か。

　会社に対しては，金融業，保険業，運送業など業種業態によって固有の法規制があり，当然，そうした固有の法律は遵守しなければならない。会計に関しても業種固有の会計報告が要求される場合には，それに従わなければならない。しかし，会社法のように企業一般法としての法規制については解釈上の余地があることはこれまで述べてきた。この点，金融商品取引法の適用では解釈の余地が狭い。また，業種固有の取引慣行がある場合には，そうした慣行に従った商取引を行うので，それらの会計ルールも合理性を有している場合には会計慣行として認められるであろう。そこで次のように考えられるのではないか。

> 「一般に公正妥当な企業会計の慣行」とは，会社に対する固有の法規制に従い，会計一般については，会社の組織形態，会社の規模，会社の利害関係者の状況など会社の実態を勘案して，既存の会計ルールあるいは自ら研究した会計ルールから，その会社自身にとって合理的で実務上の実行可能性及び簡便性を有する妥当な会計とは何かを検討し，選択適用しその妥当性を認められた会計行為ということであろう。

5　決算書の信頼性

（1）　有価証券報告書の監査制度

　金融商品取引法の対象会社は，有価証券報告書を作成しなければならず，そこには「監査報告書」[9]において会計監査人の監査意見が表明されている。この監査によって会社の作成した財務諸表について第三者の立場からその信憑性

---

　*9　監査報告書の記載例ではタイトルとして「独立監査人の監査報告書」とされた（監査・保証実務委員会実務指針第85号「監査報告書の文例」，平成23年7月）。

について「無限定適正」,「限定付適正」などの信頼性が明らかにされている。また,会社法の大会社も会計監査人による同様の監査意見が表明されその信憑性が付与されている。

(2) 中小会計ルールのチェックリスト

このような大会社に対して中小会社の会計の信頼性を確保するため,中小会計ルールが公表され,その積極的な活用を図るため,次のように「チェックリスト」も示されている。

「中小会計指針」⇒「『中小企業の会計に関する指針』の適用に関する
　　　　　　　　　チェックリスト」(以下「指針のチェックリスト」という。)

「中小会計要領」⇒「『中小企業の会計に関する基本要領』の適用に関する
　　　　　　　　　チェックリスト」(以下「要領のチェックリスト」という。)

したがって,「中小会計指針」を適用する場合には「指針のチェックリスト」を,「中小会計要領」を適用する場合には「要領のチェックリスト」(後掲,資料編に掲載)を,それぞれ活用することにより,会計の専門家である税理士又は公認会計士の立場において,当該中小会社の会計処理の状況を明らかにし財務諸表の信頼性が高まるものと考えられる。

実務的には,税理士又は公認会計士が作成したチェックリストを添付した決算書に対して,税理士会と金融機関との合意に基づいて,融資審査の迅速化や簡素化が図られ,あるいは,借入金について優遇金利が適用されるなどの推進策が実施されており,一層の推進が期待されている。

第4節　会計帳簿の作成と保存

1　会計帳簿の作成－帳簿記帳の適時性と正確性－

　会社法には会計に関する最も基本的なこととして，株式会社及び持分会社は，「適時に，正確な会計帳簿を作成しなければならない。」と規定している（会社法432条1項，615条1項）。この意味するところは極めて重要である。

　会計は，取引事実が発生したとき，その事実に基づき適時に，そのまま正確に帳簿に記録し会計帳簿を作成すべきものである。このことは，元来，企業会計の基本命題である「真実性の原則」の基盤となる「正規の簿記の原則」の要請するところである（図表1－7参照）。

図表1－7　会計帳簿の記帳と真実な計算書類

日々の取引	（適時性）（正確性）→	会計帳簿に記帳　仕訳伝票　総勘定元帳　補助簿　等　（複式簿記）	→ 決算 →	計算書類等の作成　貸借対照表　損益計算書　株主持分変動計算書　個別注記表　等

　もともと会計帳簿は，企業活動によって発生した取引事実を一定の会計ルールに基づいて歴史的に，かつ，分析的に認識・記録し，決算において集計することで計算書類の基礎データとなるものである。それ故に会計帳簿には，日々の取引事実に基づいた客観的事柄を，洩れなく網羅的に，しかもその記録が秩序正しく有機的に関連づけられ，証憑等に基づく検証可能なものが記録されていなければならないものである[10]。この要請に最もよく適合しているのが複式簿記であり，この記帳技術によることが求められていると解される[11]。企

---

　*10　新井清光『財務会計論（増補版）』昭和53年3月，中央経済社，41頁。
　*11　沼田嘉穂『会計学教科書（三訂版）』昭和45年3月，同文舘，30頁。

業会計原則の「正規の簿記の原則」は、真実性を担保するために、まさにそのことを要請しているのである。

この点について、前述、岩崎友彦氏は、会計帳簿の作成について、「実際には、税務申告時にまとめて記帳するなど適時性を欠いた記帳が行われているともいわれている*12。このように適時性を欠いた記帳は、人為的に数字を調整するなどの不正が行われる温床ともなりかねない」(前掲誌、No.2749、82頁)ことから、会社法に明文化されたという。また、会計帳簿の正確性については、「会計帳簿及びこれに基づいて作成される計算書類の適正性を確保し利害関係人を保護する観点から重要であり、国際的にみても会計帳簿の正確性に関する規定を置いている例がある」(前掲誌、No.2749、82頁)ことから、会社法に明文化されたと述べている。

「適時」を解すると、基本的には取引の行われた時に日々記帳することであり、取引事実に基づいて遅滞なく記帳しなければならないものと解するのが妥当であろう。しかし、実務上の実行性を考慮し弾力的に解すると、会社の営む事業種目や業態によっては、現金・預金、商品の送付状・入荷状などの原始記録を適切に保管しておくことで1週間単位でも1月単位でも正確な記帳ができる場合もあるので、個々の実状に応じて適時性の時間的解釈は異なる場合もあろう。しかし、その目的とするところは、「正確な会計帳簿」を作成することによって、正しい財務諸表を作成することにあるから、日々の取引は日々現金等の管理を行い会計帳簿に記帳し自社の損益や資金繰りなどを把握しておくことが必要であろう。要は会計の基本的な役割は「経営に役に立つ会計」であり、証拠に基づく「信頼される決算書」であることが重要なのである。

---

*12 著者の実務的経験からも、残念ながら中小企業に往々に見られるところである。

2 会社法の会計帳簿保存義務－会社法10年，法人税法7年－

　株式会社及び持分会社において，その作成した会計帳簿及び重要資料は，計算書類の基礎データとなるものであるから，会計帳簿の閉鎖の時から10年間の保存義務が課せられている（会社法432条2項，615条2項）。商人も同様である（改正商法19条3項）。会計帳簿の記録義務違反については，その職務を行う者に対して100万円以下の過料とされている（会社法976条7号）。

＜会社法432条第2項＞
　株式会社は，会計帳簿の閉鎖の時から10年間，その会計帳簿及びその事業に関する重要な資料を保存しなければならない。

　法人税法は，普通法人等に対して所定の帳簿書類を備え付けて取引を記録し，その帳簿の備え付け及び保存義務を定めている（法人税法150条の2）。

　また，普通法人等は，現金出納帳その他必要な帳簿を備え，その取引に関する事項を整然と，かつ，明瞭に記録し，その記録に基づいて決算を行わなければならない（法人税法施行規則66条1項）ものと定め，帳簿の種類と記録方法については別表二十二で詳述している。

　一方，課税上の特典が与えられている青色申告法人に対しては，別表二十において帳簿への詳細な記載事項を，別表二十一において貸借対照表及び損益計算書に記載する詳細な科目を定めている（法人税法施行規則54条～59条）。またこれらを整理して課税処分の時効制限期間の7年間保存することを要求している（法人税法施行規則59条，67条，国税通則法70条）。

　なお，繰越欠損金が発生して9年以内の控除が認められる法人にあっては9年間保存しなければならない（法人税法施行規則26条の3）。

　さらに会社法上，会計帳簿は，計算書類作成の基礎データであり，計算書類に示された財政状態及び経営成績を裏付ける重要な資料である。そのために原則として議決権株式数の3％以上を有する株主は，営業時間内は，いつでも閲覧請求することができ，所定の費用を支払って謄写請求することもできる（会

社法433条1項)。また，裁判所は，申立て又は職権で会計帳簿の一部又は全部の提出を命ずることができるものとしている（会社法434条)。

しかしながら，会計帳簿には，会社における重要な情報を記録しているので，①株主権利の確保又は行使に関する調査以外の目的や②会社の業務の遂行を妨げ，株主の共同利益を害する目的など，会社に対して不当な目的を持って閲覧等の請求をした者に対しては，拒否することができるものとして一定の制限を設けている（会社法433条2項)。

3　帳簿の適時性と決算書に信頼性付与

従来ともすれば，中小企業の会計はどの程度信頼できるか，という最も基本的な疑問を投げかけられていたところでもある。中小企業は，中小会計ルールに則して会計を行い，証拠に基づき適時性を確保した帳簿記録を作成するとともに，適用した会計ルールに照らして「決算書」の信頼性を高めることが重要となる。

中小企業の会計実態として，多くの企業は，税理士又は公認会計士に会計業務と決算書と税務申告書の作成を依頼する状況にある。会計の専門家である税理士又は公認会計士は，会計業務と決算書に関して会計記録の適時性証明を行い，「指針のチェックリスト」や「要領のチェックリスト」を活用して決算書に信頼性を付与していくことが必要であろう[*13]。

[*13]　「指針のチェックリスト」及び「要領のチェックリスト」は，中小企業庁，日本公認会計士協会，日本税理士会連合会などのホームページから入手できる。

第 2 章

計算書類の意義と概要

本章の要点

1. 計算書類等の意義 ⇒ 貸借対照表，損益計算書，株主資本等変動計算書，個別注記表及び附属明細書
2. 株式会社の計算書類の承認 ⇒ 設置機関の形態によって承認手続が相違
3. 計算書類の公告：株式会社 ⇒ 決算公告義務有り
   ：持分会社 ⇒ 決算公告義務無し
   （閉鎖的な会社組織）
   ：金融商品取引法対象会社 ⇒ 公告義務免除
   （有価証券報告書を開示）
4. 計算書類の公告義務違反 ⇒ 100万円以下の罰則

第1節　計算書類の意義

1　株式会社の計算書類

　前章では「決算書」と一般的な表現をしたが，会社法及び会社計算規則は，「計算書類」，「計算書類等」及び「計算関係書類」といい，**図表2－1**のように定義している。

図表2－1　計算書類等の用語と種類

項　目　区　分	計算書類の種類
1．計算書類 （作成及び保存するもの，会社法435条2項，計算規則2条3項，91条）	①　貸借対照表 ②　損益計算書 ③　株主資本等変動計算書 ④　個別注記表
2．計算書類等 （作成及び保存し，監査を受けるもの，会社法435条2項，436条1項，2項）	①－④　上記の計算書類のほか ⑤　計算書類の附属明細書 ⑥　事業報告 ⑦　事業報告の附属明細書
3．計算書類等 （株主へ提供するもの，会社法437条）	①－⑦　上記の計算書類等のほか ⑧　監査報告（監査役設置会社） ⑨　会計監査報告（会計監査人設置会社）
4．計算関係書類 （計算規則2条3項3号）	①　設立時貸借対照表 ②　各事業年度の計算書類及び附属明細書 ③　臨時計算書類 ④　連結計算書類

　「計算書類」とは，①貸借対照表，②損益計算書，③株主資本等変動計算書及び④個別注記表を意味する（会社法435条2項，計算規則59条1項）。
　「計算書類等」とは，「計算書類」及び「事業報告」並びに「これらの附属明

細書」と定められているので，計算書類と事業報告のほかに「計算書類の附属明細書」及び「事業報告の附属明細書」が加わる[*1]。さらに株主へ提供する場合の計算書類等には，機関設置の対応に応じて「監査報告」及び「会計監査報告」が含まれる。

「計算関係書類」とは，個別計算書類として①設立時貸借対照表，②各事業年度の計算書類及び附属明細書，③臨時計算書及び④連結計算書類をいう（計算規則2条3項3号）。

このほか個々の計算書類における「等」は，次のように定義されている（計算規則72条，87条，96条，97条）。

---
① 「貸借対照表等」＝ 貸借対照表 ＋ 連結貸借対照表
② 「損益計算書等」＝ 損益計算書 ＋ 連結損益計算書
③ 「株主資本等変動計算書等」＝ 株主資本等変動計算書 ＋ 連結株主資本等変動計算書
④ 「注記表等」＝ 個別注記表 ＋ 連結注記表

2　持分会社の計算書類

会社法は株式会社のほか，持分会社として3つの形態「合名会社」，「合資会社」及び「合同会社」を定めている。この持分会社の計算書類は，会社の形態

[*1] 事業報告と旧商法の営業報告書について

　旧商法は，取締役が，毎決算期において，①貸借対照表，②損益計算書，③営業報告書，④利益処分案（損失金処理案）及び附属明細書を作成しなければならないものとしていた（旧商法281条1項）。そのため，「③営業報告書」が計算書類に含まれるのか，含まれないのかといった議論があった。しかし，会社法は，上述のように「計算書類（中略）及び事業報告並びにこれらの附属明細書を作成しなければならない」と規定し，計算書類の定義は括弧書きで示した。したがって，旧商法の営業報告書及び附属明細書は計算書類に含まれないことが明確となった。従来からの議論は立法的に解決された。

によって相違し，**図表2－2**のように定められている（会社法617条，計算規則71条1項）。

図表2－2　持分会社の種類別計算書類

合名会社・合資会社の計算書類	合同会社の計算書類
（必須作成財務表） ①　貸借対照表	（必須作成財務表） ①　貸借対照表 ②　損益計算書 ③　社員資本等変動計算書 ④　個別注記表
（任意作成財務表） ②　損益計算書 ③　社員資本等変動計算書 ④　個別注記表	

　合名会社及び合資会社は，無限責任社員が存在することから，貸借対照表は作成しなければならないが，他の財務表については，「作成するものと定めた場合」に作成するという任意の財務表である（計算規則71条1項1号）。しかし，合同会社は，株式会社と同様に全社員が有限責任であるから，会社計算規則に定めるすべての財務表を作成しなければならない（計算規則71条1項2号）。

　しかし，実務上，合名会社及び合資会社においても，会社の経営状況を明らかにするためには，合同会社と同様にすべての計算書類を作成するべきである。

第2節　計算書類の概要

1　計算書類の種類と内容

（1）　設立時の貸借対照表

　株式会社及び持分会社は，まず，成立の日に会社の開始時点の財産状態を確定するために「開始貸借対照表」を作成しなければならない（会社法435条1項，617条1項）。

（2）　毎期の計算書類

　株式会社及び持分会社は，設立後，これらの財産をもとに営業活動を開始することになる。会社は継続的に発展することを念頭に経営活動する企業，すなわち，ゴーイング・コンサーン（going concern）であるといわれる。そこで継続する事業活動について一定期間に区切って事業年度とし，株式会社は各事業年度の財産及び損益の状況を示すために「計算書類等」を，持分会社は財産の状況を示すために「計算書類」を，各事業年度ごとに作成し保存しなければならない（会社法435条2項，617条2項）。

　計算書類とは先に述べたように「貸借対照表」，「損益計算書」，「株主資本等変動計算書（社員資本等変動計算書）」及び「個別注記表」であり，「等」には「計算書類の附属明細書」，「事業報告」及び「事業報告の附属明細書」が含まれる。持分会社であっても会社の状況を把握するためには，事業報告や附属明細書は任意に作成すべきであろう。計算書類の種類と記載内容は**図表2－3**のとおりである。

　なお，今日の経営は「キャッシュ・フロー経営」といわれるように「キャッシュ・フロー計算書」の作成は重要となっているが，会社法は，法定する計算書類には含めていない。

図表2-3 計算書類の種類と記載内容

計算書類の種類	記載内容
① 貸借対照表	会社の各事業年度末日における資産，負債及び純資産の財政状態を示す財務表である。
② 損益計算書	会社の各事業年度における収益及び費用・損失の発生額によって経営状態を示す財務表である。
③ 株主資本等変動計算書	会社の純資産について，事業年度の期首残高と期中変動額を示し，それらによって事業年度の期末残高を示す財務表である。前年度の利益及び利益処分等は，当期の株主資本等変動額の期中変動額として各項目に記載される。持分会社の場合は，「社員資本等変動計算書」という。
④ 個別注記表	企業の継続性，貸借対照表，損益計算書及び株主資本等変動計算書等の作成基準及び評価方法など重要な事項を一括して表示する説明表である。

(3) 臨時計算書類

平成17年改正前商法は，中間配当について，前年度末の剰余金を基礎として計算した金額の範囲内で，1回に限り行うことができるものとしていた（改正前商法293条の5）。会社法においても，定款の定めによって，取締役会設置会社は，一事業年度の途中において1回に限り取締役会の決議によって金銭による「中間配当」をすることができるものとした（会社法454条）。

このほかに会社法は，新たに「臨時計算書類」という変則的な計算期間の概念を創設した。この臨時計算書類とは，次のものをいう。

① 臨時貸借対照表　臨時決算日における貸借対照表
② 臨時損益計算書　臨時決算日の属する事業年度の初日から臨時決算日までの期間に係る損益計算書をいう

この制度によって事業年度中の一定の日を「臨時決算日」と定めて，臨時計算書類を作成することが可能となり，この臨時計算書類を作成する場合には，

その臨時計算期間における損益も含めて剰余金を算出することができることとなったのである（会社法441条1項，計算規則60条）。もちろん，この臨時計算書類については，会計監査人や取締役会等の監査や承認が必要となることはいうまでもない（同条2項）。

つまり事業年度開始月から適宜の数か月で仮決算を行い「剰余金の配当」を行うことができることになった。実務的に考えると臨時計算書類の作成は，1つは四半期ごとに剰余金の配当を実施する，他の1つは組織再編に係る臨時決算による会計数値の把握と株主間の利害調整に対する剰余金の配当において用いるのが妥当であろう。

2 計算書類の相違と作成者

（1） 株式会社と持分会社の計算書類の相違

計算書類は，上述したように株式会社及び持分会社にそれぞれ定められている。しかし，臨時計算書類及び連結計算書類は「第2編　株式会社」において規定されており，「第3編　持分会社」では規定されていない。また，これらに関する準用規定もない。したがって，臨時計算書及び連結計算書類は，会社法上，株式会社における固有の規定と考えられ，持分会社における作成は予定していないものと解される。しかし，持分会社であっても，企業集団が存在している場合には，企業経営上，連結計算書類を作成すべきであろう。

（2） 計算関係書類の作成者

株式会社における計算関係書類の作成者は，原則として取締役である（会社法438条1項）が，会計参与設置会社の場合には，取締役と会計参与が共同して作成するものとされている（会社法374条1項）。

持分会社の場合，持分会社の業務執行者は社員又は業務執行社員であるから，これらの者が計算関係書類を作成する（会社法590条，593条，617条）。

3 計算書類の記録と保存

(1) 紙記録と電磁的記録

　株式会社及び持分会社の計算書類の作成は，従来の「紙」による作成方法のほか，「電磁的記録」によることも認められている（会社法435条3項，617条3項）。これらの計算書類等は，所定の監査等を経て（会社法436条），株主や債権者など利害関係者に会社の財産及び損益の状況に関する情報を提供あるいは公告することとしている（会社法437条，440条）。

　金融商品取引法の対象会社は，「有価証券報告書」を作成して決算期末から3月以内に内閣総理大臣へ提出することになっているが，自社のホームページなどによって財務諸表の開示を行っている場合には，それらの電磁的記録のデータを内閣総理大臣へ提出しなければならない（金商法24条，27条の30の3）。

(2) 計算書類等の保存義務

　株式会社は，計算書類及びその附属明細書に関して，会計帳簿と同様に作成した時から10年間保存しなければならない（会社法435条4項）。持分会社の計算書類についても同様の義務が課されている（会社法617条4項）。

　この計算書類の記載義務懈怠又は虚偽記載については，会計帳簿と同様に，その職務を行う取締役等に対して100万円以下の過料と定めている（会社法976条7号）。

第3節　計算関係書類の監査等と決算公告

1　計算関係書類の監査と株主総会の承認（報告）

　株式会社は株主の出資によって成立しており，事業活動の結果は，株主総会へ報告し，承認を得る義務がある。これによって経営者は会社経営を受任した責任が解除されるのである。会社法は，株式会社の機関設置について柔軟化を図ったため様々なタイプの会社が存在することとなった。それらの機関設置類型別に計算書類等の作成と監査及び株主総会の承認又は報告について整理すると図表2－4のようになる。

図表2－4　機関設置会社別の監査等と株主総会

機関設置の類型		(1) 監査役非設置会社	(2) 監査役設置会社	(3) 取締役会設置会社	(4) 会計監査人設置会社（取締役会，監査役設置）	
計算書類等の作成		取締役	取締役	特定取締役	特定取締役	特定取締役
担当役員		—	監査役	監査役	会計監査人	監査役又は監査委員会
対象書類	計算書類	—	監査有	監査有	監査有	監査有
	計算書類の附属明細書	—	監査有	監査有	監査有	監査有
	事業報告	—	監査有	監査有	—	監査有
	事業報告の附属明細書	—	監査有	監査有	—	監査有
取締役会		—	—	承認	承認	承認
株主総会		承認	承認	承認	報告	

（1） 監査役非設置会社（株主総会及び取締役のみ）

　監査役非設置会社の組織形態は，原始的な「株主総会」と「取締役」の機関設置となっているために，監査役による監査を受けることができない。したがって，取締役の作成した計算書類又は臨時計算書類は，直接，定時株主総会に提出し，総会の承認を受けなければならない（会社法438条，441条4項3号）。また，事業報告及び事業報告に関する附属明細書については定時株主総会に提供し報告しなければならない（会社法438条3項）。

（2） 監査役設置会社（会計監査人設置会社を除く，取締役会非設置会社）

　会計監査人及び取締役会の非設置会社の場合には，取締役が作成した計算書類等について，監査役（委員会設置会社の場合には監査委員会）が，計算書類，事業報告及びその附属明細書に対して監査を実施し，監査報告を作成しなければならない（会社法436条1項，施行規則129条，計算規則121条，122条）。臨時計算書類及び連結計算書類についても同様である（会社法441条2項，444条4項）。

　取締役は，監査を受けた計算書類等を定時株主総会に提出し，承認を得なければならない。また，事業報告については定時株主総会に提供し報告しなければならない（会社法436条，438条2項，3項）。

（3） 取締役会設置会社（監査役又は会計参与を設置）

　取締役会設置会社は，必ず，監査役又は会計参与を設置しなければならないので，取締役が作成した計算関係書類は監査役が監査を行う。会計参与と共同して作成した計算書類等については取締役会の承認を得た後，定時株主総会へ提出し，承認を得なければならない（会社法438条2項）。また，事業報告については定時株主総会に提供し報告しなければならない（会社法438条3項）。

(4) 会計監査人設置会社（取締役会及び監査役設置会社）

会計監査人設置会社は，公認会計士又は監査法人による監査を受ける（会社法337条，436条）。この会社の計算書類等は，会計監査人と監査役会（監査役又は監査委員会を含む。）による監査終了後，さらに取締役会の承認を受け，その計算書類が，法令及び定款に従い株式会社の財産及び損益の状況を正しく表示している場合には，定時株主総会の承認は必要とせず報告することで完了する（会社法439条）。附属明細書については監査を受けるが，定時株主総会への提出及び承認義務は課せられていない。

この会計監査人設置会社の計算書類が報告で認められるためには，会社計算規則の次の2つの条件を満たす必要がある（計算規則135条）。

① 会計監査報告が「無限定適正意見」であること
② その会計監査報告に対する監査役（監査役会，監査委員会）の監査報告において「会計監査人の監査の方法又は結果を相当でないと認める意見がない」こと

会社制度と1円会社

　会社法は，機関設置も資本金額にも柔軟性を持たせているため，株主が1人，発行済株式1株，資本金1円，取締役1名という株式会社もあり得る。このような極端な株式会社では，株主総会も一人芝居となる。

　本来，会社法における社団性は，株主や取締役の相互牽制による健全な会社運営を期待するところにあると思う。しかし，株主1人，資本金1円の会社にはそのような相互牽制は期待できないところであり，このような会社制度のあり方について強い疑念を持つ。

　少なくとも株式会社と称するのであれば，一定規模以上の取引高，従業員数，資本金や取締役会の組織形成を要求すべきではないかと考える。それが嫌ならば，株式会社以外に閉鎖的な持分会社制度を用意しているのであるから持分会社とすべきことを強制すべきではないだろうか。

2　事業報告及び附属明細書の監査

「事業報告及びその附属明細書」についての監査報告には，次の意見を記載しなければならない（施行規則129条）。

① 監査役の監査の方法及びその内容
② 事業報告及びその附属明細書が法令又は定款に従い株式会社の状況を正しく示しているかどうかについての意見
③ 取締役の職務の遂行に関し，不正の行為又は法令若しくは定款に違反する重大な事実があったときは，その事実
④ 監査のため必要な調査ができなかったときは，その旨及びその理由
⑤ 監査の範囲に属さないものを除いて，取締役等の職務執行等について，当該事項の内容が相当でないと認めるときは，その旨及びその理由
⑥ 財務及び事業の在り方に関する基本方針の事項が事業報告の内容となっているときは，その事項についての意見
⑦ 監査報告を作成した日

3　計算書類の公告

（1）　株式会社の決算公告

株式会社は，定時株主総会の終結後，遅滞なく，貸借対照表（大会社にあっては，貸借対照表及び損益計算書）を公告しなければならない（会社法440条1項）。公告方法には次のものを定めており，そのいずれかを定款で定めることができる。定款に定めていない場合には，官報によるものとしている（会社法939条1項，4項）。

> ① 官報に掲載する方法
> ② 時事に関する記事を掲載する日刊新聞紙（以下「日刊紙」という。）に掲載する方法
> ③ 電子公告

　官報，日刊紙など紙面による公告の場合には「貸借対照表」に代えて「貸借対照表の要旨」によることも認められている（会社法440条）。また，紙面による場合には一定の日に1度の公告でよいものと解されている。

図表2－5　会社の類型別計算関係書類の種類と公告

会社の類型	特例有限会社	中小株式会社		大株式会社		有価証券報告書提出会社
公　告　方　法	整備法28条	官報（会939条①）	電子（会939条①）	官報（会939条①）	電子（会939条①）	公告不適用 EDINET*2（会440条④）
貸 借 対 照 表	不要	—	必要	—	必要	不要
損 益 計 算 書	不要	—	—	—	必要	不要
貸借対照表要旨	不要	必要	—	必要	—	不要
損益計算書要旨	不要	—	—	必要	—	不要

　電子公告の場合には「要旨」によることは認められていないので，通常に作成された「貸借対照表」をそのまま公告する。さらに公告期間は，定時株主総会の終結の日後5年を経過する日まで継続して電子公告を行わなければならない（会社法940条1項2号）。しかし，金融商品取引法の対象会社で有価証券報告書を提出している株式会社は，会社法に基づく計算書類の公告は必要ないものとされている（会社法440条4項）。これらをまとめると**図表2－5**のとおり

　＊2　金融商品取引法24条の規定の適用による有価証券報告書提出会社は，同法27条の30の3の規定により，「開示用電子情報処理組織による手続の特例等に関する内閣府令」に従い，ＥＤＩＮＥＴ（Electronic Disclosure for Investors' NETwork）による電子情報として有価証券報告書を提供しなければならない。

である。

　なお，計算書類の公告義務に違反して公告を怠ったとき又は不正の公告をしたときは，100万円以下の過料に処せられることとなっている（会社法976条1項2号）。しかしながら，登記所関係者の話によると，公告を怠っている違反会社に対して過料を課したことはないという。事務的にもそのようなシステムになっていないという。会社法における株式会社の計算書類公告制度の実効性が問われるところであり，公告をしないのであれば持分会社とするなど法的見直しが必要であろう。

(2)　持分会社の計算書類は公告不要

　持分会社及び特例有限会社には，計算書類の公告義務がない。合名会社，合資会社及び有限会社は，元来，閉鎖的な会社として存在し，利害関係者の規模も限定されるところから計算書類の公告義務は，従来から課せられていない。

　会社法では，旧有限会社は特例有限会社として「みなし株式会社」に含まれることとなったが，旧有限会社法の特性を維持するため，法形式の範囲では株式会社に含まれるが，「特例有限会社」として存続する限り決算公告を要求しないこととした（整備法28条）。決算公告の掲載料金は，官報の場合，次のようになっている。

```
＜決算公告掲載料金＞
　官報による決算公告掲載料金は，次のとおりである。
1．小会社向け　　2枠掲載：　59,126円　　3枠掲載：　88,689円
2．中会社向け　　3枠掲載：　88,689円　　4枠掲載：　118,252円
3．大会社向け　　6枠掲載：　177,378円　　8枠掲載：　236,504円
　　　　　　　　12枠掲載：　354,756円
                                            （平成24年8月現在）
```

第3章
損益計算書の本質と様式

本章の要点
1. 損益計算書 ⇒ 期間損益計算（一定期間の経営成績を把握）
2. 収益 ⇒ 実現主義（引渡基準，検収基準など）による認識計上
   　　　　　発生主義（工事進行基準）による認識計上
   費用 ⇒ 発生主義による認識計上
3. 損益計算書の表示 ⇒ 総額主義による区分表示
   　　　　　　　　　⇒ 収益及び費用を対応表示
4. 損益計算書の5つの利益
5. 財務諸表等規則 ⇒ 金融商品取引法の対象会社に適用
6. 会社計算規則 ⇒ すべての会社に適用

中小会計の考え方
◎ 中小会計指針 ＝ 会計基準 ＝ 会社法 ⇒ 会計参与設置会社に適用
◎ 中小会計要領 ＝ 会計基準 ＝ 会社法 ⇒ その他の中小会社に適用
◎ 「発生主義」,「実現主義」,「総額主義」,「費用収益対応」

第3章

環境利賀籍の本費と検定

第3章 損益計算書の本質と様式　43

第1節　経営成績の表示

1　損益計算書の目的

（1）　期間損益計算

　中世のベンチャービジネスといえば，遠い異国の地に交易を求めていた。死と隣り合わせの航海，そのつど，資金を集め商品を集めて航海し，無事に帰国して航海終了後に口別損益計算を行い，出資者に清算をする。それも次第に継続的となる*1。

　今日の企業は，継続して企業活動を行い発展していこうとする経営組織で営まれており，継続企業（going concern）といわれる。そのため，その活動の業績を把握するためには，人為的に一定の期間に区切って計算を行わなければならない。形式的には，すべての収益とすべての費用・損失を適宜に区分して表示し，最終的には，当期純利益金額又は当期純損失金額を示すものである（原則・第二・一，計算規則94条）。そこで合理的な損益計算を行うためには，発生した収益及び費用・損失を，いつの時点で，いかなる金額で認識し，どの会計期間に帰属させて損益計算をするのか，その認識金額と計上時期が問題となる。また，資産として認識した場合に，その取得原価をどのような計算に基づいて各期間費用に配分するのか，その計算の合理性が問題となる。そこに期間損益計算による会計上の問題が生じてくるのである。

（2）　経営成績の測定表示

　すなわち，損益計算書の本質は，企業の一定期間の経営活動における経営成績を明らかにするため，当該期間に属する収益及び費用・損失の内容を適正に測定し，それらを区分して明瞭に表示する，財務に関する表である。

---

　*1　山下勝治『新版会計学一般理論』昭和42年7月，千倉書房，27-29頁。

そのため企業会計原則は、一会計期間に属するすべての収益とこれに対応するすべての費用とを記載して経常損益計算を示すとともに、この期間に属する特別利益及び特別損失を加減算して当期純利益を算定するものとしている（第二・一）。

会社法及び会社計算規則には、損益計算書の様式名称と表示に関する区分について規定しているが、損益計算に関する具体的な規定はなく、「一般に公正妥当と認められる企業会計の慣行」に従って会計を行うよう規定しているのであるから、基本的には企業会計原則と同じ考え方である（会社法431条, 614条）。会社法は、損益計算書に関しても会社計算規則に委任しているが、そこでは区分及び表示方法などを定めるに止まっている。具体的に収益及び費用・損失を認識測定するのは会計慣行に委ねられているものと解される。

2 収益及び費用の認識基準

（1） 企業会計原則の発生主義と実現主義

企業会計原則は、「すべての費用及び収益は、その支出及び収入に基づいて計上し、その発生した期間に正しく割当てられるように処理しなければならない。」（第二・一・A）と定め、継続企業の基本となる期間損益計算は、発生主義によることを明記している。

さらに売上収益の計上基準については、「売上高は、実現主義の原則に従い、商品等の販売又は役務の給付によって実現したものに限る。」（第二・三・B）ものとし、発生主義をさらに手堅く実現主義によることを定めている。

一方、費用については「発生主義」を特に制限することはなく、そのまま適用される。これは、「企業の財政に不利な影響を及ぼす可能性がある場合には、これに備えて適当に健全な会計処理をしなければならない。」（第一・六）とする企業経営の健全性や安全性といった保守主義の考え方から導かれるものである。つまり利益の計上は配当や税金といった利益処分による資金流出につながるため、収益計上については堅実に計上するため実現主義が採用され、費用に

ついて認識されるものは計上するという発生主義によっている。

(2) 収益及び費用の具体的な認識基準

　企業会計原則における収益及び費用の具体的な認識基準は，**図表3－1**に示すことができる。しかし，これらの認識基準は一般的な意味において表現されており，個々の企業ではさらに自社において実務的で合理的な計上基準を検討して適用すべきである。

　例えば，商品販売であっても送付時点で計上するか，相手方の確認を受けて計上するか，製品等の場合には納品検収を受けて計上するかなど，合理的で具体的な基準を定めておく必要がある。

　鉄道運送業においては，定期代や回数券など運送料金を前受処理する方法もあるが，実務的に収入したときに計上する方法もある。したがって，多様な業種における収益及び費用の認識基準について，法人税基本通達で相当な範囲の事業に関して計上基準を示しているので，参考にすべきであろう。

図表3-1　具体的な認識基準

1. 一般的な営業収益及び費用（第二・三・B）	
商品・製品等の販売	商品・製品等を相手方に引き渡したとき（売上高，売上原価）
役務の給付	役務の給付を完了したとき（売上高，売上原価，役務給付費用）
長期請負工事収益（注7）	工事進行基準又は工事完成基準（工事収益，工事原価に計上）⇒「工事契約に関する会計基準」参照
一定の契約による継続的な役務の提供（注5）	・受取家賃など契約による継続的に役務を提供する場合は，会計期間に区切って計上，受取済翌期の部分は前受収益，当期未収分は未収収益。 ・支払家賃など契約による継続的に役務提供を受ける場合は，会計期間に区切って計上，支払済み翌期の部分は前払費用，当期の未払分は未払費用。
2. 特殊な販売の営業収益（注6）	
委託販売	受託者が委託品を販売した日（仕切精算書又は売上計算書に記録）。ただし，販売のつど送付されている場合には，当該仕切精算書が到達した日をもって売上収益の実現の日と見ることができる。
試用販売	得意先が買取りの意思を表示したとき。
予約販売	予約受取額のうち，事業年度の末日までに商品の引渡し又は役務の給付が完了した分。残額は貸借対照表の負債の部に記載して次期以後に繰り延べる。
割賦販売	原則として，商品等を引き渡した日。ただし，割賦金の回収期限の到来の日又は割賦金の入金の日とすることができる。

3．営業外収益及び費用		
	期間継続的な損益	受取利息，有価証券利息，支払利息，支払社債利息など期間による収益及び費用計上
	契約による損益	有価証券売却契約による収益又は費用の計上
	評価による損益	有価証券評価損益など時価評価による収益又は費用の計上 ⇒「金融商品に関する会計基準」参照
4．特別利益		
	契約による利益又は損失	土地，建物などの売却契約による利益又は損失の計上，保険契約や損害賠償契約による利益及び損失の計上
	前期修正による利益	前期以前の費用の増加・減少，前期以前の収益の増加・減少などが判明したとき，利益又は損失の計上 ⇒「会計上の変更及び誤謬の訂正に関する会計基準」参照

(3) 個別会計基準による評価損益の認識

これに対して，近年公表されてきた「金融商品に関する会計基準」及び「固定資産の減損に関する会計基準」など個別の会計基準の導入によって時価会計が拡大されてきた。したがって，こうした資産については未実現損益であっても，売買目的有価証券に対して時価評価による損益計上，固定資産に対して時価評価による減損計上が行われるようになった。

第2節　中小会計の収益及び費用

1　中小会計指針の収益及び費用

> 要　点
> ➤ 収益及び費用については，一会計期間に属するすべての収益とこれに対応する費用を計上する。
> ➤ 原則として，収益については実現主義により認識し，費用については発生主義により認識する。

(1)　収益及び費用

　中小会計指針は，収益及び費用については，「一会計期間に属するすべての収益とこれに対応するすべての費用を計上する（費用収益の対応原則）」（72項）とし，さらに「原則として，収益については実現主義により認識し，費用については発生主義により認識する」（72項）と定めている。

　しかし，収益認識基準は，従来から，会計において企業会計原則に定める程度のものしか定められていなかったため，実務的には，法人税基本通達第2章「収益並びに費用及び損失の計算」に掲げられた収益認識基準を参考にして適用してきたところが多い。実務的な背景から中小会計指針は，法人税基本通達に示された収益認識基準のうち製品等の販売に係る代表的なものを記載している。

　具体的には，一般的な販売契約における具体的な収益認識日，特殊な販売契約における収益認識日及び工事契約等を**図表3－2**のように示している。

図表3-2　収益認識基準

区　分	収益認識方法，認識日等
1．一般的な販売契約における収益認識基準	
出荷基準	製品，商品等を出荷した時点
引渡基準	製品，商品等を得意先に引き渡した時点
検収基準	得意先が製品等の検収をした時点
上記のほか，輸出を伴う場合には，船積基準，通関基準等がある。	
2．特殊な販売契約における収益認識基準	
委託販売	受託者が委託品を販売した日（仕切精算書又は売上計算書に記録）。ただし，販売のつど送付されている場合には，当該仕切精算書が到達した日をもって売上収益の実現の日とみなすことができる。
試用販売	得意先が買取りの意思を表示したとき。
予約販売	予約金受取額のうち，事業年度の末日までに商品の引渡し又は役務の給付が完了した分。残額は貸借対照表の負債の部に記載して次期以後に繰り延べる。
割賦販売	原則として，商品等を引き渡した日。ただし，割賦金の回収期限の到来の日又は割賦金の入金の日とすることができる。
3．工事契約・ソフトウェアの収益認識基準	
工事契約（受注制作のソフトウェアを含む。）	工事の進行途上においても，その進捗部分について成果の確実性が認められる場合には工事進行基準を適用し，この要件を満たさない場合には工事完成基準を適用する。 成果の確実性が認められるためには，次の各要素について，信頼性をもって見積もることができなければならない。 ①　工事収益総額 ②　工事原価総額 ③　決算日における工事進捗度

(2) 税金費用・税金債務

> **要　点**
> ➢ 法人税，住民税及び事業税に関しては，現金基準ではなく，発生主義により，当期に負担すべき金額に相当する額を損益計算書に計上する。
> ➢ 法人税，住民税及び事業税の未納付額は，相当額を流動負債に計上する。

中小会計指針は，「税金費用・税金債務」について別の項目を設けている。そこでは，法人税，住民税及び事業税についての認識を発生主義で行うこととしている。さらに源泉所得税及び消費税等の会計についても述べている。

① 損益計算書の表示

現行の損益計算書では，損益計算の末尾に「税引前当期純利益」を表記し，その金額から，法人の所得金額を基礎として課税される「法人税額」，「住民税」（＝「都道府県民税」＋「市町村民税」）及び「事業税」を控除して「当期純利益」を表示している。計上された法人税等は，会計期間末日では未払税金を意味するので流動負債に計上する。

法人に対して法人税等の更正，決定等が生じ追徴税額又は還付税額が生じた場合には，当該事業年度に対する「法人税，住民税及び事業税」の次に，「法人税等追徴税額」などと，その内容を示す適当な名称で計上しなければならない（58項）。

これは，法人の所得金額計算上，事業税の損金算入時期が確定[*2]したときであるため，中間申告納付税額は当該事業年度となるが，確定申告納付税額は翌事業年度となる。そこで会計では発生主義とするように明記している。

法人税等の会計処理には，単純にすべて法人税等として費用計上する方法，中間納付額を仮払法人税等として仮払計上し，確定時に法人税等として費用にする方法などがある。ここでは中間納付法人税額について仮払法人税等として

＊2　法人税基本通達9－5－1(1)申告納税方式の租税については，当該納税申告書が提出された日の属する事業年度とされている。

計上し，確定申告によって当該事業年度の法人税額が確定したときに，その確定納付額を法人税等（費用）に，そこから仮払法人税等を控除して，差額を未払法人税等（負債）として計上する。仕訳で示すと次のようになる。

[設例1] 次に示した納税時の仕訳を示しなさい。
（中間納付の時）
　X1年11月30日，中間納付法人税額100，中間納付住民税額15及び事業税額24を現金で納付した。
　（借）仮払法人税等　　　139　　（貸）現　　　　金　　　139
（確定申告書及び決算書を作成の時－納税の場合）
　X2年3月31日，確定法人税額250，確定住民税額37及び事業税額60であったので，差引確定納付額を未払法人税等に計上した。
　（借）法　人　税　等*　　347　　（貸）仮払法人税等　　　139
　　　　　　　　　　　　　　　　　　　未払法人税等　　　208
（中間還付の場合）
　X2年3月31日，確定法人税額80，確定住民税額12及び事業税額19で還付申告となったので，未収還付法人税等を計上した。
　（借）法　人　税　等　　　111　　（貸）仮払法人税等　　　139
　　　　未収還付法人税等　　　28
＊　仕訳は「法人税等」として示したが，損益計算書上の表記は「法人税，住民税及び事業税」とする。

---

② 源泉所得税等の会計処理

　法人が株式配当金や預金利子を受け取るときには，所得税や住民税の源泉徴収課税が行われて差額を受け取ることになる。この源泉所得税や住民税は，本来法人が所得税等を納付すべき義務がないので，法人税額を計算するときに税額控除することができる。この源泉所得税等も「法人税，住民税及び事業税」に含めて計上する（59項）。

③ 消費税等の会計処理

消費税等（消費税に地方消費税を含む。）の会計処理については，税込経理方式と税抜経理方式とがある。企業会計上，本来の取引数値を把握するためには税抜経理方式を採用すべきである。事務の簡素化を図る観点からは税込経理方式が採用される。中小会計指針は原則として税抜経理方式を適用し，事業年度の末日における未払消費税等（又は未収消費税等）は，未払金（又は未収入金）に計上する。ただし，その金額の重要性が高い場合には，「未払消費税等（又は未収消費税等）」として他の未払金（未収入金）とは別に表示する（60項）。

税抜経理方式を適用の場合，事業年度中の会計処理では，消費税相当額を仮払消費税等と仮受消費税等とし，事業年度末には仮払消費税等と仮受消費税等を相殺するとともに確定納付額を未払消費税等とする。

[設例２] 次に示した納税時の仕訳を示しなさい。

（事業年度の期中取引時）

　Ｘ１年４月１日からＸ２年３月31日まで，税込課税売上高は，10,500で税込課税仕入高は6,300ですべて掛け取引でした。

（借）売　掛　金　　10,500　　（貸）売　　　　上　　10,000
　　　　　　　　　　　　　　　　　　仮　受　消　費　税　　　500
（借）仕　　　　入　　 6,000　　（貸）買　掛　金　　 6,300
　　　仮 払 消 費 税 等　　 300

　Ｘ２年３月31日，消費税等の確定納税額200であった。

（借）仮受消費税等　　　500　　（貸）仮払消費税等　　　300
　　　　　　　　　　　　　　　　　　未払消費税等　　　200

2 中小会計要領の収益及び費用

1．収益，費用の基本的な会計処理
(1) 収益は，原則として，製品，商品の販売又はサービスの提供を行い，かつ，これに対する現金及び預金，売掛金，受取手形等を取得した時に計上する。
(2) 費用は，原則として，費用の発生原因となる取引が発生した時又はサービスの提供を受けた時に計上する。
(3) 収益とこれに関連する費用は，両者を対応させて期間損益を計算する。
(4) 収益及び費用は，原則として，総額で計上し，収益の項目と費用の項目とを直接に相殺することによってその全部又は一部を損益計算書から除去してはならない。

中小会計要領は，中小企業の実態に照らして基本的な収益及び費用の認識基準として上記のように定めている。

認識基準は，企業会計原則と同じに，収益は原則として実現主義とし，費用は発生主義としている。具体的には個々の企業の営む形態によって異なるので，「製品や商品の販売の場合には，売上高は，製品や商品を出荷した時に計上する方法が多く見られますが，各々の企業の取引の実態に応じて，決定すること」としている。このことは前述したように収益の認識基準は，まず，企業自らが合理的に決定することとしている。しかし，現実的な対応として法人税基本通達などの計上基準を掲げている。

収益について販売の例示として「出荷した時」を掲げているが，小売業の場合「商品を引渡した時」が一般的な収益認識であり，卸売業の場合，信用取引が多く販売する側の出荷をもって収益認識することが多い。製造業の場合，一般的な汎用品の場合，「出荷した時」が多いが，注文品などの場合には発注先の「検収した時」に収益計上する場合も多い。また，運輸業，通信業及びサービス業の場合には，「役務の給付が完了した時」に収益認識することが多い。

費用については,「費用の発生原因となる取引が発生した時又はサービスの提供を受けた時に認識するのが原則的な考え方」であるとしている。つまり発生主義である。

当然のことであるが,期間損益計算のため収益及び費用を期間対応することとしている。売上高に対しては売上原価の個別対応をさせるが,販売費及び一般管理費等については,その会計期間に発生したものを期間対応する。

損益計算書の表示についても企業会計原則の総額主義によるものとし,具体的に「例えば,賃借している建物を転貸する場合は,受取家賃と支払家賃の双方を計上する」としている。この例示に限らず,売上高と売上原価を示して売上総利益を計上することも,取引規模と収益性が明瞭になるので,これも総額主義の表れである。

第3節　損益計算書の様式

1　損益計算書の表示

(1)　金融商品取引法対象会社の表示

　金融商品取引法対象会社の場合には，すべての会計基準を適用しなければならないので，税効果会計による繰延税金資産や繰延税金負債の計上処理をはじめ資産除去債務会計による除去費用[*3]の計上や包括利益の計算表示が行われ[*4]，また，会計上の変更及び誤謬の訂正に関する会計処理なども行われる[*5]。

(2)　会社法の損益計算

　会社法及び会社計算規則には，損益計算書の様式名称と表示に関する区分について規定しているが，損益計算に関する具体的な定めはない。したがって，会計帳簿に計上する収益及び費用・損失については，「一般に公正妥当と認められる企業会計の慣行」に従って解することになる（会社法431条，614条）。

(3)　中小会社の表示

　一方，中小会社の場合には，会社の規模，事務的能力や会計利用の目的が限定的であることなどから，経営者，債権者などに役立つ適正な財務諸表の作成のために実務的にも実行可能であることが求められる。そのため国際的な会計

[*3] 「資産除去債務に関する会計基準」（平成20年3月31日）は，平成22年4月1日以後開始する事業年度から適用するものとされている（17項）。
[*4] 「包括利益の表示に関する会計基準」（平成22年6月30日）は，平成23年3月31日以後終了する連結会計年度の年度末に係る連結財務諸表から適用するものとされている（12項）。
[*5] 「会計上の変更及び誤謬の訂正に関する会計基準」（2009年12月4日）は，平成23年4月1日以後開始する事業年度の期首以後に行われる会計上の変更及び過去の誤謬訂正から適用するものとされている（23項）。

と調和を図るために行われてきた「税効果会計に係る会計基準」,「会計上の変更及び誤謬の訂正に関する会計基準」,「包括利益の表示に関する会計基準」などは必ずしも適用されない。「資産除去債務に関する会計基準」の適用ついて中小会計指針では検討課題としている。したがって,税効果会計を適用しなければ「法人税等調整額」の表示は生じない。包括利益事項が存在していても「包括利益」の会計処理を適用しなければそれらの科目表示は生じない。また,「会計上の変更及び誤謬の訂正に関する事項」がある場合であっても,その適用をしなければ,これらの損益は従来どおり当期の特別損益として認識計上すればよく,前期以前に遡及適用して再計算する必要はない。

このように今日の損益計算書は,その適用される会計ルールによって表示科目は相違することがある。

2 損益計算書の改正点

(1) 会社法は区分見出し廃止

これまでは企業会計原則において「費用及び収益は,その発生源泉に従って明瞭に分類し,各収益項目とそれに関連する費用項目とを損益計算書に対応表示しなければならない。」(第二・一・C) と費用収益対応の原則によること,そして「損益計算書には,営業損益計算,経常損益計算及び純損益計算の区分を設けなければならない。」(第二・二) と区分表示が要求されていた。そのため損益計算書には,区分して表示するとともに区分タイトルが付されていた。旧商法施行規則においても同様であった (商法施行規則94条)。

これに対して会社法における基本的な区分は同じであるが,「経常損益の部」,「営業損益の部」などの「区分タイトル」を廃止して,ただちに「売上高」,「売上原価」,「販売費及び一般管理費」,「営業外収益」,「営業外費用」,「特別利益」,「特別損失」の項目を表示するように規定した (計算規則88条)。

(2) 未処分利益計算の移管

会社法は，従来，損益計算書の末尾において行っていた「未処分利益計算」を削除して「当期純利益金額」までとした（計算規則94条）。「未処分利益計算」は，新たに創設した「株主資本等変動計算書」の記載事項とした。

企業会計原則は，当期業績主義による損益計算書から，商法との調整を図るため昭和49（1974）年8月に一部修正し，「当期純利益計算」に続いて「当期未処分利益」までを計算する包括的な「損益計算書」として作成してきた（第二・二・D）。

この「未処分利益計算」は，理論的に本来の期間損益計算ではなく，当期純利益に続いて，株主総会の決議に基づく前期利益処分の「株主資本の変動額」の一部を示していたものである。しかし，会社法が利益処分のほかにも株主資本の変動要因を多様に定めたことから，これらの計数を包括的に「株主資本等変動計算書」として定めたので，損益計算書の末尾から移管したものである。

3 会社計算規則の様式

(1) 表示区分の新旧比較

損益計算書の基本構造を示す。会社計算規則88条は，損益計算書の区分を図表3-3左側のように定めた。旧商法施行規則のそれは右側に比較して示したように経常損益の部，営業損益の部，特別損益の部と区分見出しを掲げていたが，会社法制定時に見出しを廃止した。一方で会社計算規則は，財務諸表等規則と同じ売上総利益に「金額」を付して示したり，営業利益金額など，字句の表現改正を行っているが，実務的には用いられていない。

前述したように会社計算規則は，旧商法施行規則と異なり，分類見出しの表記及び当期未処分利益の計算を廃止したので，見出し廃止部分は＜－＞として表示した。

図表3-3　損益計算書の表示区分と旧規定の表示区分

会社計算規則			商法施行規則（旧）		
<－>			（経常損益の部）		
<－>			（営業損益の部）		
一	売上高	×××	一	売上高	×××
二	売上原価	×××	二	売上原価	×××
	売上総利益金額	×××		<－>	
三	販売費及び一般管理費	×××	三	販売費及び一般管理費	×××
	営業利益金額	×××		営業利益	×××
	<－>			（営業外損益の部）	
四	営業外収益	×××	四	営業外収益	×××
五	営業外費用	×××	五	営業外費用	×××
	経常利益金額	×××		経常利益	×××
	<－>			（特別損益の部）	
六	特別利益	×××	六	特別利益	×××
七	特別損失	×××	七	特別損失	×××
	税引前当期純利益金額	×××		税引前当期利益	×××
	当期の法人税等	×××		法人税その他の税額等	×××
	更正決定法人税等	×××		<－>	
	法人税等調整額	×××		法人税等調整額	×××
	当期純利益金額	×××		当期利益	×××
<以下，表示無し> 損益計算書では，当期未処分利益の計算は行わない。「株主資本等変動計算書」で行う。				前期繰越利益	×××
				利益積立金の取崩額	×××
				利益準備金の積立額	×××
				当期未処分利益	×××

(2) 損益計算書

　会社計算規則は，損益計算書の区分表示に関して簡素に定められており，具体的な細目は会計慣行に委ねられているものと解される。そこで，会社計算規則の定めと財務諸表等規則における細目を加味して，損益計算書の様式を例示すると**図表3-4**のようになる。

図表3-4 損益計算書の様式例

<会社計算規則>

損　益　計　算　書 自X1年4月1日　至X2年3月31日 (単位表示：円，千円，百万円)		
Ⅰ　売上高		×××
Ⅱ　売上原価		×××
売上総利益金額（売上総損失金額）		×××
Ⅲ　販売費及び一般管理費*1		×××
営業利益金額（営業損失金額）		×××
Ⅳ　営業外収益*1		
受取利息	××	
受取配当金	××	
仕入割引	××	
雑収入　など	××	×××
Ⅴ　営業外費用*1		
支払利息	××	
手形売却損*2	××	
社債利息	××	
雑損失　など	××	×××
経常利益金額（経常損失金額）		×××
Ⅵ　特別利益*1		
固定資産売却益	××	
前期損益修正益	××	
投資有価証券売却益　など	××	×××
Ⅶ　特別損失*1		
固定資産売却損	××	
前期損益修正損	××	
減損損失	××	
災害損失　など	××	×××
税引前当期純利益金額		×××
（又は税引前当期純損失金額）		
当該事業年度の法人税等		××
更正決定法人税等		××
法人税等調整額		××
当期純利益金額（当期純損失金額）		××

*1　各項目について細分することが適当な場合には，細分できるものとし，当該項目には，項目に係る収益（利益）及び費用（損失）を示す適当な名称を付さなければならないものとしている（計算規則88条7項）。

*2　損益計算書の科目について，企業会計原則では営業外費用として「支払利息及び割引料」が例示されているが，「割引料」は金商基準によって「手形売却損」と読み替える。

(3) 損益計算書の要旨

　すべての株式会社は「貸借対照表」の公告義務が課せられている。これに対して「損益計算書」は大会社（会社法2条6号）に限定して公告義務が課せられており（会社法440条1項），日刊紙等の紙面による公告の場合には，「損益計算書の要旨」によることができるものとしている。

　「損益計算書」は，売上高をはじめ売上総利益，営業利益，経常利益など利益計算項目を含んでおり，企業の規模や収益力など機密的要素も多いため，中小会社には「損益計算書」の公告義務はない。しかし，公告することを否定しているものではないので，自主的に公告することは構わない。

　「損益計算書の要旨」は，**図表3－4**の区分見出し項目のみを表示するもので非常に簡潔である（計算規則143条）。もちろん各項目について損益の状態を明らかにするため必要があるときは，重要な適宜の項目に細分しなければならないものであり，各項目を適当な項目に細分化することを禁止しているものではない（計算規則143条4項，5項）。

　「損益計算書の要旨」を例示すると**図表3－5**のようになる。

図表3-5　損益計算書の要旨の様式例

＜会社計算規則＞

損益計算書の要旨 自X1年4月1日　至X2年3月31日 （単位：円，千円，百万円）	
Ⅰ　売上高	×××
Ⅱ　売上原価	×××
売上総利益金額（又は売上総損失金額）	×××
Ⅲ　販売費及び一般管理費	×××
営業利益金額（又は営業損失金額）	×××
Ⅳ　営業外収益	×××
Ⅴ　営業外費用	×××
経常利益金額（又は経常損失金額）	×××
Ⅵ　特別利益	×××
Ⅶ　特別損失	×××
税引前当期純利益金額（又は税引前当期純損失金額）	×××
当該事業年度に係る法人税等	×××
法人税等調整額（その内容を示す名称を付す。）	×××
当期純利益金額（又は当期純損失金額）	×××

第4節　中小会計の損益計算書

1　中小会計指針の損益計算書

　中小会計指針の損益計算書の例示では、「売上総利益金額」を「売上総利益」、「営業利益金額」を「営業利益」などと従来の表記方法で表示している。また、売上総利益、営業外損益及び特別損益について、従来は項目集計額について最終項目の行横にスライドして表示していたが、中小会計指針では、**図表3-6**左側のように、営業外収益、営業外費用、特別利益及び特別損益のそれぞれに集計金額の表示項目を新たに記載している。中小会計指針の損益計算書は、相違点を除いて**図表3-4**と同じなので省略する。

図表3-6　営業外収益等の集計表示

（中小会計指針の表示方法）		（従来の表示方法）		
Ⅴ　営業外収益		Ⅴ　営業外収益		
受取利息	×××	受取利息	×××	
受取配当金	×××	受取配当金	×××	
：	：	：	：	
雑収入	×××	雑収入	×××	×××
営業外収益合計	×××			

2　中小会計要領の損益計算書

（1）　様式集の問題点

　中小会計要領の「損益計算書」、「製造原価明細書」及び損益計算書に「販売費及び一般管理費」の総額を掲載して、その内訳を別葉に表記する場合の「販売費及び一般管理費の明細」は、後掲「資料編」に掲載した。また、それらの記載上の注意を述べているが、問題点を以下に示す。

「損益計算書」では，営業外収益，営業外費用，特別利益，特別損失の集計金額にそれぞれ「合計」と項目の集計額を表記されており明瞭になっている。しかし，売上原価が一本で表記されており，従来「売上原価」は，「期首商品棚卸高」に「当期商品仕入高」を加えて「期末商品棚卸高」を控除して表示しており，売上原価と棚卸高との関係が判明して優れている。もちろん適宜，加除してよいのであるから，記載例にこだわらなくてもよい。

(2) 製造原価明細書の表示

「製造原価明細書」では，材料費，労務費，経費のそれぞれの合計額をタイトル見出しの行で示す方式をサンプルとして示している。この点も，タイトル行を空欄にして，タイトルの最後に「材料費」，「労務費」，「経費」と表記する方が明瞭性の観点から優れていると思う。例えば，**図表3－7**のように示す。

図表3－7　製造原価明細書

項　　目	金　　額
Ⅰ　材料費	
期首材料棚卸高	○○○
材　料　仕　入　高	○○○
小　　計	○○○
期末材料棚卸高	○○○
差　　引	○○○
Ⅱ　労務費	
賃　　　　金	○○○
福　利　厚　生　費	○○○
：	○○○
	○○○

第 4 章

貸借対照表の本質と様式

本章の要点

1. 貸借対照表 ⇒ 財政状態の表示
   資産の部 ⇒ 資産の運用形態
   負債の部，純資産の部 ⇒ 資金の調達形態
   純資産の部（差額概念）＝ 資産の部 － 負債の部
2. 貸借対照表の重要ポイント ⇒ 網羅性と評価
   原則として取得原価，一部の資産は時価評価
3. 貸借対照表の表記 ⇒ 流動性配列法
   区分の基準 ⇒ 正常営業循環基準と1年基準

中小会計の考え方

◎ 中小会計指針 ⇒ 網羅性，評価は会計基準と同じ
◎ 中小会計要領 ⇒ 網羅性は会計基準と同じ
              ⇒ 評価基準は取得原価主義
              ⇒ 税法基準の適用など実務的簡便性を適用

第1節　貸借対照表の構造と区分基準

1　貸借対照表の構造

貸借対照表の基本構造は，「資産」，「負債」及び「純資産」で構成されており，図表4-1のとおりである。これは作成日現在の財政状態を示している。

図表4-1　貸借対照表の基本構造

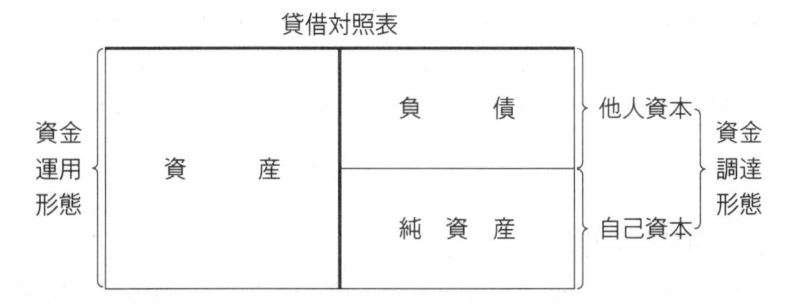

```
              貸借対照表
        ┌──────┬──────┐
        │      │  負 債  │ ⎫他人資本 ⎫
資金     │      │      │ ⎬      ⎬資金
運用 ⎨  │ 資 産 ├──────┤ ⎭      ⎬調達
形態     │      │  純資産 │ ⎫自己資本 ⎬形態
        │      │      │ ⎭      ⎭
        └──────┴──────┘
```

資産は，企業活動における資金の運用形態を示しており，現金預金，棚卸資産，土地建物などがある。このほか会計理論上の擬制資産として繰延資産がある。負債は，他者からの資金調達を示しており，仕入先の買掛金や金融機関の借入金など返済しなければならないものである。このほか将来発生する費用などを引当金として計上することがある。負債は他人資本ともいう。株式会社における純資産は，資産から負債を控除した差額概念で，「株主資本」，「評価・換算差額等」及び「新株予約権」に区分される。法律的には株主の共有純財産である。連結貸借対照表の場合には「少数株主持分」が表記されることがある。

株主資本は，「株主から募集した資金」と「これまで獲得してきた利益の内部留保」の集積で「自己資本」ともいう。この株主から募集した資金は，原則として，株主から資金の返済を迫られることがない。株主が当該資金を回収したければ，株主の権利を表彰している「株券」を証券市場などで他に売却して資金を回収することになる。他の純資産項目は会計処理上の項目である。

2 貸借対照表の本質

(1) 資産及び負債の網羅性（完全性の原則）

　企業会計原則は，貸借対照表の本質について「貸借対照表は，企業の財政状態を明らかにするため，貸借対照表日におけるすべての資産，負債及び資本（純資産[*1]）を記載し，株主，債権者その他の利害関係者にこれを正しく表示するものである。」（第三・一）としている。

　したがって，貸借対照表において重要なことは，資産及び負債が，漏れなく網羅的に貸借対照表に計上されており，その経済的価値が適正に評価されているかということである。これを「網羅性の原則」あるいは「完全性の原則」といい，貸借対照表の本質として欠くことのできない最も基本的で重要な要素である。

(2) 重要性の原則

　この網羅性の原則に対して，企業会計の目的の観点から，消耗品，前払費用，未収収益，棚卸資産の付随費用など重要性の乏しいものについては，本来の厳密な会計処理によらないで簡便な方法によることも認められている（原則・注解・注1）。つまり，企業会計の目的は，企業の財政状態や経営成績などの財務情報を提供し，利害関係者の判断を誤らせないところにある。そのため，例えば，少額な包装資材や事務用消耗品などを取得時に費用に計上し，期末に多少未使用のものが存在している場合，厳密にいうと資産に計上すべきであるが，重要性の乏しいものについては，費用のままで決算処理することも認められる。これが「重要性の原則」の適用である。したがって，重要性の原則の適用によって，多少の簿外資産や簿外負債が生じることがある。

　＊1　この「資本」については，平成17年12月9日「貸借対照表の純資産の部の表示に関する会計基準」（企業会計基準第5号）によって「純資産の部」とし，その内容には，「Ⅰ株主資本」，「Ⅱ評価・換算差額等」及び「Ⅲ新株予約権」が表記されるようになった。

3 貸借対照表の主な区分

　貸借対照表は,「資産」,「負債」及び「純資産」に区分され,これらの項目は,それぞれの性質に応じて内容をわかりやすく**図表4-2**のように区分表示される。資産は,「流動資産」,「固定資産」及び「繰延資産」に大区分し,固定資産はさらに「有形固定資産」,「無形固定資産」及び「投資その他の資産」に中区分される（計算規則74条第1項,第2項,財務諸表等規則14条）。負債は,「流動負債」及び「固定負債」に区分される。

図表4-2　貸借対照表の主な区分

貸借対照表

（資産の部）	（負債の部）
Ⅰ　流動資産	Ⅰ　流動負債
Ⅱ　固定資産	Ⅱ　固定負債
1　有形固定資産	（純資産の部）
2　無形固定資産	Ⅰ　株主資本
3　投資その他の資産	Ⅱ　評価・換算差額等
Ⅲ　繰延資産	Ⅲ　新株予約権

　「純資産の部」は,旧商法で「資本の部」と表記されていたが,会社法では,「資本の部」の経済的実態が資産と負債の差額概念であるところから,「純資産の部」と表記することに改正した（計算規則76条）。その中分類として株主の持分を明確に意味するよう「株主資本」を明記し,「評価・換算差額等」及び「新株予約権」に区分した。

　なお,法人税法は,青色申告法人に対して,所定の帳簿書類を備え付けて,取引に関する所定事項の記載を義務づけ,かつ,帳簿書類を保存すべきことを定めるとともに,貸借対照表及び損益計算書に記載する詳細な勘定科目を例示している（法人税法126条,同施行令54条～59条,別表二十一及び別表二十二）。

4 流動と固定の区分基準

　流動資産（流動負債）と固定資産（固定負債）とに区分する基準には，正常営業循環基準及び1年基準が用いられている（原則・注解・注16）。

(1) 正常営業循環基準（主目的の債権債務）

　正常営業循環基準（normal operating cycle basis）とは，その企業が主目的とする営業取引により発生する受取手形，売掛金，支払手形，買掛金などの債権及び債務は，流動資産又は流動負債とする考え方である。しかし，債権については，取引先の倒産や会社更生法適用申請などによって回収困難になることもある。このような債権は，通常の債権とは異なり回収不能の可能性が高く回収が長期にわたるなど困難となるため，正常営業循環基準による流動資産から除外して1年基準を用いて判定し区分する。

(2) 1年基準（主目的以外の債権債務）

　1年基準（one year rule）とは，貸付金，借入金，差入保証金，受入保証金などその企業の主たる目的以外の取引によって発生した債権及び債務は，貸借対照表日の翌日から起算して1年以内に入金又は支払いの期限が到来するものは，流動資産又は流動負債に属するものとし，入金又は支払いの期限が1年を超えて到来するものは，固定資産又は固定負債に区分する考え方である。

　例えば，12月末決算の企業が，X1年4月に1年6月の定期預金を預け入れた場合には，X2年9月に満期日となるので，この定期預金は流動資産となる。具体的に時系列で示すと**図表4－3**のようになる。

図表4-3　1年基準の適用

```
          X1期（当期）        X2期（翌期）        X3期（翌期以降）
   1/1        12/31          12/31
       4/1定期設定 ------------ →9/30満期
              ← 流動資産（負債）→ ←固定資産（負債）→
```

(3) 性質上の判定と1年基準

　現金，当座預金及び普通預金などは，まさにそれ自体最も流動性に富む資産であり，いつでも経営活動に用いることができる典型的な流動資産である。しかし，預金については，定期預金など支払期限のある預金の場合，1年基準によって貸借対照表日の翌日から起算して1年以内に期限が到来するものは，流動資産に属するものとし，期限が1年を超えて到来するものは，投資その他の資産に区分する。

(4) 区分一覧表

　具体的な各勘定について区分基準によって判定すると**図表4-4**のようになる。

図表4-4　各勘定科目と流動・固定の区分

勘定科目	区分基準 正常営業循環基準	区分基準 1年基準	流動・固定の区分
① 現　金			流動資産
② 預　金		到来期限1年以内	流動資産
		到来期限1年超	投資その他の資産
③ 主目的営業取引の受取手形，売掛金，前払金等の債権又は支払手形，買掛金，前受金等	営業循環過程において正常なもの		流動資産又は流動負債

④ 主目的営業取引の債権のうち破産,更生債権等	営業循環過程で異常なもの	1年以内に回収見込ある又は不明	流動資産又は流動負債
		1年以内に回収見込がない	固定資産又は固定負債
⑤ 営業目的外取引の受取手形,支払手形の債権債務	非営業性取引によるもの	到来期限1年以内	流動資産又は流動負債
		到来期限1年超	固定資産又は固定負債
⑥ 商品,製品,半製品,原材料,仕掛品等の棚卸資産,及び棚卸資産の恒常在庫品,余剰品	営業循環過程で正常なもの		流動資産
⑦ 貸付金,借入金,差入保証金,主目的以外取引による未収金,未払金等の債権債務		到来期限1年以内	流動資産又は流動負債
		到来期限1年超	固定資産又は固定負債
⑧ 有価証券			
売買目的有価証券			流動資産
満期保有有価証券		1年以内に満期	流動資産
		1年超に満期	固定資産
子会社株式等			固定資産
その他有価証券（保有状況で判定）			固定資産
⑨ 経過項目			
前払費用		到来期限1年以内	流動資産又は流動負債
		到来期限1年超	固定資産又は固定負債
未収収益			流動資産
未払費用,前受収益			流動負債
⑩ 企業がその営業目的を達成するために所有し,かつ,その加工若しくは売却を予定しない財貨			固定資産
固定資産のうち残存耐用年数が1年以下となったもの			固定資産

第2節　貸借対照表の様式

1　貸借対照表の様式

　会社計算規則（72条～86条），「貸借対照表の純資産の部の表示に関する会計基準」及び「貸借対照表の純資産の部の表示に関する会計基準等の適用指針」（平成21年3月27日改正）に基づいて，貸借対照表の様式を勘定式によって**図表4－5**に示す。表示金額の単位は，1円単位，千円単位又は百万円単位のいずれかによって行うことができる（計算規則57条）。

　なお，会社法は，組織再編に伴って受け入れる資産及び負債と交付金銭等の差額を「のれん」として処理するため，借方差額又は貸方差額が生じる。かつて「のれん」は，被合併会社の無形の価値として「暖簾」と表記して「営業権」を意味しており資産であったが，現在は組織再編における差額概念として用いられている。

図表4－5　貸借対照表の様式例

貸　借　対　照　表
X1年3月31日現在（単位：円，千円，百万円）

（資産の部）		（負債の部）	
1　流動資産	××	1　流動負債	××
現金及び預金	××	支払手形	××
受取手形	××	買掛金	××
売掛金	××	前受金	××
リース債権・投資資産	××	引当金（短期）	××
売買目的有価証券	××	未払金・預り金	××
商品・製品・半製品	××	未払費用	××
原材料・仕掛品・半成工事	××	前受収益	××
消耗品・貯蔵品	××	繰延税金負債（短期）	××
前渡金	××	リース債務（短期）	××
前払費用	××	資産除去債務（短期）	××
未収収益	××	その他の流動負債	××

	繰延税金資産（短期）	××		流動負債合計	×××
	貸倒引当金	△××	2	固定負債	
	流動資産合計	×××		社債	××
2	固定資産			長期借入金	××
(1)	有形固定資産			引当金（長期）	××
	建物・付属設備	××		繰延税金負債（長期）	××
	構築物	××		のれん（負）	××
	機械及び装置	××		リース債務（長期）	××
	車両運搬具	××		資産除去債務（長期）	××
	器具及び備品	××		固定負債合計	×××
	土地	××		負債合計	×××
	リース資産	××		（純資産の部）	
	減価償却累計額	△××	1	株主資本	
	有形固定資産合計	×××	(1)	資本金	×××
(2)	無形固定資産		(2)	新株式申込証拠金	××
	特許権	××	(3)	資本剰余金	
	借地権	××		資本準備金	××
	商標権	××		その他資本剰余金	××
	実用新案権	××		資本剰余金合計	×××
	意匠権	××	(4)	利益剰余金	
	ソフトウエア	××		利益準備金	
	のれん（正）	××		その他利益剰余金	××
	リース資産	××		任意積立金　等	××
	無形固定資産合計	×××		繰越利益剰余金	××
(3)	投資その他の資産			利益剰余金合計	×××
	関係会社株式	××	(5)	自己株式	△××
	出資金	××	(6)	自己株式申込証拠金	××
	長期貸付金	××		株主資本合計	×××
	繰延税金資産（長期）	××	2	評価・換算差額等	
	貸倒引当金	△××	(1)	その他有価証券評価差額	××
	投資その他の資産合計	×××	(2)	繰延ヘッジ損益	××
	固定資産合計	×××	(3)	土地評価差額金	××
3	繰延資産			評価・換算差額等合計	×××
	創立費	××	3	新株予約権	
	開業費　等	××		自己新株予約権	××
	繰延資産合計	×××		純資産合計	×××
	資産合計	×××		負債・純資産合計	×××

（注）　△はマイナスを示す。

2 「貸借対照表の要旨」の様式

すべての株式会社には計算書類の公告義務が課せられており,原則として,作成された「貸借対照表」を公告しなければならない(会社法440条1項)。しかし,公告媒体が紙面による場合には,「要旨」による公告が認められている(会社法440条2項)。公開会社の場合には,**図表4-6**のように表示しなければならず,「純資産の部」は簡略化することはできない(計算規則141条)。また,大会社以外の株式会社で「損益計算書の要旨」を公告しない場合には,「貸借対照表の要旨」に「当期純損益金額」を付記しなければならない(計算規則142条)。

図表4-6　貸借対照表の要旨の様式

貸借対照表の要旨	
X1年3月31日現在(単位:円,千円,百万円)	
(資産の部) Ⅰ　流動資産 Ⅱ　固定資産 　　1　有形固定資産　　　非公開会社* 　　2　無形固定資産　　　の場合は不要 　　3　投資その他の資産 Ⅲ　繰延資産 　　　資産の部合計	(負債の部) Ⅰ　流動負債 Ⅱ　固定負債 Ⅲ　引当金(引当金ごと表示) 　　　負債の部合計 　　(純資産の部) Ⅰ　株主資本 　　1　資本金 　　2　新株式申込証拠金 　　3　資本剰余金 　　　(1)　資本準備金 　　　(2)　その他資本剰余金 　　4　利益剰余金 　　　(1)　利益準備金 　　　(2)　その他利益剰余金 　　5　自己株式　　　　(△) 　　6　自己株式申込証拠金 Ⅱ　評価・換算差額等 　　1　その他有価証券評価差額金 　　2　繰延ヘッジ損益 　　3　土地再評価差額金 Ⅲ　新株予約権 　　　純資産の部合計 　　　負債及び純資産合計

＊　非公開会社とは,株式譲渡制限を定めている株式会社のことをいう(会社法2条5号)。

第3節　中小会社の貸借対照表

1 中小会計指針の貸借対照表

　中小会計指針の貸借対照表には，リース資産，繰延税金資産，リース負債，繰延税金負債も表記しており，上記図表4－5に示したものと同じものなので省略する。

　あえて相違点を掲げれば，会社計算規則では，金額表記について円，千円，百万円単位など企業の規模に応じた単位によることができるものとしているが，中小会計指針では，中小企業を前提にしているため，特に例示していない。しかし，中小企業にも上場企業以上の規模の企業もあるので，会社計算規則と同様に考えるべきと思われる。また，「負債の部」には，引当金として「賞与引当金」，「退職給付引当金」を具体的に明示しているほか，「純資産の部」の各項目について「株主資本等変動計算書」との関係がABCで表記されている。

2 中小会計要領の貸借対照表

　会社計算規則による貸借対照表様式に対して，中小会計要領の様式集では貸借対照表の資産及び負債の項目を実務的な観点から簡素化し，特に純資産の部については，評価換算差額及び新株予約権を割愛しているので後掲資料編の資料4のように簡素に示している。

　特徴的なところは，リース取引について賃貸借取引又は売買取引の選択的な会計処理としているため，売買取引による会計処理について記載上の注意事項としている。また，表示項目に関連して中小会計要領各論の項目番号を付して，それぞれ中小会計要領への索引的役割りを持たせる工夫をしている。純資産の部については，株主資本等変動計算書との関係を（A）～（K）として明確に示している。

第4節　資産評価の原則

1　取得原価主義

　今日の会計は，企業に生じる多様な取引を統一的な尺度で記録するため，「貨幣価値は一定」であると仮定する「貨幣評価の公準」を前提として日常の会計処理を行っている。そして評価は，原則として取得原価主義としながらも，部分的に時価会計を採用している。企業会計原則では「資産の価額は，原則として，当該資産の取得原価を基礎として計上しなければならない。」と規定している（第三・五）。

　例えば，棚卸資産を購入取得したときには，商品本体の仕入代価に運送費や保険料など手元に届くまでの付随費用を加算して取得原価とする。有価証券を購入取得したときにも同様に購入代価に買入手数料などの付随費用を加算して取得原価とする。これを「取得原価主義」という。

　しかし，棚卸資産や有価証券を保有している期間に価値が下落したとき，一定の場合には時価をもって貸借対照表価額とし，帳簿価額との差額は，当期の損失に計上する。低価法の適用による取得原価の修正である。

2　時価主義と純資産への表示

　「金融商品に関する会計基準」では，売買目的有価証券は時価評価し評価差額は利益又は損失として計上しなければならない。また，所有土地の帳簿価額が大幅な市場価格の下落により価値が低下したときには，時価との差額を評価損として計上しなければならない。減損会計による時価主義の適用である。

　一方，「その他有価証券」の場合には，時価との差額について評価損は当期の損失として計上し，評価益は損益計算に含めず「純資産の部」の「評価・換算差額等」に計上する。

第5節　会社法の評価規定の概要

　資産の部において重要なことは、すべての資産を計上していること、つまり網羅性を確保していること、及びそれらの資産についての適正な評価が行われていることである。企業会計原則は、貸借対照表の本質について「企業の財政状態を明らかにするため、貸借対照表日におけるすべての資産、負債及び資本を記載し、株主、債権者その他の利害関係者にこれを正しく表示する」ものとし、記載事項の網羅性を要請している（第三・一）。その上で、貸借対照表に記載する資産の評価は、原則として、取得原価で計上する取得原価主義である、としている（原則・第三・五）。

　会社法における会計は、「一般に公正妥当と認められる企業会計の慣行」に従って行われなければならないもので、「資産の評価」に関しても基本的には、企業会計原則をはじめ会計基準などに拠ることになる（会社法431条、614条）。したがって、会社計算規則の規定は、会社法の立場から最小限度の定めを、以下のように規定している（計算規則5条）。

1　取得原価主義

【会社計算規則第5条第1項】
　資産については、この省令又は法以外の法令に別段の定めがある場合を除き、会計帳簿にその取得価額を付さなければならない。

　本項では、会社法における資産の評価基準が、企業会計原則と同様に、原則として取得原価であることを明記している。具体的には、棚卸資産、有価証券、金銭債権、有形固定資産、無形固定資産などの資産の区分に従って取得価額を算定する。また、取得の態様、有償取得、自家建設、無償取得などに応じて買入価額、適正な原価計算評価額、公正な時価評価額で評価することになる。

　例えば、棚卸資産については、原則として購入代価又は製造原価に引取費用

等の付随費用を加算して取得価額とし，これに個別法，先入先出法，平均原価法等から選択した方法を適用して売上原価等の払出原価と期末棚卸資産の価額を算定する。資産を贈与その他無償で取得した場合には，公正な評価額をもって取得価額とすることになる（第三，五，F）。具体的には各項目において述べる。会社法の取得価額について会計上は取得原価という。

2 償却資産の償却

> 【会社計算規則第5条第2項】
> 償却すべき資産については，事業年度の末日（事業年度の末日以外の日において評価すべき場合にあっては，その日）において，相当の償却をしなければならない。

本項では，「償却すべき資産」については，「相当の償却」をしなければならないことを明記している。この償却すべき資産とは，有形固定資産のうち建物等の有形固定資産，のれんなどの無形固定資産及び繰延資産をいい，土地等の非減価償却資産は含まれない。法人税法は会計上の区分とは別に「減価償却資産」（法人税法2条22号）として定義している。これに対して「固定資産の減損に係る会計基準」が減損対象とする資産は，「固定資産」すべてを意味しており範囲が広い（同基準，一）。これについては第3項第2号に減損損失として規定している。したがって，会社法は固定資産のうち，使用又は時の経過によって価値が減少するものを「償却すべき資産」としていると考えられる。

償却をすべき時期は，原則として事業年度の末日であるが，会社法は臨時計算書類の作成を認めているので，この計算書類を作成する場合には，臨時計算期間に応じて償却するものとしている。したがって，一般的な会計処理では，決算において「償却すべき資産」について減価償却費を計上することである。

この「相当の償却」とは，企業における資産の使用計画に照らして合理的な使用可能期間を見積もって，定額法，定率法及び生産高比例法など資産減価に応じた適切な減価償却方法を用いて算定される減価償却費を意味すると考えら

れる。そしてこの規定の文末は「しなければならない」というのであるから「必ず」ということであり，必ず何らかの計算による相当の償却をするのである。

3 著しい下落の損失

>【会社計算規則第5条第3項第1号】
> 事業年度の末日における時価がその時の取得原価より著しく低い資産（当該資産の時価がその時の取得原価まで回復すると認められるものを除く。）
> → 事業年度の末日における価格を付さなければならない。

第5条第3項は，①事業年度の末日において時価の下落している資産，②減損が生じている資産，2つの状態について時価評価すべきことを定めている。

第1号では，期末の時価が取得原価より「著しく低い資産」について，時価が回復可能性あるものを除いて，時価によって評価すべきことを明記している。会社計算規則は，この資産について特段の限定をしていないので，「時価が取得原価よりも著しく低い資産」となっているすべての資産が対象になると解されている[*2]。いわゆる強制低価法の適用である。

一般的には，企業会計原則第三の五が「取引所の相場のある有価証券については，時価が著しく下落したときは，回復する見込みがあると認められる場合を除き，時価をもって貸借対照表価額」としており，また，「金融商品に関する会計基準」においても，有価証券について同様の定めがある（金商基準20項，21項）ので，主として時価が客観的に容易に測定できる有価証券を意味するもの思われる。しかし，他の資産についても時価が測定できて本項の条件に当てはまれば，評価損の強制適用となると解される。

有価証券について「著しく下落した場合」とは，市場価格の期末時価が取得

[*2]　郡谷大輔ほか『「会社計算規則」逐条解説』平成19年3月，税務研究会，40頁。

原価の50％程度以上下落した場合と解されている*3。また，「回復可能性があるものを除き」との除外条件が付されているので，それ以外の「回復可能性がないもの及び回復可能性が判明しないもの」は損失を計上することになる。この点は，回復可能性について市況等から見た経営者の判断となるであろう。

4 資産の減損損失

【会社計算規則第5条第3項第2号】
事業年度の末日において予測することができない減損が生じた資産又は減損損失を認識すべき資産
→ その時の取得原価から相当の減額した額を付さなければならない。

第5条第3項の第2号では，暴落，震災，環境の激変など予測できないような状況で資産に減損又は減損損失が発生した場合には，当該資産について相当の減損額を控除した金額を付さなければならないことを明記している。会社計算規則は「資産」としているので，「固定資産の減損に係る会計基準」のように固定資産の減損に限定されない。したがって，資産であれば，有形固定資産はもとより金銭債権，棚卸資産，有価証券，金地金などの流動資産，無形固定資産，投資その他の資産にも適用されるものと解される。また，会社計算規則の減損計上事由には，「予測することができない減損が生じた資産」のほか，「減損損失を認識すべき資産」についても広く対象としている。つまり資産として計上する金額は妥当な「価値あるもの」とする考え方，公正価値の表示にあると思われる。

---

*3 時価のある有価証券の時価が「著しく下落した」ときとは，必ずしも数値化できるものではないが，個々の銘柄の有価証券の時価が取得原価に比べて50％程度以上下落した場合には「著しく下落した」ときに該当する。この場合には，合理的な反証がない限り，時価が取得原価まで回復する見込みがあるとは認められないため，減損処理を行わなければならない（実務指針91項）。

5　取立不能見込額の損失

> 【会社計算規則第5条第4項】
> 取立不能のおそれのある債権については，事業年度の末日において，その時に取り立てることができないと見込まれる額を控除しなければならない。

　本項は，金銭債権について取立不能が見込まれる場合には，貸倒損失あるいは貸倒引当損を控除すべきことを明記している。「控除しなければならない」としているので，「必ず」適用するという強制適用である。

　受取手形や売掛金などの金銭債権は，現金として回収するまでに，手形が不渡となったり得意先が倒産するなどのリスクがある。原則としては，個々の取引先の財政状態や経営成績を踏まえて取引形態や取引実績によって貸倒れの危険性を把握して貸倒引当金を算出し，費用に計上しなければならない。しかし，実務的には困難を伴うので，原則として過去の貸倒実績率によって控除額を算定することになろう。

6　取得価額と債権金額の差異

> 【会社計算規則第5条第5項】
> 債権については，その取得価額が債権金額と異なる場合その他相当の理由がある場合には，適正な価格を付すことができる。

　本項は，金銭債権や金融商品において取得価額と債権金額が異なる場合，その差額が金利等の調整の意味を有するなど相当の理由がある場合には，取得価額を貸借対照表に計上することができることを明記している。社債を募集する会社が，社債を割引発行する場合には，表面金利と実効金利との調整を図っている。このような社債を取得するときは，額面金額ではなく取得価額で計上し，償還期限まで毎期段階的に取得価額を増額して満期時に額面金額となるように処理する。これを「償却原価法」という。

7 低価法と時価法の適用

> 【会社計算規則第5条第6項】
> 次に掲げる資産については，事業年度の末日においてその時の時価又は適正な価格を付すことができる。
> 一　事業年度の末日における時価がその時の取得原価より低い資産
> 二　市場価格のある資産（子会社及び関連会社の株式並びに満期保有目的の債券を除く。）
> 三　前二号に掲げる資産のほか，事業年度の末日においてその時の時価又は適正な価格を付すことが適当な資産

本項は，「その時の時価又は適正な価格を付すことができる」と表記して，低価法及び時価法の任意適用規定となっている。この点，第3項第1号の「著しく低い資産」の強制適用とは異なる。

第1号は，すべての資産について低価法を適用できることを明記している。具体的には，棚卸資産，市場価格のない社債，市場価格のない株式などの時価が，取得原価よりも低い場合には，時価との差額を評価損として計上し，貸借対照表の評価額は時価によることができ，「その時の時価」と表記しているので，切放し低価法となる[*4]。その背景には，簿価切下げを原価法の例外処理として理解するのではなく，「取得原価基準は，将来の収益を生み出すという意味においての有用な原価，すなわち回収可能な原価だけを繰り越そうとする考え方」[*5]にあるといえる。

第2号は，市場価格のある資産を対象として「時価」を付すことができる。つまり「時価」というのであるから，取得原価との差額として「評価損」又は「評価益」が発生する時価法の適用を認めていることを意味する。しかし，子会社及び関連会社の株式並びに満期保有目的の債券を除くとしており，一般的には市場価格のある有価証券を対象としているものと解される。

＊4　郡谷，前掲書，43頁，ほか。
＊5　「棚卸資産の評価に関する会計基準」36項。

第3号は，市場価格がない資産，あるいは市場価格があることが明確でない資産であっても，時価又は適正な価格が判明するのであれば，時価によることを容認している。

取得価額と取得原価について

　会社計算規則の評価規定の表現では，「取得価額」と「取得原価」との用語が用いられている。取得価額とは，当該資産を取得するときの「本体価格＋付随費用」の取得の支払対価額を意味する。棚卸商品や有価証券のように同じ種類のものを取得しても毎回取得する取得価額が異なるため，先入先出法や平均原価法などの棚卸計算法を用いて，払い出した資産価値と期末棚卸資産価値を算定する。このとき取得価額は計算方法によって変換されているので取得原価と表現される。一次的には取得価額の総和である。

＜切放法と洗替法＞
　この取得原価と期末における当該資産の時価を比較するとき，取得原価の評価が行われ，取得原価が改訂される。改訂されたまま次期の貸借対照表価額とされる方法は，「切放法（キリハナシホウ）」といわれ，改訂された原価を次期の期首に再び改訂前の金額に戻す方法を「洗替法（アライガエホウ）」という。

第6節　中小会計の評価

1　中小会計指針の評価

　中小会計指針は，多数の会計基準を前提として部分的に規定しているため，それぞれの個別項目ごとに評価も記述されている。そのため評価に関する原則的な定めは置いていない。しかし，個々の勘定科目の規定を見れば明らかに，原則として，取得原価であり，時価も採用している。その他はそれぞれの会計基準に従うこととしている。

2　中小会計要領の評価

> 2．資産，負債の基本的な会計処理
> (1)　資産は，原則として，取得価額で計上する。
> (2)　負債のうち，債務は，原則として，債務額で計上する。

　中小会計要領は，公正価値を背景とする会計基準と一線を画して，中小企業のための会計ルールと位置づけ，ダブル・スタンダードを前提にボトムアップで創設された。そこで実務的簡素化を明確にするため，「評価の原則」については，「取得原価主義」によることを明記した（原則・第三・五）。
　さらに解説では「取得した後の時価の変動は，原則として，会計帳簿に反映されません」と明確に時価会計を遮断している。しかし，法人税法上認められる「資産の評価損」の計上要件に該当するような「時価の著しい下落」による評価損については計上できる旨を述べているので，税法基準による評価損の計上を否定するものではない（5．有価証券）。

第 5 章

流動資産と金銭債権

本章の要点

1. 流動資産の意義と具体的な科目と内容
2. 流動資産の分類 ⇒ 当座資産，棚卸資産，その他の流動資産
3. 金銭債権の発生認識 ⇒ 契約上の権利を締結したとき
4. 金銭債権の消滅認識 ⇒ 契約上の権利を行使又は権利の喪失
5. 金銭債権の評価 ⇒ 取得原価
6. 貸倒損失と貸倒引当金の設定

中小会計の考え方

◎ 中小会計指針 ⇒ 流動資産の規定なし ⇒ 会社法
　　貸倒引当金設定基準 ⇒ 会計基準と税法基準の混用
◎ 中小会計要領 ⇒ 流動資産の規定なし ⇒ 会社法
　　貸倒引当金設定基準 ⇒ 税法基準を容認し簡素化

第5章

流動資産と金銭債権

第1節　流動資産の意義

　流動資産は，貸借対照表における1つの区分であるが，その性質によって，当座資産，棚卸資産及びその他の流動資産に区分できる。

1　当座資産

　当座資産は，現金・預金のほか，受取手形，売掛金などの金銭債権で短期的に資金化できるものを意味する。この区分での問題点は，金銭債権について回収可能性をどの程度に見積もり，貸倒損失や貸倒引当金を計上するかにあるが，この点は金銭債権において述べる。

2　棚卸資産

　棚卸資産は商品，製品，半製品，仕掛品及び原材料などを意味する。棚卸資産は，原材料が製品化されて販売されるもの，商品そのものが販売されるものなど，当座資産と比較するとやや時間的経過を必要とするが販売によって現金又は受取手形，売掛金と転化しやがては現金化する資産である。しかし，現金や預金と異なり品物であるため，破損，損傷，減耗，陳腐化など価値の減少を受けやすい。棚卸資産における問題点については棚卸資産において述べる。

3　その他の流動資産

　その他の流動資産は，流動資産から当座資産及び棚卸資産を差し引いた残滓(ざんし)の資産概念である。このように流動資産は，当座資産，棚卸資産及びその他の流動資産に分類することができ，その意義は明瞭性と財務分析にある。

第2節 流動資産の科目と内容

　流動資産は，さらに明瞭性の観点から適宜の科目ごと区分して表示しなければならない（原則・第三・四）が，会社計算規則はその内容を明確にするため，具体的詳細に規定している（計算規則74条3項）。これらの区分及び内容規定は，上場会社など金融商品取引法の対象会社に用いられる財務諸表等規則との整合性を図っている。

　流動資産の科目と内容は，**図表5－1**のとおりである（計算規則74条3項1号，財務諸表等規則15条）。

　項目上，特に注意しなければならないのは，①受取手形及び売掛金について「通常の取引に基づいて」という形容詞が付されているように，異常なものは除かれること，②売買目的有価証券の意義が会計基準と法人税法の判断基準が異なること，③商品の具体的な意義は業種によって異なり，土地や建物であっても業種によっては棚卸資産となることなどであろう。

図表5－1　流動資産の科目と内容

	科　目	内　容
1	現金及び預金	・通貨，他人振出小切手，送金小切手，送金為替手形，預金手形，郵便為替証書，振替貯金払出証書，株式配当金領収証，支払期日の到来した公社債の利札などが含まれる。 ・1年以内に期限の到来しない預金は除かれる。
2	受取手形	通常の取引に基づいて発生した手形債権をいう。
2－2	電子記録債権 （計算規則にはない科目）	通常の取引に基づいて発生した電子記録債権をいう（財務諸表等規則15条）。

3	売掛金	通常の取引に基づいて発生した事業上の未収金をいう。
	____受取手形から売掛金における「通常の取引」とは，当該会社の事業目的のための営業活動において，経常的に又は短期間に循環して発生する取引をいう。通常の取引以外の取引による受取手形又は未収入金で1年以内に回収できるものは「その他の資産」に表記する。 ____なお，受取手形から売掛金の金銭債権で流動資産として表記するものからは，破産更生債権等（破産債権，再生債権，更生債権その他これらに準ずる債権をいう。）で1年内に弁済を受けることができないことが明らかなものは除かれ，これらは「投資その他の資産」に表記する。	
4	所有権移転ファイナンス・リース取引におけるリース債権	リース債権及びリース投資資産は，通常の取引に基づいて発生したもの及び通常の取引以外の取引に基づいて発生したもので1年以内に期限が到来するものをいう。なお，破産更生債権等で1年以内に回収されないことが明らかなものは流動資産から除かれ，これらは「投資その他の資産」に表記する。
5	所有権移転外ファイナンス・リース取引におけるリース投資資産	
6	売買目的有価証券及び1年内に満期の到来する有価証券	・売買目的有価証券については，企業における所有目的の意思によると解されるが，法人税法は，61条の3において時価による課税を行うため，次の有価証券としている。 ① 短期売買目的で行う取引で専担者によって行われる売買有価証券 ② 短期売買目的で取得したものとして帳簿書類に記載してある売買有価証券 ③ 金銭の信託のうち短期売買目的で行う有価証券など（法人税法施行令119条の12）。
7	商品	商業を営む会社が販売目的のために所有する物品であって，営業主目的に係るものをいう。不動産業の場合には，販売の目的をもって所有する土地，建物その他の不動産を含む。
8	製品，副産物及び作業くず	・製品とは，工業，鉱業など商業以外の事業を営む会社が販売目的のために所有する製造品その他生産品をいう。 ・副産物とは，主産物の製造過程から必然的に派生する物品をいい，主産物との区分は慣習による。

9	半製品	半製品とは，中間的製品として既に加工を終わり現に貯蔵中のもので販売できる状態のものをいう（ガイドライン15－7）。自製部分品を含む。
10	原料及び材料	購入部分品を含む。
11	仕掛品及び半成工事	仕掛品とは，製品，半製品又は部分品の生産のため現に仕掛中のものをいう（ガイドライン15－9）。
12	消耗品，消耗工具，器具及び備品その他の貯蔵品	相当な価額以上のもの。資産として計上するこれらのものは，耐用年数1年未満又は1年以上で相当額未満のもので，取得時に費用処理されなかったもの（ガイドライン15－10）。
13	前渡金	商品，原材料等の購入のための前渡金をいう。なお，売掛金と同様に破産更生債権等で1年以内に回収されないことが明らかなものは除く。
14	前払費用 「一定の契約」と「役務の提供」に基づくという点に留意	前払費用のうち1年内に費用となるべきもの。なお，前払費用とは，一定の契約に従い，継続して役務の提供を受ける場合，いまだ提供されていない役務に対して支払われた対価をいう（企業会計原則，注解・注5）。
15	未収収益 「一定の契約」と「役務の提供」に基づくという点に留意	未収収益とは，一定の契約に従い，継続して役務の提供を行う場合，すでに提供した役務に対していまだその対価の支払いを受けていないものをいう（企業会計原則，注解・注5）。
16	繰延税金資産	① 流動資産に属する資産又は流動負債に属する負債に関連する繰延税金資産。 ② 特定の資産又は特定の負債に関連しない繰延税金資産であって，1年以内に取り崩されると認められるもの。
17	その他の資産	1年内に現金化することができると認められるもの

第3節　金銭債権の意義と取得価額

1　金銭債権の意義

　金銭債権とは，受取手形，売掛金，前渡金，貸付金その他これらの性質を有する資産をいう。この受取手形は，通常の取引に係る代金として受け取る約束手形や為替手形，売掛債権の回収として受け取るものをいい，貸付金の証書に替えて受け取る手形は手形貸付金あるいは貸付金となる。

　「金融商品に関する会計基準」では，金銭債権は，「契約上の権利を締結したとき」に発生を認識し，「契約上の権利を行使したとき，権利を喪失したとき」に消滅を認識しなければならないものとしている（金商基準7項，8項）。

2　金銭債権の取得価額

　金銭債権は，原則として，取得価額で会計帳簿に記帳しなければならない。貸借対照表への表示価額は，取得価額から合理的に算定された貸倒引当金を控除した金額による（計算規則5条1項，金商基準14項）。この取得価額が債権金額と異なる場合，その他相当の理由がある場合には，適正な価額を付すことができ（計算規則5条5項），償却原価法を適用する。この点，「金融商品に関する会計基準」では，その差額の性格が金利の調整と認められるときは，償却原価法に基づいて算定された金額としている。この「償却原価法」とは，債権金額よりも低い価額又は高い価額で取得した場合に生じる債権金額と取得価額との差額を，債権の弁済期までの期間に応じて，取得価額に加算又は減算し，その額は受取利息又は支払利息として処理することをいう（金商基準68項・注解・注5）。

第4節　貸倒損失と貸倒引当金

1　貸倒損失と貸倒引当金の計上

　取引の拡大は一般的に信用取引の発生とそして増大をもたらす。それとともに債務者から現金預金として現実に回収するまで，金銭債権は不安定な状態におかれる。個々の具体的な取引先について不渡手形の発生や倒産などが発生した場合には貸倒れが見込まれるので，その見込額を控除しなければならない（原則，第三・五・C，計算規則5条4項，78条，金商基準14項）。また，実務上の一般的な経験則から，金銭債権の全般については，ある程度の回収不能が生じる可能性を認識しており，この場合には過去の貸倒実績などに基づいて回収不能を予測し，貸倒見込額を貸倒引当金として計上しなければならない。

2　貸倒損失見込額の算定

　しかし，金銭債権については一般的に活発な取引市場がない場合が多く，客観的な時価を測定することが困難である。そのためこの貸倒引当金の見積高は，債務者の財政状態及経営成績等に応じて，債権を**図表5−2**のように，①一般債権，②貸倒懸念債権，及び③破産更生債権等の3つに区分し，それぞれに応じて合理的に貸倒見積高を算定するものとしている（金商基準27項，28項）。

図表5-2 債権区分と貸倒見積高の算定方法

区 分	定 義	算 定 方 法
① 一般債権	経営状態に重大な問題が生じていない債務者に対する債権	債権全体又は同種・同類の債権ごとに，債権の状況に応じて求めた過去の貸倒実績率等合理的な基準により算定する。
② 貸倒懸念債権	経営破綻の状態には至っていないが，債務の弁済に重大な問題が生じているか又は生じる可能性の高い債務者に対する債権	次のいずれかの方法による。ただし，同一の債権については，債務者の財政状態及び経営成績の状況等が変化しない限り，同一の方法を継続して使用する。 (a) 債権額から担保の処分見込額及び保証による回収見込額を減額し，その残額について債務者の財政状態及び経営成績を考慮して貸倒見積高を算定する方法 (b) 債権の元本の回収及び利息の受取りに係るキャッシュ・フローを合理的に見積もることができる債権については，債権の元本及び利息について元本の回収及び利息の受取りが見込まれるときから当期末までの期間にわたり当初の約定利子率で割り引いた金額の総額と債権の帳簿価額との差額を貸倒見積高とする方法
③ 破産更生債権等	経営破綻又は実質的に経営破綻に陥っている債務者に対する債権	破産更生債権等については，債権額から担保の処分見込額及び保証による回収見込額を減額し，その残額を貸倒見積高とする。

3 法人税法上の貸倒損失，貸倒引当金

　企業会計の予定する貸倒見込額の算定は，個々の会社における自主的で合理的な貸倒見込額の計上であるのに対して，法人税法は，課税の公平などの観点から，客観的な貸倒損失等の計上基準を設けている。

(1) 客観的な事実に基づく貸倒損失の計上

　更生計画認可決定，再生計画認可決定等により法的に消滅した債権は，資産価値がないので，損失計上しなければならない。会計上当然であり，税務上も同様に損金の額に算入する（法人税法52条1項）。このように明らかに「法的に消滅した債権」を貸倒損失として損失計上しなかった場合は，明確な損失を計上しないのであるから，粉飾決算となる。

(2) 回収不能見込みの貸倒損失の計上

　「債務者の資産状況，支払能力等からみて回収不能な債権」については，法的な確定状態にはなっていないが，事実上の判断によってこれらの債権について「貸倒損失として計上する」と積極的に計上すべきことを要請している。したがって，その判断の基礎となる事実関係を明らかにしておく必要がある。

　税務上は，「債務者の資産状況，支払能力等からみてその全額が回収できないことが明らかになった場合には，その明らかになった事業年度において貸倒れとして損金経理をすることができる」としている。つまり，税務上は，①事実関係が明らかにできる根拠を有すること，②明らかになった事業年度に損金経理すること，を条件として貸倒損失の計上を認めている（法人税基本通達9－6－2）。この場合，担保物があるときは，それを処分した後でなければ損金経理をすることができない。したがって，単なる回収不能の見込みでは，税務上，損金の額に算入されない。

　しかし，回収不能の立証は困難を伴うことが多いので，実務上の便宜性を考慮し，客観的な事実として次のような場合には，債権金額から備忘価額（1

円）を控除した残額を貸倒れとして損金経理したときは，損金の額として認められる（同上通達9－6－3）。

> ① 取引停止の債務者との最後の取引あるいは弁済以後，1年以上経過した債権で担保物がない場合
> ② 債務者へ督促しても弁済がなく，回収費用よりも少ない債権

(3) 貸倒引当金の計上

　理論的には，個々の債務者の資産状況や支払能力等からみて回収不能のおそれのある債権について，個々に回収不能見込額を算定して貸倒引当金とすべきあろう。しかし，個々の債務者に対してこれらの状況を把握することは困難を伴うので，債権金額に対する一般的な貸倒れを見積もり貸倒引当金を計上することになろう。

　この場合，原則として，過去の貸倒実績率を用いるのがその会社の実状を示して合理的であり，税務上の貸倒実績率は，原則として直前3年以内の実績率によるものとしている。しかし，実務上の簡便性から中小企業等[1]の場合には，法定繰入率による貸倒引当金の損金算入が認められている。法定繰入率は，卸売業・小売業1％，製造業0.8％などとされている[2]（租税特別措置法57条の10，同令33条の9）。法人税法は，平成23年改正によって一般の事業会社における貸倒引当金の繰入を4年間の経過期間を経て廃止し，貸倒引当金の設定を銀行業，保険業及び中小企業等に限定した。

---

[1] 法人税法上，中小企業等とは，資本金額又は出資金額が1億円以下の法人で，資本金5億円以上の法人の完全子会社等を除いた法人を意味する。
[2] 卸売業及び小売業：1,000分の10，製造業：1,000分の8，金融保険業：1,000分の3，割賦販売小売業：1,000分の13，その他：1,000分の6。

第5節　中小会計の金銭債権と貸倒損失等

1　中小会計指針の金銭債権と貸倒損失等

(1)　金銭債権の取得価額

> 要　点
> ➢ 金銭債権には，その取得価額を付す。
> ➢ 金銭債権の取得価額が債権金額と異なる場合は，取得価額と債権金額との差額の性格が金利の調整と認められるときは，償却原価法に基づいて算定された価額とする。

　中小会計指針における金銭債権の会計処理は，原則として，「金融商品に関する会計基準」と同様である。しかし，「取得価額が債権金額との差額に重要性が乏しい場合には，決済時点において差額を損益として認識することもできる」として簡便性を図っている（12項）。どの程度のものを「重要性が乏しい」とするかは，その金銭債権が当該企業における資産に対する相対的な判断によるところであろう。

　しかしながら，金銭債権のうち「デリバティブ取引」によって生ずる債権は，時価をもって貸借対照表価額とし，評価差額は，当期の損益として処理するものとしている（16項）。つまりデリバティブ取引については原則として時価評価によるものとしている。しかし，デリバティブ取引であっても，通常の取引上の為替リスク等のため，ヘッジ目的で行うデリバティブ取引でヘッジとして有効な場合には，時価評価せず，取得価額で評価してその損益の繰延べを認めている。

(2) 貸倒損失・貸倒引当金

> **要　点**
> ➢ 法的に債権が消滅した場合のほか，回収不能な債権がある場合は，その金額を貸倒損失として計上し，債権金額から控除しなければならない。
> ➢ 貸倒引当金は，以下のように扱う。
>   (1) 金銭債権について，取立不能のおそれがある場合には，取立不能見込額を貸倒引当金として計上しなければならない。
>   (2) 取立不能見込額については，債権の区分に応じて算定する。財政状態に重大な問題が生じている債務者に対する金銭債権については，個別の債権ごとに評価する。
>   (3) 財政状態に重大な問題が生じていない債務者に対する金銭債権に対する取立不能見込額は，それらの債権を一括して又は債権の種類ごとに，過去の貸倒実績率等合理的な基準により算定する。
>   (4) 法人税法における貸倒引当金の繰入限度額相当額が取立不能見込額を明らかに下回っている場合を除き，その繰入限度額相当額を貸倒引当金に計上することができる。

中小会計指針は，上記要点について，次のように解説している。

「法的に債権が消滅した場合」とは，「会社更生法による更生計画又は民事再生法による再生計画の認可が決定されたことにより債権の一部が切り捨てられることとなった場合等」が該当する。

「回収不能な債権がある場合」とは，「債務者の財政状態及び支払能力から見て債権の全額が回収できないことが明らかである場合」をいうものとしている（17項）。

また，同項は，損益計算書の表示区分について次のように示している。

① 営業上の取引に基づいて発生した債権に対するもの … 販売費
② ①，③以外のもの   … 営業外費用
③ 臨時かつ巨額のもの   … 特別損失

　中小会計指針は，貸倒引当金の計上に際して，「金融商品に関する会計基準」と同様に債権区分を行い，**図表5－2**の「②貸倒懸念債権」の算定方法については，(b)のキャッシュ・フローによる見積計算を省略して簡便化を図っている（18項）。

　しかし，要点(4)では，「法人税法の区分に基づいて算定される貸倒引当金繰入限度額が明らかに取立不能見込額に満たない場合を除き」，繰入限度額相当額をもって貸倒引当金とすることができるものとしている。中小会計指針はこの法人税法の区分と算定方法を**図表5－3**のように示しているが，「金融商品に関する会計基準」の区分と異なっているので問題となる。

　つまり中小会計指針の方法では，「法人税法の貸倒引当金繰入限度額が明らかに取立不能見込額に満たない場合」としているので，「金融商品に関する会計基準」による取立不能見込額と比較して，満たないか否かの判断ができなければ，法人税法の貸倒引当金繰入限度額によることができず，中小企業のための簡便法となっていない。

図表5−3　法人税法による貸倒算定方法

区　分	定　　義	算　定　方　法
① 一括評価金銭債権	個別評価金銭債権以外の金銭債権	債権金額に過去3年間の貸倒実績率又は法人税法に規定する法定繰入率を乗じた金額
② 個別評価金銭債権	イ．更生計画の認可決定により5年を超えて賦払いにより弁済される等の法律による長期棚上げ債権	債権金額のうち5年を超えて弁済される部分の金額（担保権の実行その他により取立て等の見込みがあると認められる部分の金額を除く）
	ロ．債務超過が1年以上継続し事業好転の見通しのない場合等の回収不能債権	債権金額（担保権の実行その他により取立て等の見込みがあると認められる部分の金額を除く）
	ハ．破綻申立て，更生手続等の開始申立てや手形取引停止処分があった場合等における金銭債権	債権金額（実質的に債権と見られない部分の金額及び担保権の実行，金融機関等による保証債務の履行その他により取立て等の見込みがあると認められる部分の金額を除く）の50％相当額

2　中小会計要領の金銭債権と貸倒損失等

(1)　金銭債権の取得価額

3．金銭債権及び金銭債務
(1) 金銭債権は，原則として，取得価額で計上する。
(2) 金銭債務は，原則として，債務額で計上する。
(3) 受取手形割引額及び受取手形裏書譲渡額は，貸借対照表の注記とする。

中小会計要領は，金銭債権及び金銭債務に対して，原則として取得価額によるものとしている。さらに「社債を額面金額未満で購入する場合には，決算において，額面金額と取得価額との差額を購入から償還までの期間で按分して受取利息として計上するとともに，貸借対照表の金額を増額させることができます。」と償却原価法の任意適用を述べている。反対に社債を割引発行あるいは打歩発行した場合にも償却原価法の任意適用としている。

受取手形の割引や裏書については，遡及債務を示すものであり貸借対照表の重要な注記事項であるから，その旨の表記を要請している。

(2) 貸倒損失・貸倒引当金

> 4．貸倒損失，貸倒引当金
> (1) 倒産手続き等により債権が法的に消滅したときは，その金額を貸倒損失として計上する。
> (2) 債務者の資産状況，支払能力等からみて回収不能な債権については，その回収不能額を貸倒損失として計上する。
> (3) 債務者の資産状況，支払能力等からみて回収不能のおそれのある債権については，その回収不能見込額を貸倒引当金として計上する。

中小会計要領は，中小会計指針のように「会計基準」と「税法基準」を比較する考え方を排除し，上記のようにシンプルに定めた。この意味について**図表5－4**にして示す。この会計ルールは，法人税法の取扱いと同じものであり，中小会社が貸倒損失と貸倒引当金を計上する際に一般的に用いている基準である。

図表5-4　中小会計要領の貸倒損失等の区分

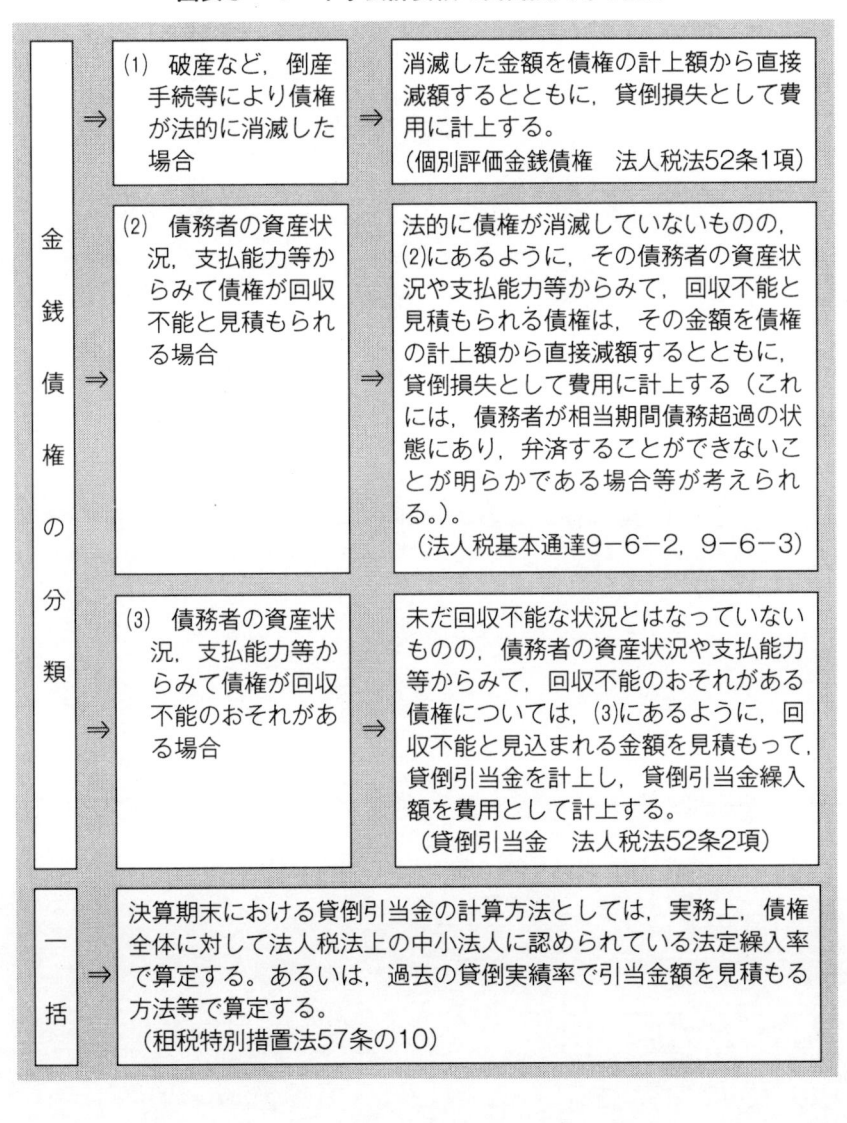

金銭債権の分類	(1) 破産など，倒産手続等により債権が法的に消滅した場合	消滅した金額を債権の計上額から直接減額するとともに，貸倒損失として費用に計上する。 （個別評価金銭債権　法人税法52条1項）
	(2) 債務者の資産状況，支払能力等からみて債権が回収不能と見積もられる場合	法的に債権が消滅していないものの，(2)にあるように，その債務者の資産状況や支払能力等からみて，回収不能と見積もられる債権は，その金額を債権の計上額から直接減額するとともに，貸倒損失として費用に計上する（これには，債務者が相当期間債務超過の状態にあり，弁済することができないことが明らかである場合等が考えられる。）。 （法人税基本通達9-6-2，9-6-3）
	(3) 債務者の資産状況，支払能力等からみて債権が回収不能のおそれがある場合	未だ回収不能な状況とはなっていないものの，債務者の資産状況や支払能力等からみて，回収不能のおそれがある債権については，(3)にあるように，回収不能と見込まれる金額を見積もって，貸倒引当金を計上し，貸倒引当金繰入額を費用として計上する。 （貸倒引当金　法人税法52条2項）
一括		決算期末における貸倒引当金の計算方法としては，実務上，債権全体に対して法人税法上の中小法人に認められている法定繰入率で算定する。あるいは，過去の貸倒実績率で引当金額を見積もる方法等で算定する。 （租税特別措置法57条の10）

第6章

有価証券

本章の要点

1. 有価証券 ⇒ 国債証券，地方債証券，社債券，株券，投資信託等，貸付信託の受益証券，オプション証券など
2. 取得価額 ＝ 購入代価 ＋ 手数料等の付随費用
   通信費，名義書換料を含めないことも可能
3. 区分と評価 ⇒ 4区分で評価
   ① 売買目的有価証券（時価評価で損益計上）
   ② 満期保有目的の債券（取得原価又は償却原価法）
   ③ 子会社株式及び関係会社株式（取得原価）
   ④ その他有価証券（全部純資産直入法と部分純資産直入法）
4. 評価損益の処理 ⇒ 「当期の損益」及び「純資産の部」に計上

中小会計の考え方

◎ 中小会計指針 ⇒ 原則として，会計基準と同じ
   その他有価証券は一部簡素化可能
◎ 中小会計要領 ⇒ ほぼ税法基準の適用で簡便化

第1節　有価証券の意義と評価

1　有価証券の意義と取得価額

(1)　有価証券の意義

　会計上の有価証券とは，国債証券，地方債証券，社債券，株券，投資信託等，貸付信託の受益証券，オプション証券などである（金融商品取引法2条）。これに対して法律上の有価証券は財産権を表象した証書を意味しており，会計上の有価証券のほか，小切手，約束手形，為替手形，商品券，貨物引換証及び船荷証券なども含まれる。

　会社計算規則の表示区分は，現金預金（小切手など），商品（貨物引換証など），受取手形（約束手形など）のほかに「有価証券」を区分しているので，「会計上の有価証券」を意味している。法人税法における有価証券も，原則として，会計上のものと同様である（法人税法2条21号）。

(2)　有価証券の取得価額

　有価証券の取得形態には，一般的な売買による購入取得のほか，代物弁済による取得，低廉な価額による取得，無償取得などがある。売買による取得は原則として，取得価額で会計帳簿に記帳しなければならない（計算規則5条1項）。取得価額とは，原則として，購入代価に手数料等の付随費用を加算した額であるが，通信費，名義書換料を含めないこともできる（原則・注解・注1，法人税基本通達2-3-5）。無償取得の場合には，時価評価によって取得価額とする（原則・第三・五・F）。

　有価証券を取得した場合には，取得価額に平均原価法等の方法を適用して算定した金額によって帳簿価額とし，貸借対照表の表示価額とする（原則・第三・五・B，実務指針67項）。同一銘柄の有価証券の帳簿価額の算出については，法人税法上，移動平均法，総平均法が定められ移動平均法を法定評価方法

としている（法人税法施行令119条の2，同条の7）。

2 有価証券の表示区分と期末評価

（1） 有価証券の表示区分

有価証券は資産区分で示したように，その所有目的などによって，流動資産と固定資産の「投資その他の資産」に**図表6－1**のように区分表示される。

売買目的有価証券及び1年以内に満期の到来する有価証券は流動資産に表示される。子会社株式，関連会社株式，満期保有目的の有価証券，出資金など流動資産以外の有価証券は，投資その他の資産に表示される（計算規則74条3項1号ニ，同項4号）。

図表6－1　有価証券の表示区分

区分	貸借対照表表示	会計処理区分	分類内容
流動資産	有価証券	① 売買目的有価証券	時価の変動により利益を得ることを目的として保有する有価証券
		④ その他有価証券（短期保有）	①，②，③以外の有価証券で短期保有のもの
投資その他の資産	関係会社株式	② 子会社株式及び関連会社株式	子会社株式及び関連会社株式
	投資有価証券	③ 満期保有目的の債券	満期まで所有する意図をもって保有する社債その他の債券
		④ その他有価証券（長期保有）	①，②，③以外の有価証券で長期保有のもの

(2) 会社法の評価

会社計算規則5条3項では資産の著しい低下又は減損に係る時価評価を強制し，同条6項では資産について低価法，時価評価の任意適用を規定している。これらを総合的に解すると「金融商品に関する会計基準」に定めるものと同様の評価方法と思われる。

3 期末評価と評価差額の処理

「金融商品に関する会計基準」は，有価証券を**図表6－2**のように，①売買目的有価証券，②満期保有目的の債券，③子会社株式及び関連会社株式，④その他有価証券の4つに区分し，それぞれに応じた方法で評価する。評価差額は，上記①から④の区分に従い，損益計算書の「営業外損益」項目として反映させるものと，貸借対照表の純資産の部の「評価・換算差額等」項目に表記するものがある。

(1) 売買目的有価証券

売買目的有価証券は，時価の変動により利益を得ることを目的としているので，投資者の有用な情報は期末の時価であると考えて，時価を適用して評価し，評価差額は当期の損益として処理する（金商基準70項）。時価とは市場価格を意味しており，公表されている終値があればそれにより，なければ気配値によるものとしている（実務指針60項）。

(2) 満期保有目的の債券

満期保有目的の債券は，取得原価で計上し，満期まで所有するものであるから，市場価格がある場合もない場合も，取得価額と償還金額との差額を償却原価法によって処理する。償却原価法の計算方法には，①実効利子率を用いる利息法，②差額を期間に均等配分する定額法とがある。①は複雑な計算で，②が簡便な方法となっており，継続適用を条件として「定額法」を適用することが

できる（実務指針70項）。

図表6-2　有価証券の分類と評価と評価差額の会計処理

分類		定義	貸借対照表価額		評価差額の処理
①	売買目的有価証券	時価の変動により利益を得ることを目的として保有する有価証券	時価		評価差額は当期の損益（営業外損益）
②	満期保有目的の債券	満期まで所有する意図をもって有する社債その他の債券	取得原価（又は償却原価法）[*1]		償却原価法による償却差額（営業外損益）
③	子会社株式及び関連会社株式	子会社株式及び関連会社株式	取得原価[*2]		―
④ その他有価証券	市場価格のある有価証券		時価（洗替法）	第1法	評価差額は純資産の部
				第2法	評価益は税効果会計を適用し純資産の部
					評価損は当期の損益（営業外損益）
	市場価格のない有価証券	イ）社債その他の債券	取得原価（又は償却原価法）		償却原価法による償却差額（営業外損益）
		ロ）イ以外の有価証券	取得原価[*3]		―

[*1]　所有の目的が変更されたときは区分変更する。
[*2]　連結財務諸表において，子会社株式は実質価額が反映され，関連会社は持分法が適用される。
[*3]　発行会社の財政状態の悪化により実質価額が著しく低下したときは，相当の減額をなし，評価差額は当期の損失として処理しなければならない（切放法）。

(3) 子会社株式及び関連会社株式

　子会社株式及び関連会社株式は，株式ではあるが，事業投資と同様に考えられるから，市場価格のいかんにかかわらず取得原価のままで計上する。なお，連結財務諸表においては，子会社株式には実質価額が反映され，関連会社株式には持分法が適用され，それぞれ評価される。

(4) その他有価証券

　その他有価証券に区分されるもので，市場価格のある有価証券について時価が著しく下落したときは，回復する見込みがあると認められる場合を除き，時価をもって貸借対照表価額とし，評価差額は当期の損失として処理しなければならない。しかし，評価益が生じる場合には，当期の損益に反映させず純資産の部に評価差額として計上する。また，市場価格のない株式については，発行会社の財政状態の悪化により実質価額が著しく低下したときには，相当の減額をなし，評価差額は当期の損失として処理しなければならない（金商基準15項〜19項，69項〜84項）。この場合「著しく下落」とは，50％程度以上とされている（実務指針91項）。

第2節　有価証券の会計処理

有価証券の会計処理については，以下のように設例で示す。

1　売買目的有価証券

[設例1]　甲株式会社（3月末決算）は，X1年2月10日に資金運用のため売買目的でA社株式100株を1株10,000円で購入し，手数料5,000円とともに現金で支払った。X1年3月末A社株式は1株11,000円であった。X1年5月10日に1株11,500円で売却し手数料5,000円を差し引かれ現金を受け取った。

（洗替法適用の場合）

X1年2月10日
　（借）売買目的有価証券　　1,005,000*1　（貸）現　　　　　金　1,005,000

X1年3月31日
　　　　売買目的有価証券　　　 95,000*2　　　 有価証券運用益　　　95,000

X1年4月1日
　　　　有価証券運用益　　　　 95,000　　　　 売買目的有価証券　　95,000

X1年5月10日
　　　　現　　　　金　　　　1,145,000　　　　売買目的有価証券　1,005,000
　　　　　　　　　　　　　　　　　　　　　　　有価証券売却益　　　140,000

　＊1　1,005,000円＝100株×10,000円＋5,000円
　＊2　95,000円＝100株×11,000円－1,005,000円

（切放法適用の場合）

X1年2月10日
　（借）売買目的有価証券　　1,005,000　　（貸）現　　　　　金　1,005,000

X1年3月31日
　　　　売買目的有価証券　　　 95,000　　　　 有価証券運用益　　　95,000

X1年5月10日					
現 金	1,145,000	売買目的有価証券	1,100,000
		有価証券売却益	45,000

2 満期保有目的の債券

[設例2] 甲株式会社（3月末決算）は，X0年4月1日に長期資金運用のためB社の次の条件の新規発行社債940,000円を現金で購入した。毎回のクーポン（利札）は現金で受け取った。X3年3月31日に償還期限を迎え，額面金額が現金で償還された。

額面：1,000,000円

満期：X3年3月31日

クーポン利子率：年利1.0%

利払日：毎年9月末日，3月末日

（会計処理－簡便法の定額法による場合）

X0年4月1日
 （借）満期保有目的債券　940,000　（貸）現　金　940,000

X0年9月30日
 現　金　5,000[*1]　有価証券利息　5,000

X1年3月31日
 満期保有目的債券　20,000[*2]　有価証券利息　20,000

X1年3月31日
 現　金　5,000　有価証券利息　5,000

X1年9月30日
 現　金　5,000　有価証券利息　5,000

X2年3月31日
 満期保有目的債券　20,000　有価証券利息　20,000

日付	借方		貸方	
X2年3月31日	現　　　金	5,000	有価証券利息	5,000
X2年9月30日	現　　　金	5,000	有価証券利息	5,000
X3年3月31日	満期保有目的債券	20,000	有価証券利息	20,000
X3年3月31日	現　　　金	5,000	有価証券利息	5,000
X3年3月31日	現　　　金	1,000,000	満期保有目的債券	1,000,000

＊1　5,000円＝額面金額1,000,000円×1％×6月／12月
＊2　20,000円＝(1,000,000円－940,000円)×12月／36月

3　その他有価証券（株式）

［設例3］　甲株式会社（3月末決算）は，以下の銘柄の上場株式を各1,000株保有しており，その取得原価及び各年度における時価は次のとおりである。取得時には「その他有価証券」として資産計上している。売却代金は現金受取りとする。

	X1年3月期(千円)		X2年3月期(千円)	
	取得原価	期末時価	売却価額	期末時価
A社株式	500	800	1,000	
C社株式	1,000	400		500

（全部純資産直入法適用の場合：単位千円）

X1年3月31日

（借）その他有価証券	300	（貸）繰延税金負債	120*1
		その他有価証券評価差額	180
有価証券評価損	600*2	その他有価証券	600

*1 A社株式については評価益を全額資産に計上するとともに税効果適用後の評価差額を純資産の部に計上する。税効果額を40％として（120＝300×40％）計上した。

*2 C社株式については時価が著しく下落し、かつ、取得原価まで回復する見込みがあるとは認められないため、減損処理し、減損損失を計上する。この評価損は税務上も損金に算入されるものである。

X1年4月1日

（借）繰延税金負債	120	（貸）その他有価証券	300*3
その他有価証券評価差額	180		

*3 洗替処理によるため、A社株式の前期末会計処理を取り消す。C社株式は減損処理のため修正処理はしない。

X2期売却時

（借）現金	1,000	（貸）その他有価証券	500
		有価証券売却益	500*4

*4 A社株式は洗替法によるため、いったん300の評価損を計上しているが、翌期首に戻し入れをしているので、売却原価は500となっている。

X2年3月31日

（借）その他有価証券	100*5	（貸）繰延税金負債	40
		その他有価証券評価差額	60

*5 C社株式は減損処理後、時価が上昇したものであるから評価益を資産に計上する。税効果を適用後、有価証券評価差額を純資産の部に計上する。

（実務指針　設例5　一部抜粋）

第3節　中小会計の有価証券

1　中小会計指針の有価証券

> **要　点**
> ➤ 有価証券（株式，債券，投資信託等）は，保有目的の観点から，以下の4つに分類し，原則として，それぞれの分類に応じた評価を行う。
>   (1) 売買目的有価証券
>   (2) 満期保有目的の債券
>   (3) 子会社株式及び関連会社株式
>   (4) その他有価証券
> ➤ 有価証券は，「売買目的有価証券」に該当する場合を除き，取得原価をもって貸借対照表価額とすることができる。
>   ただし，「その他有価証券」に該当する市場価格のある株式を多額に保有している場合には，当該有価証券を時価をもって貸借対照表価額とし，評価差額（税効果考慮後の額）は純資産の部に計上する。
> ➤ 市場価格のある有価証券を取得原価で貸借対照表に計上する場合であっても，時価が著しく下落したときは，将来回復の見込みがある場合を除き，時価をもって貸借対照表価額とし，評価差額は特別損失に計上する。

　中小会計指針は，「金融商品に関する会計基準」と同じように有価証券を4つに区分しているが，「その他有価証券」の評価差額の処理については，**図表6－3**のように簡素化を図っている（19項）。取得価額は購入価額に付随費用を含め，取得原価の期末評価方法については，移動平均法又は総平均法に限定している（20項，21項）。

　有価証券の減損については，「市場価格のある有価証券」と「市場価格のな

い有価証券」に区分して，原則的には「金融商品に関する会計基準」によっている。「著しく下落したとき」の意義についても，同様に取得原価に比較して50％程度以上下落した場合とした。

中小会計指針は，市場価格があるものについて，「合理的な反証がない限り，時価が取得原価まで回復する見込みがあるとは認められないため」，積極的に減損処理を行わなければならないものとした（22項(1)）。

また，市場価格がないものについては，「回復可能性が十分な証拠によって裏付けられる場合には」，期末において減損しないことも認められるものとしている（22項(2)）。減損処理を行った場合の翌期首の帳簿価額は，減損処理後の価額を用いる切放法によることとしている（22項）。

図表6－3　中小会計指針の有価証券評価と差額処理

分類		貸借対照表価額	評価差額
売買目的有価証券		時価	損益（営業外損益）
満期保有目的の債券		償却原価（取得原価）	償却原価法による差額（営業外損益）
子会社株式及び関連会社株式		取得原価	該当なし
その他有価証券	市場価格あり	時価	純資産の部（税効果考慮後の額）（全部純資産直入法の場合）
	市場価格なし	取得原価（債券：償却原価）	該当なし　償却原価法による差額（営業外損益）

2 中小会計要領の有価証券

> 5．有価証券
> (1) 有価証券は，原則として，取得原価で計上する。
> (2) 売買目的の有価証券を保有する場合は，時価で計上する。
> (3) 有価証券の評価方法は，総平均法，移動平均法等による。
> (4) 時価が取得原価よりも著しく下落したときは，回復の見込みがあると判断した場合を除き，評価損を計上する。

中小会計要領は，有価証券について原則として取得原価で計上することとし，取得原価主義を明確にしている。しかし，有価証券のうち売買目的有価証券は，短期間の価格変動により利益を得る目的で相当程度の反復的な購入と売却が行われるので，「金融商品に関する会計基準」や法人税法の規定と同様に，時価で計上することとしている。これは中小企業であっても余剰資金等を一時的に，上場株式等による資金運用である場合には，同じく時価評価としている。

売買目的有価証券以外の有価証券の期末評価は，一般的な時価の低下について会計処理を行わず，「著しく下落した」ことを前提に，さらに「回復の見込みがあると判断した場合」には取得原価で評価し，「回復見込みがない」又は「回復可能性は不明」の場合には評価損を計上するものとした。このことは，「判断」であるから，市況等からみて経営判断して処理すればよく，結果的にみると税法基準の適用となっている。

したがって，上記〔設例3〕の場合には，X1年3月期のC社株式の減損処理とX2期のA社株式の売却処理を行うだけでよいことになる。

なお，「著しく下落したとき」とは，「個々の銘柄の有価証券の時価が取得原価に比べて50％程度以上下落した場合には，該当するものと考えられます。」と会計基準と同様の判断基準を示している（実務指針91項）。しかし，中小企業の株式のように非上場株式の場合には，証券市場がなく時価の把握が困難となっている。そこで企業信用情報などによってその非上場株式の発行会社が大

幅に債務超過等になっている、再建見通しがないなどの状況が判明し、「価値がないと判断」できるものについては、「評価損の計上が必要と考えられる」と弾力的表現となっている。これは、法人税法上、資産の評価損は原則として損金不算入であるが、株式の発行会社について「更生計画認可の決定」や「再生計画認可の決定」があった場合には、一定の評価損の計上が認められているからであろう（法人税法33条3項、同令68条）。

第7章

棚卸資産と経過勘定

本章の要点

1. 棚卸資産の範囲 ⇒ 商品，製品，半製品，原材料，仕掛品等の資産
    トレーディング目的の金銀などを含む
2. 売上原価の計算
    売上原価 ＝ 期首棚卸商品高 ＋ 当期商品仕入高 － 期末棚卸商品高
3. 棚卸資産評価 ⇒ 取得原価に評価方法を選択継続して適用
    ①個別法，②先入先出法，③総平均法，④移動平均法，⑤売価還元法
4. 期末棚卸高の評価 ⇒ 通常の販売目的とトレーディング目的に区分
    ・通常の販売目的 ⇒ 原則として取得原価
    ・トレーディング目的 ⇒ 時価により，評価差額は損益に計上
5. 評価損 ⇒ 通常発生は売上原価，異常発生は特別損失に計上

中小会計の考え方

◎ 中小会計指針 ⇒ 原則として会計基準と同じ
    金銀等は棚卸資産に含まない。条件付きで最終仕入原価法を容認
◎ 中小会計要領 ⇒ 原則として会計基準と同じ
    金銀等は棚卸資産に含まない。評価方法に最終仕入原価法を含む
    評価損の計上は税法基準

第1節　棚卸資産の意義と取得価額

1　会計基準と会社法における棚卸資産

　棚卸資産は，商品製品等の販売において営業活動の中心的存在であり，その取得価額，売上原価及び期末棚卸高の把握は損益計算に大きく影響する。棚卸資産に関しては，平成18（2006）年7月5日に「棚卸資産の評価に関する会計基準」が制定されるまで，連続意見書第四によっていたところ，会計基準に引き継がれている。

＜会計基準の棚卸資産の意義＞
① 商品，製品，半製品，原材料，仕掛品等の資産であり，企業がその営業目的を達成するために所有し，かつ，売却を予定する資産である。
② 売却を予定しない資産であっても，販売活動及び一般管理活動において短期間に消費される事務用消耗品等も含まれる。
③ 「売却」には，通常の販売のほか，活発な市場が存在することを前提として，棚卸資産の保有者が単に市場価格の変動により利益を得ることを目的とするトレーディングを含む。

　つまり棚卸資産とは商品，製品，半製品，原材料，仕掛品等の資産で，企業がその営業目的を達成するために所有し，かつ，売却を予定する資産をいう。このほか，便宜的に，売却を予定しない資産であっても，販売活動及び一般管理活動において短期間に消費される事務用消耗品等も含めている。そしてこの商品には，不動産業の「販売目的の土地や建物などの不動産」も含まれる。
　なお「売却」には，通常の販売のほか，「活発な市場が存在することを前提として，棚卸資産の保有者が単に市場価格の変動により利益を得ることを目的とするトレーディングを含む」としており，棚卸資産の商品等に，金，銀，プラチナなどの貴金属も含むものとしている。

2 法人税法における棚卸資産

　法人税法において棚卸資産とは,「商品,製品,半製品,仕掛品,原材料その他の資産で棚卸しをすべきもの」とし,商品又は製品には副産物及び作業くずを,仕掛品には半成工事を含むものとし,原材料等には主要原材料,補助原材料,消耗品で貯蔵中のものをいい,及びこれらの資産に準ずるものとしている(法人税法2条20号,施行令10条)。

　会計基準では活発な市場が存在することを前提に金,銀,プラチナなどのトレーディング商品も棚卸資産の範囲に含むものとしているが,法人税法の棚卸資産からは,「<u>有価証券及び短期売買商品は除く</u>」ものとしている。これは有価証券及び短期売買商品(短期的な価格の変動を利用して利益を得る目的で取得した資産,金,銀,白金などをいう。)については,課税上,棚卸資産と区分して資産取得の認識,評価等を定めているためである(法人税法61条,施行令118条の4)。

3 棚卸資産の取得価額

(1) 購入による取得価額

　棚卸資産の取得価額とは,購入代価又は製造原価に引取費用等の付随費用を加算したものをいう(計算規則5条)。しかし,重要性の適用により,少額な買入事務費等については取得価額に算入しないことができる。この取得価額は会計上取得原価という。

　税務上は,買入事務,検収,整理,選別,手入れ等に要した費用,販売所等から販売所等へ移管のための運賃,荷造費等の費用や保管費用などについて棚卸資産の購入代価のおおむね3%以内のものは取得価額に算入しないことができるものとしている(法人税基本通達5-1-1)。また,棚卸資産の取得又は保有に関連して支出する不動産取得税,地価税,固定資産税,都市計画税,登録免許税などは,その取得価額に算入しないことができるものとしている。

(2) 自己の製造等に係る取得価額

自己の製造等に係る棚卸資産の取得価額は，その資産の製造等のために要した原材料費，労務費及び経費の額とその資産を消費し又は販売の用に供するために直接要した費用の額の合計額をいうものとしている。

税務上，自己の製造等に係る棚卸資産についても上記と同様に発生する費用については，その取得価額に算入しないことができるものとしている（同通達5－1－3）。このほか，所定の試験研究費，工業所有権等の使用料などについても算入しないことができる（同通達5－1－4）。

(3) 上記以外の方法により取得をした取得価額

上記以外の方法により取得をした棚卸資産の取得価額は，その取得の時におけるその資産の取得のために通常要する価額とその資産を消費し又は販売の用に供するために直接要した費用の額の合計額をいうものとしている。

4 棚卸資産の評価方法

棚卸資産は，取得価額を算定したのち，これに個別法，先入先出法，平均原価法（総平均法又は移動平均法），売価還元法の評価方法を適用して，売上原価及び期末棚卸高の金額を算定する（棚卸基準6－2項）。さらに帳簿棚卸高は期末実地棚卸高との差額として棚卸減耗費を，帳簿単価と期末時価との評価差額によって商品評価損を算出し，損益計算書に費用計上する。これらの評価方法は，企業の営む事業の種類，取り扱う棚卸資産の種類，その性質及びその使用方法等を考慮した区分ごとに選択し，継続して適用しなければならない（棚卸基準6－3項）。棚卸資産のフローチャートは**図表7－1**のようになる。

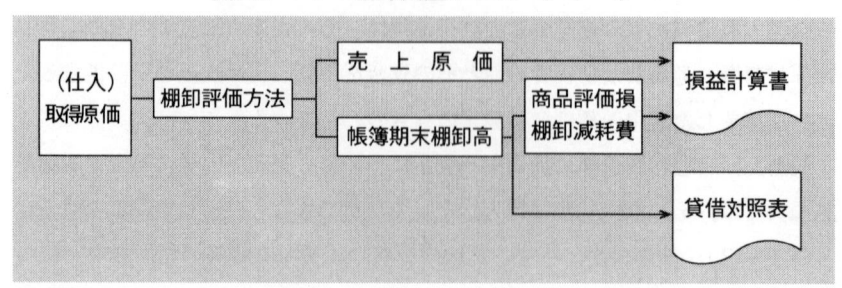

図表7−1　棚卸資産のフローチャート

　従来は，評価方法の1つとして「後入先出法」も認められていたが，棚卸資産に市況変動が反映しにくいことや国際会計基準へコンバージェンスするため，平成18年7月5日「棚卸資産の評価に関する会計基準」の制定後，平成20年9月26日改正によって「後入先出法」が削除された（棚卸基準34−5項〜34−12項）。その理由は，過去に購入した時の価額から価格変動を反映しない金額で貸借対照表に計上されており，いわば含み益を持っている可能性があるので，これを時価評価させるためである。これを受けて法人税法も平成21年改正で削除し，このとき併せて「単純平均法」も削除された。

(1) 個別法

　個別法は，取得原価の異なる棚卸資産を区別して記録し，その個々の実際原価によって期末棚卸資産の価額を算定する方法である。高額な貴金属・宝石や販売用の土地・建物など単品管理する商品に適しており，個々の商品ごとに取得原価が把握され，期末時価も把握される。

(2) 先入先出法

　先入先出法は，最も古く取得されたものから順次払出しが行われ，期末棚卸資産は最も新しく取得されたものからなるとみなして期末棚卸資産の価額を算定する方法をいう。この計算は簿記的には「商品有高帳」によって記録されるが，実務ではポスレジとコンピュータによって管理されている。

先入先出法の適用方法には，商品受払いのつど計算する方法，月単位の商品受払いによって計算する方法，事業年度の商品受払いによって計算する方法があり，継続的な適用によって合理性が認められる。同じ種類の食料品や製品，同じ型の工業製品などは仕入れのつど仕入単価が異なっている場合には，期末棚卸高の仕入単価を把握することが困難なため，上述のような仮定によって算出するのである。以下の各評価方法も同様の理由による。

(3) 総平均法
平均原価法の1つとして総平均法がある。総平均法は，事業年度中に取得した棚卸資産の平均原価を算出し，払い出した数量と期末棚卸数量に乗じて売上原価と期末棚卸高を算出する方法である。

(4) 移動平均法
平均原価法の1つとして移動平均法がある。移動平均法は，事業年度中に取得した棚卸資産について，直前の棚卸帳簿価額と受入れの取得価額によって平均単価を算出し，当該単価によって次の払出原価を算出する方法である。

(5) 売価還元法
売価還元法は，値入率等の類似性に基づく棚卸資産のグループごとの期末の売価合計額に，原価率を乗じて算出した金額を期末棚卸資産の評価額とする方法で，原価率は次の算式による。

$$原価率 = \frac{期首繰越商品原価 + 当期受入原価総額}{期首繰越商品小売価額 + 当期受入原価総額 + 原始値入額 + 値上額 - 値下額 + 値下取消額}$$

なお，値下等が売価合計に適切に反映されている場合には，値下額及び値下取消額を除外した原価率によることもできる（棚卸基準13項）。

5 期末の時価評価

(1) 通常の販売目的で保有する棚卸資産の評価

　通常の販売目的で保有する棚卸資産は，原則として，取得原価をもって貸借対照表価額とする。しかし，期末における正味売却価額が，取得原価よりも下落している場合には，その正味売却価額をもって貸借対照表価額とする（基準7項）。この場合における「正味売却価額」とは，売価から見積追加製造原価又は見積販売直接経費を控除したものをいう。製造業の場合には「再調達原価」によることもできる（棚卸基準5項，10項）。つまり会計上は棚卸資産について時価を適用して，差額を評価損とするものである。

　これは，従来，原価法が原則で，低価法が例外的な方法としていたところを，「取得原価基準は，将来の収益を生み出すという意味において有用な原価」とする考え方に変化したことによる。したがって，正味売却価額によって繰り越すこととしたのである（棚卸基準36項）。

　この時価評価による評価損の会計処理は，「洗替法」又は「切放法」のいずれかを棚卸資産の種類ごとに選択でき継続適用する。

　棚卸資産の評価損は，その発生原因によって**図表7－2**のように区分することができ，その資産状態は異なる（棚卸基準38項）。また，評価損の損益計算書への表示は**図表7－3**のように行う（棚卸基準17項）。

図表7－2　棚卸資産評価損の原因と種類

		品質低下評価損	陳腐化評価損	低価法評価損
①	発生原因	物理的な劣化	経済的な劣化	市場の需給変化
②	棚卸資産の状態	欠　陥		正　常
③	売価の回復可能性	な　し		な　し

図表7-3　評価損と損益計算書の表示

発　生　原　因	損益計算書の表示
収益性の低下の場合	
通常発生する程度	売上原価
臨時の事象に起因し，かつ，多額 　（重要な事業部門の廃止，災害損失の発生など）	特別損失
製造に不可避的に発生する場合	製造原価

(2)　トレーディング目的で保有する棚卸資産の評価

　いわゆる短期売買商品とされている金，銀，プラチナ，銅などのトレーディング目的で保有する棚卸資産は，市場価格に基づく価額をもって貸借対照表価額とし，帳簿価額との差額は，当期の損益として処理する（棚卸基準15項）。これは，売買目的有価証券と同様に時価評価の適用による。しかし，金，銀，プラチナであっても，箔押しや触媒など製品の素材として用いるものは原材料であり，目的が異なるので時価評価は行わない。

(3)　会社計算規則の評価

　これに対して会社計算規則は，棚卸資産について時価が取得原価より著しく下落したときは，回復する見込みがあると認められる場合を除き，時価をもって貸借対照表価額としなければならないとしている（計算規則5条3項1号）。また，事業年度の末日における時価が，その時の取得原価より低い資産については，その時の時価を付すことができるものとし，低価法の任意適用を認めている（計算規則5条6項1号）。

第2節　中小会計の棚卸資産

1　中小会計指針の棚卸資産

> **要　点**
> ➢ 棚卸資産の取得価額は，購入代価又は製造原価に引取費用等の付随費用を加算する。ただし，少額な付随費用は取得価額に加算しないことができる。
> ➢ 棚卸資産の期末における時価が帳簿価額より下落し，かつ，金額的重要性がある場合には，時価をもって貸借対照表価額とする。
> ➢ 棚卸資産の評価方法は，個別法，先入先出法，総平均法，移動平均法，売価還元法等，一般に認められる方法とする。なお，最終仕入原価法も，期間損益の計算上著しい弊害がない場合には，用いることができる。

(1)　意　義

中小会計指針では，「棚卸資産とは，商品又は製品（副産物及び作業くずを含む。)，半製品，仕掛品（半成工事を含む。)，主要原材料，補助原材料，消耗品で貯蔵中のもの，その他これらに準ずるものをいう。」として，「通常の販売（販売のための製造目的を含む。）で保有する棚卸資産」としているので，法人税法の意義と同様と考えられる。

(2)　評価方法

会計理論上，棚卸資産の貸借対照表価額の評価方法には多様な方法が認められているが，「最終仕入原価法」や「単純平均法」は合理的な棚卸評価方法ではないとして認められていない（棚卸基準6－2項，34－4項)。会社計算規則は評価方法について言及しておらず，「一般に公正妥当と認められる企業会

計の慣行に従うもの」としている。

　そこで中小会計指針は，原則として棚卸資産の評価方法を会計基準と同じものとして定めた。しかし，法人税法では，最終仕入原価法が認められており，中小企業の実務において多用されていることから，「期間損益の計算上著しい弊害がない場合」には，最終仕入原価法を用いることができるものと明記した（28項）。したがって，中小会計指針における売上原価及び期末棚卸高の計算では，単価が通常仕入単価よりも著しく変動していないなど「期間損益の計算上著しい弊害がない場合」に最終仕入原価法を用いて評価することができる。「単純平均法」は，従来，法人税法に定めてはいたがあまり適用されていなかったことから，会計基準が改正されたことに伴って平成21年に削除された。

（3）評価損

　中小会計指針では，「棚卸資産の期末における時価が帳簿価額より下落し，かつ，金額的重要性がある場合には，時価をもって貸借対照表価額とする。」（27項）として，会社計算規則における著しい下落に準じて規定している。したがって，棚卸資産について，①災害により著しく損傷したとき，又は②著しく陳腐化したときなどの場合には時価によって評価し，評価損を計上しなければならない。しかし，一般的な時価の下落があった場合には，金額的重要性がなければ，時価によらないことができる。

　なお，この場合の時価には会計基準と同様に正味売却価額を採用している（27項(1)）。表示については会計基準と同じである。

2 中小会計要領の棚卸資産

6．棚卸資産
(1) 棚卸資産は，原則として，取得原価で計上する。
(2) 棚卸資産の評価基準は，原価法又は低価法による。
(3) 棚卸資産の評価方法は，個別法，先入先出法，総平均法，移動平均法，最終仕入原価法，売価還元法等による。
(4) 時価が取得原価よりも著しく下落したときは，回復の見込みがあると判断した場合を除き，評価損を計上する。

(1) 意　義

中小会計要領は，「商品，製品……等の棚卸資産」として取得原価及び評価方法を述べているが，棚卸資産を特に定義していない。したがって，法人税法の規定及び中小会計指針に準じて考えるのが妥当であろう。

(2) 評価方法

中小会計要領では，中小会計指針の評価からさらに一歩進めて，棚卸資産の評価方法の1つとして「最終仕入原価法」を掲げて，中小会計指針のように条件付きではなく他の評価方法と同様に適用できるものとした。もちろん，最終仕入原価法の適用は，通常行っている仕入状態の単価である。最終仕入れの単価が少量で故意に低い原価で取得しているなど，異常なものであれば，会計上も税務上も許されるものではない。

(3) 評価損

中小会計要領では，取得原価を基本としつつ，会社計算規則で定めるように，低価法は任意適用とし，著しい下落については，「回復の見込みがあると判断」した場合を除き評価損を計上するとしている。この時価の測定は「最近

の仕入金額」によることを予定しているので，容易に把握できるものと考えられる。この点，中小会計指針は前述のとおり「正味売却価額」としている。

　なお，災害や著しい陳腐化などについては，中小会計指針と同様であり，さらに「賞味期限切れや雨ざらし等でほとんど価値がないものについては評価損の計上が必要」であるとしている。

第3節 経過勘定等

1 経過勘定の意義

　会社法は経過勘定について特に定義をおいていない。しかし，期間損益計算を行う今日の会計においては，企業会計原則の注解に従って会計処理しなければならないものである。そのため会社計算規則において貸借対照表の表示項目として，資産の部に「前払費用」及び「未収収益」を，負債の部に「未払費用」及び「前受収益」を掲げている。また，課税所得を計算する法人税法においても各事業年度を課税期間として区切り期間損益をベースとしているので，当然，各事業年度との対応を求められている。

　例えば，家賃や保険料や利息などのように，一定の契約に基づいて継続的な期間を定めた取引がある。そうした場合に契約による所定の期間と会計期間とに相違を生じることがある。これらについて合理的な期間損益計算を行うには，それらの取引について，会計期間に対応した計算を行う必要が生じる。その際に生じる会計期間と相違する部分を経過勘定として会計処理する。これには四つのタイプがある（注解・注5）が，重要性の原則が適用される（注1）。

2 経過勘定の具体例

(1) 前払費用

　前払費用は，一定の契約に従い，継続して役務の提供を受ける場合，いまだ提供されていない役務に対し支払われた対価をいう。例えば，前払家賃，前払利息のような次期の役務に対する対価は，時間の経過とともに次期以降の費用となるものであるから，これを当期の損益計算における費用から除去するとともに貸借対照表の資産の部に計上しなければならない。これは役務提供契約に係るものであるから，原材料や商品の前払金とは区別しなければならない（注

解・注5(1))。

　前払費用については，1年基準が適用され，貸借対照表日の翌日から起算して1年以内に費用となるものは流動資産に計上し，1年を超える期間に費用となるものは，長期前払費用として「投資その他の資産」に計上する（注解・注16）。

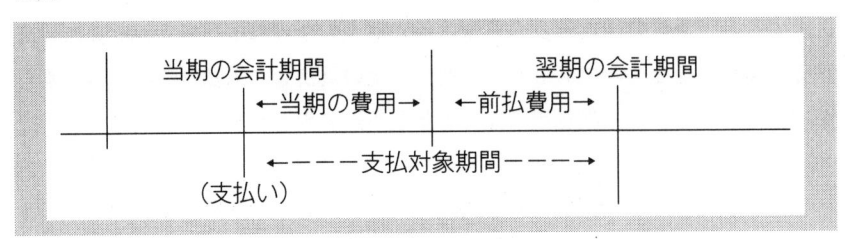

```
|     当期の会計期間     |     翌期の会計期間     |
|         ←当期の費用→  ←前払費用→            |
|         ←― ― ― 支払対象期間 ― ― ―→         |
|      （支払い）                              |
```

(2) 前受収益

　前受収益は，一定の契約に従い，継続して役務の提供を行う場合，いまだ提供していない役務に対し支払いを受けた対価をいう。例えば，前受家賃や前受利息のような役務に対する対価は，時間の経過とともに次期以降の収益となるものであるから，これを当期の損益計算の収益から除去するとともに貸借対照表の負債の部に計上しなければならない。これは役務提供契約に係るものであるから，商品代金の前受金などとは区別しなければならない。

　前受収益については，1年基準が適用されず，貸借対照表日の翌日から起算して1年を超える期間に収益となるものであっても，流動負債に計上する。契約条件にもよるが，これは役務の提供が終了していない期間について契約の解除があった場合，前受収益を返還することも予想される。

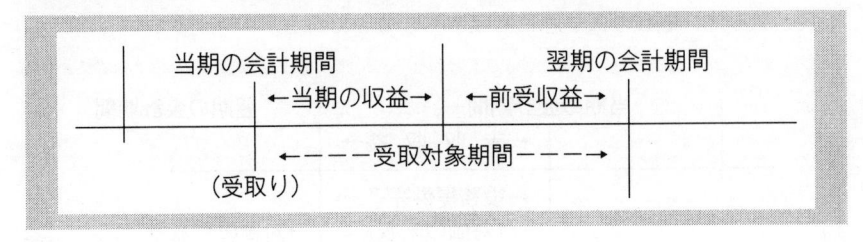

```
|     当期の会計期間     |     翌期の会計期間     |
|         ←当期の収益→  ←前受収益→            |
|         ←― ― ― 受取対象期間 ― ― ―→         |
|      （受取り）                              |
```

(3) 未払費用

　未払費用は，一定の契約に従い，継続して役務の提供を受ける場合，すでに提供された役務に対していまだその対価の支払いが終らないものをいう。例えば未払家賃，未払利息のような役務に対する対価は，時間の経過に伴いすでに当期の費用として発生しているものであるから，これを当期の損益計算に費用計上するとともに貸借対照表の負債の部に計上しなければならない。これは役務提供契約に係るものであるから，商品代金の買掛金，未払金などとは区別しなければならない。未払費用には，1年基準が適用されない。

	当期の会計期間	翌期の会計期間
	←未 払 費 用→	
	←役務提供完了→ (対価の未払い)	→対価の支払い

(4) 未収収益

　未収収益は，一定の契約に従い，継続して役務の提供を行う場合，すでに提供した役務に対していまだその対価の支払いを受けていないものをいう。例えば未収家賃，未収利息のような役務に対する対価は，時間の経過に伴いすでに当期の収益として発生しているものであるから，これを当期の損益計算に収益計上するとともに貸借対照表の資産の部に計上しなければならない。これは役務提供契約に係るものであるから，商品代金の売掛金，未収金などとは区別しなければならない。未払収益には，1年基準が適用されない。そのような長期未収となっているものは早急に回収すべきものである。

	当期の会計期間	翌期の会計期間
	←未 収 収 益→	
	←役務提供完了→ (対価の未収)	→対価の受取り

第4節　中小会計の経過勘定等

1　中小会計指針の経過勘定等

> 要　点
> ➢ 前払費用及び前受収益は，当期の損益計算に含めず，未払費用及び未収収益は当期の損益計算に含めなければならない。
> ➢ 前払費用，前受収益，未払費用及び未収収益等については，重要性の乏しいものは，経過勘定項目として処理しないことができる。

　中小会計指針は，企業会計原則と同様に経過勘定の会計処理を要請している（30項）。しかし，その適用にあたって，重要性の乏しいものについては処理をしないことができるものとして簡便な処理を認めている（31項）。つまり「前払費用のうち当期末においてまだ提供を受けていない役務に対する前払費用の額で，支払日から１年以内に提供を受ける役務に対応する金額については，継続適用を条件に費用処理することができる。」（31項(2)）ものとしている。

　また，経過勘定項目ではないが，立替金，仮払金，仮受金等の仮勘定は，本来，その内容を明記すべきであり，中小会計指針では，これらの勘定について「金額の重要なものについては，適正な項目を付して資産又は負債として計上し，また，当期の費用又は収益とすべき金額については，適正な項目に計上して費用又は収益として処理しなければならない。」（31項(3)）ものとして重要性が適用されている。

　役務提供に係る経過勘定の表示については，**図表７－４**のように区分している（32項）。

図表7－4　経過勘定項目の分類と表示

	表　示　項　目	表示箇所
前払費用	前払費用	流動資産
	長期前払費用（事業年度の末日後1年を超えて費用となる部分）	投資その他の資産
前受収益	前受収益	流動負債
	長期前受収益（事業年度の末日後1年を超えて収益となる部分）	固定負債
未払費用	未払費用	流動負債
未収収益	未収収益	流動資産

2　中小会計要領の経過勘定

> 7．経過勘定
> (1)　前払費用及び前受収益は，当期の損益計算に含めない。
> (2)　未払費用及び未収収益は，当期の損益計算に反映する。

　中小会計要領は，中小会計指針と同様に，経過勘定は当期の損益に含めないものとし，金額的に重要性の乏しいものは「受け取った又は支払った期の収益又は費用として処理する」ことを認めている。また，表形式にして経過勘定の定義を簡潔に述べているが，上記**図表7－4**と同じであり省略する。

第 8 章

固 定 資 産

本章の要点

1. 固定資産の分類 ⇒ 有形固定資産，無形固定資産，投資その他の資産
2. 取得価額 ＝ 購入代価 ＋ 付随費用（運送費，据付費など）
   （少額諸費用や税金等は取得価額に算入しないことができる）
3. 会社法の減価償却 ⇒「相当の償却」
   企業会計原則の減価償却 ⇒ 一定の減価償却の方法によって期間配分
   法人税法の減価償却 ⇒ 取得価額，耐用年数，償却率をすべて法律で規定
   　　　　　　　　　　平成19年4月から新計算方法と旧計算方法
   　　　　　　　　　　平成24年4月から定率法の償却率を引下げ（新計算）
4. 減価償却方法 ⇒ 定額法，定率法，級数法，生産高比例法，取替法
5. 減損損失の認識 ⇒ 固定資産における収益還元価値の著しい下落

中小会計の考え方

◎ 中小会計指針 ⇒「相当の償却」とは，毎期，継続して規則的な償却
　　　　　　　　　使用状況に大幅な変更があった場合に減損可能性検討
◎ 中小会計要領 ⇒「相当の減価償却」とは，一般的に，毎期，規則的な償却
　　　　　　　　　災害等著しい資産価値の下落の場合に減損損失を計上

第8章

固定負債

第1節　固定資産の意義と区分

1　固定資産の意義

　固定資産は、「有形固定資産」、「無形固定資産」及び「投資その他の資産」に区分される（計算規則74条）。有形固定資産とは、土地、建物、機械及び装置、車両運搬具、備品など形が見える資産で1年以上の長期間にわたって事業に活用するものをいう。無形固定資産とは、特許権、実用新案権、鉱業権、ソフトウェアなど、形は見えないが法律的な権利や慣習に基づく権利などで、排他的な専用使用権のほか、権利の賃貸、譲渡を行うなど経済的価値を有するものをいう。投資その他の資産は、関係会社株式、出資金、長期借入金など、資産のうち流動資産、有形固定資産、無形固定資産及び繰延資産に該当しない残滓の概念である。ファイナンス・リース取引物件の機械装置などは、法律上、賃貸借物件でリース会社（貸手）の固定資産であり、借手はリース料を支払うことになっている。しかし、会計上は、リースを受けている会社（借手）の固定資産として計上し、同時に、リース負債も計上することとしている。

　また、固定資産は貸借対照表の表示区分とは別に、その性質によって減価償却資産と非減価償却資産に分類される。土地及び建設仮勘定を除く有形固定資産や無形固定資産のように使用や時の経過に伴って価値が減少するものを減価償却資産といい、土地や書画・骨董品のように価値が減少しないものを非減価償却資産という。

　なお、平成バブル崩壊後、取得原価で計上した不動産価格の市場価値が大幅に下落したことに伴って、帳簿価額と時価との差額が会計上も大きな問題となった。これに対して平成14（2002）年8月9日「固定資産の減損に係る会計基準」が公表された。この減損会計の対象となる固定資産は、「有形固定資産」、「無形固定資産」及び「投資その他の資産」すべての固定資産とされ、建設仮勘定、のれん、長期前払費用なども含まれるものとしている（減損基準5項、

適用指針68項)。この会計基準によって，典型的な非減価償却資産であった土地についても帳簿価額と時価との差額を減損損失として帳簿価額の減額が行われてきた。

2 固定資産の区分

(1) 有形固定資産の科目と内容

有形固定資産とは，形が見える資産で1年以上の長期間にわたって事業に活用するものであり，その科目と内容は，**図表8-1**のとおりである（計算規則74条3項2号，財務諸表等規則22条）。

図表8-1 有形固定資産の科目と内容

	科　　目	内　　容
1	建物及び付属設備	付属設備とは，暖房，照明，通風等をいう。
2	構築物	構築物とは，ドック，橋，岸壁，さん橋，軌道，貯水池，坑道，煙突その他土地に定着する土木設備又は工作物をいう。
3	機械及び装置	ホイスト，コンベアー，起重機等の搬送設備その他の付属設備を含む。
4	船舶及び水上運搬具	
5	車両及び運搬具	鉄道車両，自動車その他の陸上運搬具をいう。
6	工具，器具及び備品	耐用年数1年以上のものに限る。
7	土地	
8	リース資産	当該会社が，ファイナンス・リース取引におけるリース物件の借主である資産であって，上記，建物から土地及びその他の有形固定資産に該当するものである場合に限る。
9	建設仮勘定	1から8までに掲げる資産で事業の用に供するものを建設した場合における支出及び当該建設の目的のために充当した材料をいう。
10	その他の有形資産	有形固定資産に属する資産とすべきもの。

有形固定資産は，土地，書画，骨董品など一定のものを除いて，時の経過と活用に伴って価値が減少するので，取得価額を適切な使用可能期間や契約期間に応じて減価償却方法を通じて各期間損益計算の費用として配分する。

なお，法人税法では減価償却資産について，使用可能期間が1年未満であるもの又は取得価額が10万円未満であるものは，事業の用に供するときの事業年度に取得価額を費用とすることができる（法人税法施行令133条）。しかし，事業の用に供したときに費用とせずに資産計上した場合は，その後任意の時期に未償却残高を一括して費用化することはできず，所定の減価償却を行うことになる。また，取得価額20万円未満のものについては，当該資産の耐用年数に関係なく一括償却資産として3年間月割均等額で償却することができる。

(2) 無形固定資産の科目と内容

無形固定資産とは，法律的な権利や慣習に基づく権利などで，有形固定資産のように具体的な形は見えないが，それらの権利等に基づく排他的な専用使用権のほか，権利の賃貸，譲渡を行うなど経済的価値を有しているものである。会社計算規則は，無形固定資産について科目のみを列記しているので，関連法規に基づき内容についても説明を加えると，**図表8－2**のとおりである（計算規則74条3項3号，財務諸表等規則27条）。このほかにもダム使用権，専用側線利用権などの無形固定資産がある（法人税法施行令13条8号）。

なお，無形固定資産は，借地権，電話加入権などの非減価償却資産を除き，法人税法の減価償却資産に含まれるので，使用可能期間が1年未満であるもの又は取得価額が10万円未満であるものは，事業に用いるときの事業年度に取得価額を費用とすることができる（法人税法施行令133条）。

図表8−2　無形固定資産の科目と内容

	科　目	内　容
1	特許権（20年間）	特許法に基づき特許権として登録された「発明」に関する権利で，原則として20年間の専用実施権利を有するものをいう（特許法67条）。
2	借地権（地上権を含む。）	建物の所有を目的とする地上権又は土地の賃借権をいう（借地借家法2条）。
3	商標権（10年間）	商標法に基づき商標権として登録された「固有の文字，図形，記号若しくは立体的形状若しくはこれらの結合」に関する権利で，原則として10年間，指定商品又は指定役務について登録商標として専用使用権を有するものをいう。期間は更新できる（商標法2条，19条）。
4	実用新案権（10年間）	実用新案法に基づき実用新案権として登録された「物品の形状，構造又はこれらの組合せ」に関する権利で，10年間の専用実施権を有するものをいう（実用新案法1条，15条）。
5	意匠権（20年間）	意匠法に基づき意匠権として登録された「物品の形状，模様，色彩又はこれらの結合であって，視覚を通じて美感を起こさせるもの」に関する権利で，20年間の専用使用権を有するものをいう（意匠法2条，21条）。
6	鉱業権	鉱業法に基づき登録された権利で，一定の土地の区域から登録を受けた鉱物等を採掘しこれを取得する権利をいい物権とされる。鉱業権には試掘権及び採掘権がある（鉱業法5条，11条，12条）。
7	漁業権（入漁権を含む。）	漁業法では，水産動植物の採捕又は養殖の事業を漁業といい，漁業権とは定置漁業権，区画漁業権及び共同漁業権をいい，設定された入漁権を含むものとされている。これらに関する専用利用の権利による漁業を営む権利をいう（漁業法2条，6条，7条）。
8	ソフトウェア	研究開発によって作成されプログラムやデータベースなどのソフトウェアで，市場販売目的の製品マスターをいう。著作権法上の法的権利があるものをいう。
9	のれん	資産に計上する「のれん（暖簾）」は「正ののれん」を意味する。合併等において相手方に支払った対価の額が，受け入れた純資産よりも多い場合に生じる借方差額をいう。
10	無形固定資産のリース資産	当該会社がファイナンス・リース取引におけるリース物件の借主である資産であって，当該リース物件が1〜8まで及び11に掲げるものである場合に限る。
11	その他の無形資産	無形固定資産に属する資産とすべきもの。水利権，版権，著作権，映画会社の原画権等が含まれる。

(3)「投資その他の資産」の科目と内容

① 投資その他の資産

「投資その他の資産」とは，資産のうち流動資産，有形固定資産，無形固定資産及び繰延資産に該当しない資産である。科目と内容は，**図表8－3**のとおりである（計算規則74条3項4号，財務諸表等規則32）。このように残滓（残りもの）の資産概念であるが，このほかに具体的なものとして長期前払費用，税法上固有の繰延資産が該当する。

図表8－3　投資その他の資産の科目と内容

	科　　目	内　　容
1	関係会社の株式，その他流動資産に属しない有価証券	売買目的有価証券は「流動資産」に該当するので除く。以下の科目においても同じ。
2	出資金	
3	長期貸付金	
4	繰延税金資産	①　有形固定資産，無形固定資産若しくは投資その他の資産に属する資産又は固定負債に属する負債に関連する繰延税金資産。 ②　特定の資産又は負債に関連しない繰延税金資産であって，1年内に取り崩されると認められないもの。
5	所有権移転ファイナンス・リース取引	流動資産以外のもの。
6	所有権移転外ファイナンス・リース取引	流動資産以外のもの。
7	その他の資産科目	投資その他の資産に属する資産とすべきもの。
8	その他の資産	流動資産，有形固定資産，無形固定資産に属しないもの。

② 法人税法固有の繰延資産

　法人税法は，企業会計と異なり，課税所得計算のため税法固有の繰延資産を定めているが，会計上の繰延資産が限定的に解されているため，財務諸表上の表示は，「投資その他の資産」の区分に計上する。

　法人税法上の繰延資産は，**図表8－4**に掲げる費用で支出の効果がその支出の日以後1年以上に及ぶものとしている（法人税法施行令14条1項6号，法人税基本通達8－1－3～8－2－5）。繰延資産について20万円未満の場合には資産計上することなく取得時に一括して費用計上することができる（法人税法施行令134条）。減価償却資産の少額判定基準は10万円未満であるが，繰延資産のそれは20万円未満とされている。

図表8－4　税法上の固有の繰延資産の内容

	科　目	内　容
1	公共的施設，共同的施設の名称	設置又は改良のために支出する費用，例えば，共用の私道舗装，商店街のアーケードなど。
2	権利金，立退料	資産を賃借し又は使用するために支出する権利金，立退料その他の費用。
3	権利金	役務の提供を受けるために支出する権利金その他の費用，例えば，ノーハウの設定契約に伴う権利金など。
4	広告宣伝用資産の名称	製品等の広告宣伝の用に供する資産を贈与したことにより生ずる費用，例えば，特約店等に対して宣伝用の看板，広告入りの陳列棚やショーケースの無償提供など。
5	加入金，契約金	自己が便益を受けるために支出する費用，例えば，同業者団体等の加入金，プロ運動選手等との専属契約のために支出する契約金など。

第2節　固定資産の取得価額と減価償却等

1　固定資産の取得価額

(1)　会計上の取得価額

　固定資産は，原則として，取得価額で会計帳簿へ記載しなければならない（計算規則5条1項）。会計上は取得原価といい当該資産の購入代価に付随費用を含めた金額としている。現物出資で受け入れた固定資産は交付した株式の発行価額による。国庫補助金等の交付を受けて取得した場合には当該補助金を控除できるものとしている（原則・第三・五・D，注解・注24）。

　この取得価額は，原則として，購入代価に買入手数料，運送費，引取運賃，据付費，試運転費等の付随費用を加算した額であるが，不動産取得税，自動車取得税，登録免許税などは取得価額に算入しないことができる（法人税基本通達7－3－3の2）。つまり少額な付随費用や所定の税金等については，資産に計上せずに直ちに費用とすることを認めているのである。

(2)　法人税法の取得価額

　減価償却資産は取得価額を基礎として減価償却費の計上が行われ，課税所得に大きな影響を与える。そこで法人税法は，資産の種類や取得形態別に**図表8－5**のように詳細に規定している（法人税法施行令54条）。

図表8-5 減価償却資産の取得価額

取 得 形 態	取 得 価 額 の 計 算
購入した減価償却資産	・当該資産の購入代価* ・当該資産を事業の用に供するため直接要した費用
自己の建設，製作又は製造（建設等）に係る減価償却資産	・当該資産の建設等のために要した原材料費，労務費及び経費の額 ・当該資産を事業の用に供するため直接要した費用
自己が生育させた生物（牛馬等）	・生育させるために取得をした牛馬等に係る購入代価，又は牛馬等の種付費，出産費，生育のために要した飼料費，労務費及び経費 ・生育させた牛馬等を事業の用に供するために直接要した費用
自己が成熟させた生物（果樹等）	・成熟させるために取得をした果樹等に係る購入代価，又は果樹等の種苗費，成熟のために要した肥料費，労務費及び経費 ・成熟させた果樹等を事業の用に供するために直接要した費用
上記以外の方法で取得した減価償却資産（組織再編によるものを除く。）	・その取得の時における当該資産の取得のために通常要する価額 ・当該資産を事業の用に供するため直接要した費用

* 購入代価には引取運賃，荷役費，運送保険料，購入手数料，関税その他当該資産の購入のために要した費用を含む。

　本来法令上は取得価額に含まれるものであるが，実務上の重要性・簡便性等を考慮して，次のものは取得価額に算入しないことができるものとして例示している（法人税基本通達7－3－3）。

① 租税公課等：(イ)不動産取得税又は自動車取得税，(ロ)特別土地保有税のうち土地の取得に対して課されるもの，(ハ)新増設に係る事業所税，(ニ)登録免許税その他登記又は登録のために要する費用
② 建物の建設等のために行った調査，測量，設計，基礎工事等でその建設計画を変更したことにより不要となったものに係る費用の額
③ いったん締結した固定資産の取得に関する契約を解除して他の固定資産を取得することとした場合に支出する違約金の額

2 減価償却の意義

(1) 会計上の意義

　企業会計原則は，有形固定資産について「耐用期間にわたり，定額法，定率法等の一定の減価償却の方法によって，その取得原価を各事業年度に配分し（略）なければならない。」(第三・五) と定め，会社計算規則は，「償却すべき資産については，事業年度の末日（略）において，相当の償却をしなければならない。」と定めている。

　つまり固定資産は，土地・絵画などを除き，長期間の使用あるいは時の経過に伴ってその価値が減少していくものであり，これに対して減価償却方法を適用して耐用年数に応じて費用化するのである。これは減価償却費として費用に計上されるが，商品仕入代金や給料支給のように資金の支出がなく，費用化した金額相当額は減価償却資産が何らかの資産に流動化したことを意味している。

　会計上は，当該固定資産について選択・適用した償却方法を，毎期，継続して適用するものとしている。その具体的な減価償却方法には，一般的に「定額法」，「定率法」，「級数法」及び「生産高比例法」があり，枕木や電信柱など同種の物品が多数集まって1つの全体を構成しているような資産については「取替法」の適用も認められている（原則・注解・注20）。

　この減価償却計算の計算要素は，取得価額，減価償却方法，耐用年数及び残

存価額であるが，会計上，個々の資産の耐用年数については一切定めていない。したがって，個々の企業において減価償却資産の使用実態などから合理的に検討して耐用年数を定めなければならないものとなっている。

そのため，実務上，企業が減価償却資産に適用する具体的な耐用年数は，「減価償却資産の耐用年数等に関する省令」(以下「省令」という。)の定めを活用している実状にある。

(2) 会社法の意義

会社法は，会計について「一般に公正妥当と認められる企業会計の慣行に従うもの」としており，会社計算規則は，減価償却資産について「相当の償却をしなければならない」と減価償却費の計上を強制している（計算規則5条2項）。したがって，減価償却資産については，使用や時の経過に伴って価値の減少が生じているので，減少した価値相当額を各事業年度の減価償却費として費用配分しなければならない。そのため合理的に見積もられた耐用年数に基づいて，定額法，定率法など合理的な方法により算定した金額を，毎期，継続して費用に計上しなければならないと解されている。

3 減価償却方法

(1) 定 額 法

定額法は，「固定資産の耐用期間中，毎期均等額の減価償却費を計上する方法」（原則・注解・注20）と定めており，一般的には次の算式によっている。

$$毎期の減価償却費 = \frac{取得価額 - 残存価額}{耐用年数}$$

このように会計上の定額法の減価償却費の計算は，取得価額から残存価額を差し引いた金額を耐用年数にわたって均等に費用配分する方法によっている。税法は，定額法，定率法等において，残存価額を取得価額の10％と定めて償却

率を算出し，その上で取得価額の95％を償却可能限度額として減価償却費の計算を行ってきた。しかし，平成19（2007）年度の改正で，取得価額から備忘価額の１円を差し引いた金額を減価償却することができるようになった。そのため税法の理論上の定額法は次の算式による。ただし，最終事業年度の減価償却費は１円を控除するものとして，１円は備忘価額として貸借対照表に計上するものとした。実務上は省令に定める別表の「定額法の償却率」によって計算を行う。

　なお，この改正の財政への影響が大きいことから，平成19年３月31日までの減価償却資産については，旧定額法として存置し，平成19年４月１日以後取得し事業の用に供した減価償却資産から適用するものとした。そのため，実務上，「定額法」とは平成19年改正の償却方法で，それ以前の定額法は「旧定額法」と称している。

$$\text{毎期の減価償却費} = \frac{\text{取得価額}}{\text{耐用年数}} \quad \begin{array}{l}（\text{実務計算}）\\ = \text{取得価額} \times \text{定額法の償却率}\end{array}$$

[設例１]　次の車両に関する資料により，旧定額法及び定額法による毎期の減価償却費，未償却残高及び減価償却累計額を示しなさい。

取得価額：2,000,000円

耐用年数：５年（ｔ１，ｔ２，ｔ３，ｔ４，ｔ５）

残存価額：10％

［解答］

（旧定額法）

$$\text{毎期の減価償却費}\quad 360,000円 = \frac{2,000,000円 - 2,000,000円 \times 10\%}{5年}$$

年度	減価償却費	未償却残高	減価償却累計額
ｔ１	360,000円	1,640,000円	360,000円
ｔ２	360,000	1,280,000	720,000

（以下　省略）
（定額法）

毎期の減価償却費　400,000円 = $\dfrac{2,000,000円}{5年}$

年度	減価償却費	未償却残高	減価償却累計額
t 1	400,000円	1,600,000円	400,000円
t 2	400,000	1,200,000	800,000

（以下　省略）

（注）　上記の償却費は会計の計算式によって示したが，税法上の計算式は次に示すように「省令」の別表に定める償却率による。

(旧定額法)
省令別表七，旧定額法の5年の省略率「0.200」なので，次の算式による。残存価額を控除した後の金額に償却率を乗じて算出する。
毎期の減価償却費　360,000円 = 2,000,000円 × 0.9 × 0.200

(定額法)
省令別表八，定額法の5年の償却率「0.200」なので，次の算式による。
毎期の減価償却費　400,000円 = 2,000,000円 × 0.200

(2) 定　率　法

　定率法は，「固定資産の耐用期間中，毎期期首未償却残高に一定率を乗じた減価償却費を計上する方法」と定めている。定率法は耐用年数に応じて次の数式によって算出された償却率を適用して計算することで毎期の減価償却費が逓減的に算出され初期の期間に多額の償却費が計上される方法である。

$$\text{定率法の償却率} = \sqrt[\text{耐用年数}]{\dfrac{\text{残存価額}}{\text{取得価額}}}$$

　これに対して，税法の定率法は，平成19（2007）年3月までは，上記理論的計算方法を採用していたが，平成19年4月以後に取得する減価償却資産に対する定率法は償却期間を耐用年数に一致させるため，償却保証額という概念を取り入れて償却期間の後半の未償却残高に対して定額法で償却する方法を取り入

第8章 固定資産　153

れた複雑な計算方法とした。定額法と同様に平成19年3月31日までの定率法を「旧定率法」、同年4月1日以後の定率法を「定率法」と称している。

[設例2]　設例1の資料により、旧定率法及び定率法による毎期の減価償却費、未償却残高及び減価償却累計額を示しなさい。

[解答]

(旧定率法)

省令別表七による旧定率法の5年の償却率は「0.369」である。

t 1　738,000円＝(2,000,000円－0円)×0.369
t 2　465,678円＝(2,000,000円－738,000円)×0.369

(以下　省略)

年度	減価償却費	未償却残高	減価償却累計額	数学的理論値
t 1	738,000円	1,262,000円	738,000円	738,085円
t 2	465,678	796,322	1,203,678	465,700

(以下　省略)

(定率法)

省令別表八による定率法の5年の償却率は「0.500」、改訂償却率は「1.000」、保証率は「0.06249」である。「取得価額×保証率」を「償却保証額」という。

(償却保証額)　124,980円＝2,000,000円×0.06249

t 1　1,000,000円＝(2,000,000円－0円)×0.500
t 2　500,000円＝(2,000,000円－1,000,000円)×0.500

年度	減価償却費	未償却残高	減価償却累計額
t 1	1,000,000円	1,000,000円	1,000,000円
t 2	500,000	500,000	1,500,000

(以下　省略)

設例では、t 5に減価償却費が償却保証額を下回ることとなる。保証

額に満たない場合には，未償却残高を残存年数による定額法で減価償却費を算出する。そのため，最終事業年度の償却費は備忘価額1円を残し，124,999円となる。

(3) 級数法

級数法は，「固定資産の耐用期間中，毎期一定の額を算術級数的に逓減した減価償却費を計上する方法」と定めている。例えば耐用年数5年であれば，1＋2＋3＋4＋5＝15の積数を得るので，取得価額を15で除して初年度は5を乗じた金額を減価償却費とする。以下順次4，3，2，1と乗ずるので，算術級数的に逓減する。税法では級数法を定めていないが，会社固有の方法として適用する減価償却資産に対して合理性があり，個別承認を得れば適用できる。

（会計上の級数法）

毎期の減価償却費

$$= \frac{取得価額 - 残存価額}{耐用年数の和} \times (耐用年数 - 経過年数)$$

［設例3］ 設例1の資料により，級数法による毎期の減価償却費，未償却残高及び減価償却累計額を示しなさい。

［解答］

（会計上の級数法）

t1　600,000円＝(2,000,000円－200,000円)×$\dfrac{5}{5+4+3+2+1}$

t2　480,000円＝(2,000,000円－200,000円)×(4／15)

年度	減価償却費	未償却残高	減価償却累計額
t1	600,000円	1,400,000円	600,000円
t2	480,000	920,000	1,080,000

（以下　省略）

（4） 生産高比例法

生産高比例法は，「固定資産の耐用期間中，毎期当該資産による生産又は用役の提供の度合に比例した減価償却費を計上する方法」と定めている。そして生産高比例法の適用の前提条件として，「この方法は，当該固定資産の総利用可能量が物理的に確定でき，かつ，減価が主として固定資産の利用に比例して発生するもの，例えば，鉱業用設備，航空機，自動車等について適用することが認められる。」ものとしている（原則・注解・注20）。

なお，税法では，生産高比例法の適用を鉱業用減価償却資産に限定している。

生産高比例法による減価償却費の計算は次の算式による。

$$\text{毎期の減価償却費} = \text{取得価額} \times \frac{\text{当期の生産量（採掘量等）}}{\text{総生産可能量（採掘予定数量等）}}$$

（5） 取 替 法

例えば，枕木，電柱などのように「同種の物品が多数集まって一つの全体を構成し，老朽品の部分的取替を繰り返すことにより全体が維持されるような固定資産については，部分的取替に要する費用を収益的支出として処理する方法」つまり取替法を採用することができるものとしている。

税法の取替法による減価償却費は，次の合計額としている。

① 当該取替資産の50％まで，耐用年数に従って定額法等によって計算した減価償却費
② 当該取替資産が使用に耐えなくなったため当該事業年度において種類及び品質を同じくするこれに代わる新たな資産と取り替えた場合における新たな資産の取得価額で当期に費用とした金額

4 貸借対照表の表示

貸借対照表への表示価額は，固定資産の取得原価から減価償却累計額を控除した価額としなければならない（原則・第三・5・D，財務諸表等規則25，26条，計算規則5条2項）。また，臨時計算書類を作成する場合には，臨時計算期間に対応する相当の償却についても減価償却累計額に含めなければならないものと解される。

原則的な表示方法は，各減価償却資産ごとに本体金額と減価償却累計額の控除額を記載して純額を表示する。減価償却資産が複数項目ある場合には，各減価償却項目を個別に表示し減価償却累計額を一括して控除表記することもできる。あるいは本体金額から減価償却累計額を控除した純額を表示して，減価償却累計額を注記することも認められている。この場合も個々に減価償却累計額を注記する方法と一括して表示する方法とがある。

5 減損の意義と認識

固定資産は減価償却すべきものであるが，さらに社会経済状況等により価値が減少することがある。会社計算規則は，事業年度の末日において予測することができない減損が生じた資産又は減損損失を認識すべき資産については，取得原価から相当の減額をした額を会計帳簿に付さなければならないものとして，減損損失の計上を要求している（計算規則5条3項2号）。

「固定資産の減損に係る会計基準」によると，固定資産の減損とは，土地などの固定資産の帳簿価額が，事業年度の末日における時価や収益還元価値を上回り，過大となっている場合のその差額を意味するとしている。また，減損損失の認識は，将来キャッシュ・フローの見積りに大きく依存しており，当該資産の利用期間を長期間にすると減損は生じないが，短期間にすると大幅な減損が生じることになる。

そこで会計基準では，当該資産について将来キャッシュ・フローを見積もる

使用期間を経済的残存使用年数又は20年のいずれか短い方によることとしている（減損基準二・2・(2)）。このように「減損損失」を認識すべきであると判定された資産又は資産グループについては，帳簿価額を回収可能価額まで減額し，当該減少額を「減損損失」として当期の損失に計上することとなる（減損基準二・3）。

　減損損失を計上した場合には，当該資産の帳簿価額から減損損失を減額して貸借対照表価額とする。この減損損失を減価償却累計額に含めて表示する場合にはその旨を注記しなければならない（計算規則103条）。

　法人税法は，原則として資産の評価損を認めていないが，災害等による著しい損傷，更生計画の決定などにおける評価損については，それらによる損失の損金算入を認めている（法人税法33条，施行令68条）。

第3節　中小会計の固定資産と減価償却

1　中小会計指針の固定資産と減価償却

> 要　点
> ➤ 固定資産の減価償却は，経営状況により任意に行うことなく，定率法，定額法その他の方法に従い，毎期継続して規則的な償却を行う。ただし，法人税法の規定による償却限度額をもって償却額とすることができる。
> ➤ 圧縮記帳は，その他利益剰余金の区分における積立て及び取崩しにより行う。ただし，国庫補助金，工事負担金等で取得した資産並びに交換，収用等及び特定の資産の買換えで交換に準ずると認められるものにより取得した資産については，直接減額方式によることができる。
> ➤ 予測できなかった著しい資産価値の下落があった際には，減損額を控除しなければならない。なお，当該減損額は，減損損失として損益計算書の特別損失に計上する。
> ➤ ゴルフ会員権は取得原価で評価する。ただし，時価があるものについて時価が著しく下落した場合又は時価がないものについて発行会社の財政状態が著しく悪化した場合には，減損処理を行う。

　中小会計指針では，取得価額，固定資産の減価償却，固定資産の圧縮記帳，固定資産の減損，ソフトウェア，ゴルフ会員権について定めている（33項～38項）。取得価額及び減価償却については会社計算規則と同様である。そして法人税法による償却限度額を償却額とすることができるものとして税法基準を認めている。重要な点は減価償却について，「経営状況により任意に行うことなく」，所定の方法で「毎期継続して規則的な償却を行う」としており，会計上の基本的な考え方が貫かれていることである。しかし，減損については，減損損失の計上を原則としながらも，減損の認識測定が，将来キャッシュ・フロー

などの技術的な困難性などを理由として,「資産の使用状況に大幅な変更があった場合」に減損の可能性を検討するものと,客観的な要因と下落の程度を限定している(36項)。具体的には次のように簡素化している。

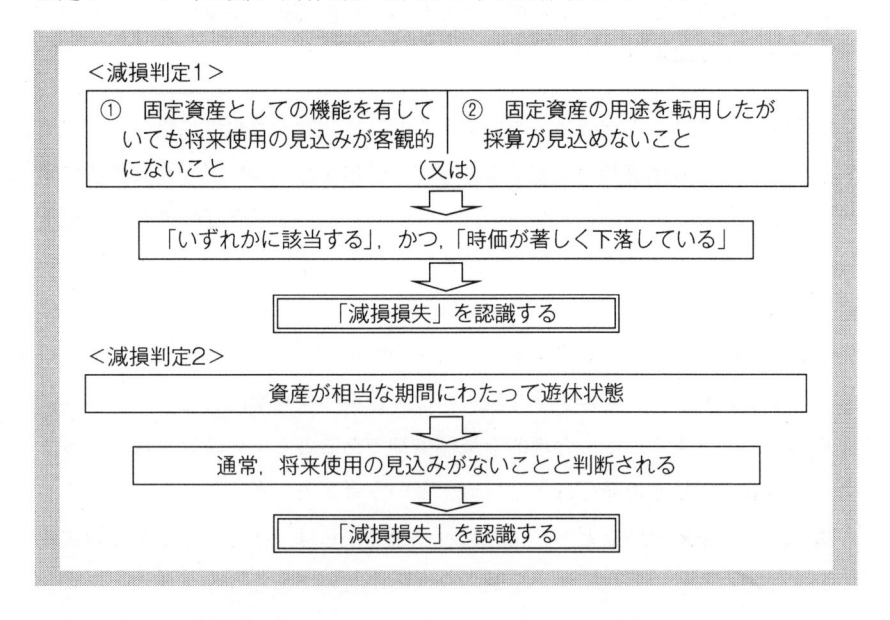

```
<減損判定1>
┌─────────────────────────────┬─────────────────────────────┐
│ ① 固定資産としての機能を有して │ ② 固定資産の用途を転用したが │
│   いても将来使用の見込みが客観的 │   採算が見込めないこと       │
│   にないこと          (又は)                              │
└─────────────────────────────┴─────────────────────────────┘
                    ⇩
        「いずれかに該当する」,かつ,「時価が著しく下落している」
                    ⇩
              「減損損失」を認識する

<減損判定2>
        資産が相当な期間にわたって遊休状態
                    ⇩
        通常,将来使用の見込みがないことと判断される
                    ⇩
              「減損損失」を認識する
```

2　中小会計要領の固定資産と減価償却

8．固定資産
(1) 固定資産は,有形固定資産(建物,機械装置,土地等),無形固定資産(ソフトウェア,借地権,特許権,のれん等)及び投資その他の資産に分類する。
(2) 固定資産は,原則として,取得原価で計上する。
(3) 有形固定資産は,定率法,定額法等の方法に従い,相当の減価償却を行う。
(4) 無形固定資産は,原則として定額法により,相当の減価償却を行う。

> (5) 固定資産の耐用年数は，法人税法に定める期間等，適切な利用期間とする。
> (6) 固定資産について，災害等により著しい資産価値の下落が判明したときは，評価損を計上する。

　中小会計要領は，固定資産について基本的には会社計算規則に従って定めている。しかし，減価償却の実務を考慮して，耐用年数について「法人税法に定める期間を使うことが一般的です。」としながらも，減価償却の原則的な考え方を示し「その資産の性質，用途，使用状況等を考慮して，適切な利用期間を耐用年数とすることも考えられます。」と解説している。つまり中小企業の減価償却資産の使用状況を勘案すると，省令の耐用年数よりも長期わたって使用していることも多い。そのような場合には，企業の使用状況に応じて自主的に耐用年数を決定することも合理的な減価償却であるとしている。それによって会計上の償却不足額の発生は生じない，という考え方である。しかし，そうした場合には，金融機関などへの情報開示の観点からは，法定耐用年数との比較で企業の定めた耐用年数について適切な説明が必要であろう。

　また，「相当の償却」については，前述したように，「一般的に，耐用年数にわたって，毎期，規則的に減価償却を行うことが考えられます。」と，「一般的」とやや含みをもって弾力的な償却費の計上を微妙に表現している。実務上，繰越欠損金の控除期限などにより課税上の理由からやむを得ず「相当の償却」となっていない場合には，計算書類作成上，違法性を生じる可能性がある。この場合には，貸借対照表の注記事項として個別注記表に記載するか，「チェックシート」に「その旨」を所見欄に記載することが必要である。これによって計算書類作成上の減価償却に関する情報を第三者へ適切に開示したことになる。減損損失の計上については，例えば，災害にあったような場合等予測することができない著しい資産価値の下落が生じる場合に，相当の金額を評価損として計上する必要があるとしている。これは法人税法による評価損の計上と同じである。

第9章

繰延資産

本章の要点

1. 繰延資産 ⇒ 期間損益計算による会計理論上の擬制資産
2. 会社法は繰延資産の規定を廃止
3. 財務諸表等規則 ⇒ 創立費，開業費，開発費，株式交付費，社債発行費

中小会計の考え方

◎ 中小会計指針 = 財務諸表等規則と内容は同じ
　　新株予約権発行費を社債発行費と別科目表示
　　税法固有の繰延資産 ⇒ 「投資その他の資産」に長期前払費用等
◎ 中小会計要領 = 中小会計指針と同じ

第1節　繰延資産の変遷

　繰延資産は，資産として実体的な価値を有さないが，会計理論上の合理的な期間損益計算をする上で考えられてきた擬制資産である。企業会計原則に「将来の期間に影響する特定の費用」として，かつては商法（平成17年商法改正以前の商法施行規則）に創立費，開業費，研究費及び開発費，新株発行費等，社債発行費，社債発行差金及び建設利息が定められていた（第三・四・C・注解・注15，商法施行規則35条〜41条）。

　この会計上の「将来の期間に影響する特定の費用」とは，次の性質を有する費用をいうものとされている。

①　対価の支払いが完了（又は支払義務が確定）している。
②　対価に対応する役務の提供を受けた。
③　提供された役務の効果が将来にわたって発現すると期待される。

　例えば，創立費を考えればわかるように，会社設立のための費用はすでに支出されており，設立事務という役務の提供は受けているが，この支出の効果は法人が清算するまで効果があるといえる。つまり当該費用の効果を考えたとき支出時に一括してその会計期間の費用とすることではなく，まず資産として計上して，ある程度の会計期間にわたって費用化するというものである。

　このような擬制されたものを資産として計上するため，旧商法は繰延資産を法律で限定的に列挙し資産計上を認めていたのである。しかし，平成17年成立の会社法は，①建設利息を繰延資産から廃止し，②創立費は資本金等から控除する処理も認められるようになった（会社法28条4号，32条1項，施行規則5条，計算規則43条1項3号）。③研究開発費は，原則として，すべて発生時に費用処理することとなった[*1]。④新株発行費は，新株の発行又は自己株式の処分に係る費用も含めて「株式交付費」として繰延資産とした（財務諸表等規則36条）。⑤社債発行差金が金利の調整である場合には，募集金額によって債務

を計上し、期間の経過とともに額面金額に一致するように段階的に増額する「償却原価法」を採用することとなった（金商基準26項、90項、注5）。

そこで会社法は、会社計算規則において繰延資産の個別科目を掲げることなく「繰延資産として計上することが適当であると認められるもの」と定めた（計算規則74条3項4号）。現在、会社計算規則上認められる繰延資産は、「創立費」、「開業費」、「株式交付費」、「社債発行費」及び「開発費」と解されている（財務諸表等規則36条）。繰延資産に関する近年の改正点は**図表9－1**のとおりである*2。

図表9－1　繰延資産の改正点

旧　商　法	会社計算規則	財務諸表等規則	中小企業の会計
創　立　費	繰延資産として計上することが適当であると認められるもの	創　立　費	創　立　費
開　業　費		開　業　費	開　業　費
研　究　費		－	－
開　発　費		開　発　費	開　発　費
新株発行費等		株式交付費	株式交付費
社債発行費		社債発行費*	社債発行費
社債発行差金	償却原価法	－	新株予約権発行費
建設利息	廃止	－	－

*　新株予約権発行費を含むものとしている。

---

*1　研究開発費については、従来、費用処理又は資産計上としていたところ、平成10年3月13日「研究開発費等に係る会計基準」を定め、①企業間の比較可能性を担保する、②収益の獲得期待の評価が不確実であるなどから、研究開発費は発生時に費用として処理することとした。

*2　渡辺和夫『財務会計変遷論』、同文舘、平成19年11月、第4章「繰延資産会計の変遷」に昭和9年からの沿革が詳述されている。

第2節　繰延資産の内容と表示

1　繰延資産の意義と会計処理

　繰延資産の科目と意義，会計処理及び償却期間は，**図表9－2**のとおりである（財務諸表等規則36条，実務対応報告第19号）。この繰延資産の金額を計上している場合には，「のれん」の計上額とともに分配可能額の制限事項となっており，分配可能額が制限される場合が生じる（会社法461条2項6号，計算規則158条）。

　なお，繰延資産として計上している場合に，その支出の効果が期待されなくなったときには，その未償却残高を一時に償却しなければならない（実務対応報告19号）。

図表9－2　繰延資産の意義と会計処理

	科　　目	内　　容
1	創立費	
	(1)　意義	・創立費とは，会社の負担に帰すべき設立費用，例えば，定款及び諸規則作成のための費用，株式募集のための広告費，目論見書・株式等の印刷費，創立事務所の賃借料，設立事務に使用する使用人の給料，金融機関の取扱手数料，証券会社の取扱手数料，創立総会に関する費用その他会社設立事務に関する必要な費用，発起人が受ける報酬で定款に記載して創立総会の承認を受けた金額並びに設立登記の登録免許税等をいう。
	(2)　会計処理	・創立費は，会社法では資本金又は資本準備金から減額することができる（計算規則43条）。原則として，支出時に営業外費用として処理する。ただし，創立費を繰延資産として処理することができる。

	(3) 償却期間 5年以内	・会社の成立のときから5年以内のその効果の及ぶ期間にわたって、定額法により償却をしなければならない。
2	開業費 (1) 意義	・開業費とは、土地、建物等の賃借料、広告宣伝費、通信交通費、事務用消耗品費、支払利子、使用人の給料、保険料、電気・ガス・水道料等で、会社成立後営業開始までに支出した開業準備のための費用をいう。
	(2) 会計処理	・開業費は、原則として、支出時に営業外費用として処理する。ただし、開業費を繰延資産として処理することができる。
	(3) 償却期間 5年以内	・開業のときから5年以内のその効果の及ぶ期間にわたって、定額法により償却をしなければならない。なお、開業費は販売費及び一般管理費として処理することができる。
3	開発費 (1) 意義	・開発費とは、新技術又は新経営組織の採用、資源の開発、市場の開拓等のために支出した費用、生産能率の向上又は生産計画等の変更等により、設備の大規模な配置替えを行った場合等の費用をいう。ただし、経常費の性格をもつものは開発費に含めない。
	(2) 会計処理	・開発費は、原則として、支出時に売上原価又は販売費及び一般管理費として処理する。ただし、開発費を繰延資産として処理することができる。
	(3) 償却期間 5年以内	・支出のときから5年以内のその効果の及ぶ期間にわたって、定額法その他の合理的な方法により規則的に償却をしなければならない。 なお、効果が期待されなくなったときは、その未償却残高を一時に償却しなければならない。

4	株式交付費 (1) 意義	・株式交付費とは，株式募集のための広告費，金融機関の取扱手数料，証券会社の取扱手数料，目論見書・株券等の印刷費，変更登記の登録免許税，その他株式の交付等のために直接支出した費用をいう。なお，株式交付費には自己株式の処分に係る費用も含まれる（実務対応報告第19号3(1)）。
	(2) 会計処理	・株式交付費（新株の発行又は自己株式の処分に係る費用）は，原則として，支出時に営業外費用として処理する。ただし，企業規模の拡大のためにする資金調達などの財務活動（組織再編の対価として株式を交付する場合を含む。）に係る株式交付費については，繰延資産に計上することができる。
	(3) 償却期間 　　3年以内	・株式交付のときから3年以内のその効果の及ぶ期間にわたって，定額法により償却をしなければならない。
5	社債発行費 (1) 意義	・社債発行費とは，社債募集のための広告費，金融機関の取扱手数料，証券会社の取扱手数料，目論見書・社債券等の印刷費，社債の登記の登録免許税，その他社債発行のために直接支出した費用をいう。なお，社債発行費には新株予約権の発行に係る費用も含まれる（実務対応報告第19号3(2)）。
	（新株予約権発行費） (2) 会計処理	・社債発行費は，原則として，支出時に営業外費用として処理する。ただし，社債発行費を繰延資産に計上することができる。
	(3) 償却期間 　　社債の期間	・社債の償還までの期間にわたり利息法により償却をしなければならない。
	（新株予約権発行費は3年以内）	なお，新株予約権の場合には，発行のときから3年以内のその効果の及ぶ期間にわたって，定額法により償却をしなければならない。

2 繰延資産の表示

　繰延資産は資産に計上した後,毎期,上述したように所定の方法で償却する。

　損益計算書上,繰延資産の償却費は,当該繰延資産の性質に応じて区分するのであるが,営業収益との対応関係がないものは営業外費用に計上し,一時償却額は特別損失に計上する。

　貸借対照表上は,繰延資産から償却累計額を直接控除し,その控除残高を繰延資産の金額として表示する。

　先に述べたように有形固定資産の場合には,貸借対照表上,取得価額から減価償却累計額を控除して帳簿価額を表示する。あるいは,減価償却累計額を控除した金額で表示する場合には,減価償却累計額を注記しなければならない。つまり投資額と減価償却累計額が明示されるのであるが,擬制資産である繰延資産は残額のみを示すこととしているところに表記上の差異がある。

第3節　中小会計の繰延資産

1　中小会計指針の繰延資産

> 要　点
> ➢ 創立費，開業費，開発費，株式交付費，社債発行費，新株予約権発行費は，原則として費用処理する。なお，これらの項目については繰延資産として資産に計上することができる。
> ➢ 費用として処理しなかった税法固有の繰延資産は，長期前払費用等として計上する。

(1)　意　義

中小会計指針は，基本的に会計基準と同じであるが，新株予約権発行費について個別に明記している。新株予約権発行費とは，新株予約権の発行のために支出した費用であり，財務諸表等規則ガイドラインでは，社債発行費に含めるものとしている。しかし，中小会計指針では，社債発行費とは異なる性質のものであり，あえて個別に明記したものと解される。

(2)　税法の繰延資産

中小会計指針の要点2は確認事項である。税法固有の繰延資産については，会計上の繰延資産と区別して長期前払費用として処理することを明らかにしている。

法人税法における繰延資産の定義は，会計上の繰延資産に示されている創立費，開業費，開発費，株式交付費，社債等発行費のほか，以下に記述しているように税法固有の概念によるものを繰延資産に含めている（法人税法2条24号，施行令14条6号）。これは課税上の要請に基づく概念であるが，会計理論上の

繰延資産概念と不整合になっており，財務諸表等規則では，税法固有の繰延資産は長期前払費用に計上することとしている。

> ＜税法固有の繰延資産＞
> 　法人が支出する次に掲げる費用のうち，その効果がその支出の日以後1年以上に及ぶものは，税法固有の繰延資産に該当する。なお，費用のうち資産の取得に要した金額及び前払費用は除かれる。
> ① 自己が便益を受ける公共的施設又は共同的施設の設置又は改良のために支出する費用（例えば，商店街アーケードなど）
> ② 資産を賃借し又は使用するために支出する権利金，立退料その他の費用
> ③ 役務の提供を受けるために支出する権利金その他の費用
> ④ 製品等の広告宣伝の用に供する資産を贈与したことにより生ずる費用
> ⑤ ①から④までに掲げる費用のほか，自己が便益を受けるために支出する費用

(3) 一時償却

会計基準では，計上した繰延資産に支出の効果が期待されなくなったときは，その未償却残高を一時に償却しなければならないとされている。この点について，中小会計指針は，次のように具体的な判断基準を示している。

> ① 当該固定資産が災害により著しく損傷したこと
> ② 当該固定資産が1年以上にわたり遊休状態にあること
> ③ 当該固定資産がその本来の用途に使用することができないため，他の用途に使用されたこと

（4）表　示

税法上固有の繰延資産は，貸借対照表上，「投資その他の資産」の区分に「長期前払費用」として計上する。

2 中小会計要領の繰延資産

> 9．繰延資産
> (1) 創立費，開業費，開発費，株式交付費，社債発行費及び新株予約権発行費は，費用処理するか，繰延資産として資産計上する。
> (2) 繰延資産は，その効果の及ぶ期間にわたって償却する。

中小会計要領の繰延資産は会計基準と同じである。基本的な定義は省略しているが，会計上の繰延資産について**図表９－３**のように具体的な償却期間を示している。また，中小会計指針と同様に法人税法固有の繰延資産については，その内容を述べているが，上述したので省略する。

図表９－３　繰延資産と償却期間

繰　延　資　産	償　却　期　間
創立費	5年以内
開業費	
開発費	
株式交付費	3年以内
新株予約権発行費	
社債発行費	社債の償還までの期間

第 10 章

リース取引

本章の要点

1. 会計上のリース取引 ⇒ ファイナンス・リース取引
   （＝税法上の「リース取引」）
2. リース取引 ⇒ 原則として売買処理（on balance sheet）
   重要性の乏しいものは賃貸借処理が可能
   重要性の判断基準：1年以内，300万円以下

中小会計の考え方

◎ 中小会計指針（借手）⇒ 原則として会計基準と同じ
   賃貸借処理を容認 ⇒ リース債務を未経過リース料として注記
◎ 中小会計基本要領（借手）⇒ 賃貸借処理又は売買処理
   賃貸借処理の場合 ⇒ リース債務を未経過リース料として注記

第10章

リース取引

第1節　リース取引の形態と分類

1　リース取引の形態

　企業は自己資金や借入金等で設備投資を行うほか，設備等をリース取引によって調達し活用することがある。リース取引は，車両，機械装置，航空機など様々なものを対象としている。ここでは，リース取引における「借手（レッシー）」について述べ，貸手（レッサー）については省略する。

　一般的なリース取引の取引関係は，**図表10－1**のようになる。

　リース取引は法律的には「賃貸借契約」（民法601条）であり，リース期間中は定期的にリース料を支払い，そのリース契約期間の満了によって，リース物件は返還するものとされている。しかし，リース取引の経済的実態は，リース期間満了後も低額なリース料で再契約して賃貸していたり，低額な価額でリース物件を買い取って継続使用したりしているので，売買に準じた取引となっている。

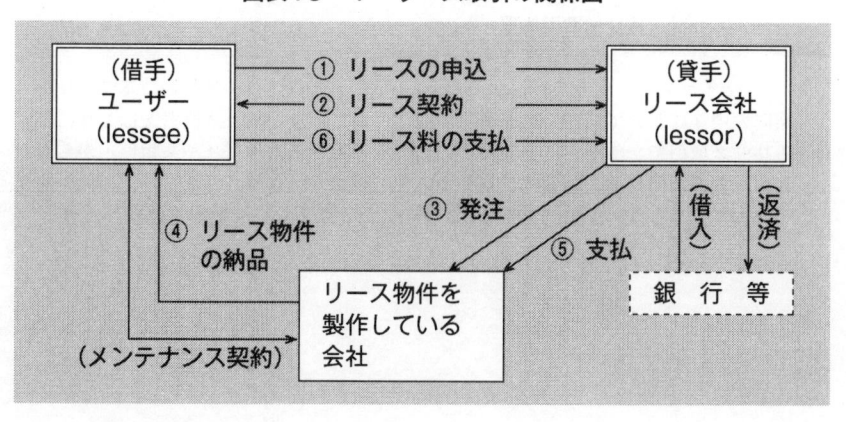

図表10－1　リース取引の関係図

```
┌──────────┐  ① リースの申込  ┌──────────┐
│ （借手）   │─────────→│ （貸手）   │
│ ユーザー   │←───②リース契約──→│ リース会社 │
│ (lessee)   │←──⑥リース料の支払──│ (lessor)   │
└──────────┘                      └──────────┘
     ↑                              ③発注│ ↑（借）（返）
     │④リース物件                       │ │（入）（済）
     │  の納品                           ↓ │⑤支払
     │                      ┌──────────┐   ┌─────────┐
（メンテナンス契約）         │ リース物件を│   │ 銀　行　等 │
                             │ 製作している│   └─────────┘
                             │ 会社       │
                             └──────────┘
```

2 リース取引の分類

　一般的には，レンタカーのように短期で車両を借りる場合に「レンタル」という，3年レンタルといって車両をメンテナンス付きで借りる場合にも「レンタル」ということがある。建設機械などを運転手付きで1週間1月借りる場合にも「オペ付きリース」ということがある。このように一般的に「レンタル」と「リース」の用語は厳格に定義して用いていない。
　そこで「リース取引に関する会計基準」は，リース取引を図表10－2のように分類し，「ファイナンス・リース取引」を対象とすることとしている。

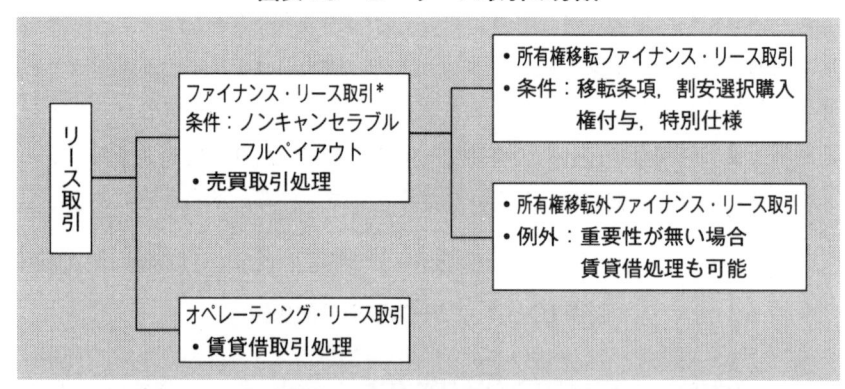

図表10－2　リース取引の分類

```
            ┌─ ファイナンス・リース取引*        ┌─ ・所有権移転ファイナンス・リース取引
            │   条件：ノンキャンセラブル        │   ・条件：移転条項，割安選択購入
            │         フルペイアウト            │         権付与，特別仕様
リース取引 ─┤   ・売買取引処理                  ┤
            │                                   └─ ・所有権移転外ファイナンス・リース取引
            │                                       ・例外：重要性が無い場合
            │                                             賃貸借処理も可能
            └─ オペレーティング・リース取引
                ・賃貸借取引処理
```

＊「ファイナンス・リース（finance lease）取引」とは，リース契約に基づくリース期間の中途において当該契約を解除することができないリース取引又はこれに準ずるリース取引で，借手が，当該契約に基づき使用する物件（リース物件）からもたらされる経済的利益を実質的に享受することができ，かつ，当該リース物件の使用に伴って生じるコストを実質的に負担することとなるリース取引をいう（5項）。

3 リース取引のメリットとデメリット

企業が設備投資等をリース取引によるのは，①当面の投資に資金調達を必要とせずリース料金という一定額の支払いで資金管理ができ，②自社所有と比較して早期に費用化を図ることができ，③固定資産税や保険料に煩わされることなく，占有使用できることなどにある。反面はデメリットであり比較すると，一般に**図表10-3**のようなメリットとデメリットとがあるといわれる。

図表10-3　リース取引のメリットとデメリット

項目	メリット	デメリット
① 資金調達（物融）	リース会社との契約であるため，融資枠を温存できる。	負債を拡大しやすい。安易にリース契約しやすい。
② 金利・保険料	リース会社で一括するため，自己調達よりも安い。	固定の金利・保険料で減額ができない。
③ 物件管理	固定資産税などの事務が簡素化できる。	中途解約不能，特別償却不適用など。
④ 予算管理	減価償却をせず支払経費で短期・平準・簡素化できる。	リース会社の利益や管理手数料が上乗せされ割高。
⑤ 財務分析	自己所有に比較して総資産利益率（ROA）が高く表現される。	リース取引はオフバランスなので物件も債務も見えない。

第2節　リース取引の会計処理

1　リース取引の性質

　リース取引の会計処理は，従来，法的性質に照らして賃貸借によって行われていたが，平成19年3月30日「リース取引に関する会計基準」の改正によって，原則として，売買取引に準じて会計処理するものとした。つまり，法的には賃貸借契約であるが，会計上は契約履行時に売買取引として，リース対象物は資産に，リース債務総額は負債に計上するものとした。

2　原則的処理方法－通常の売買取引と同じ会計処理－

① 開始日の仕訳

　（借）リ ー ス 資 産　×××　（貸）リ ー ス 債 務　×××

　（注1）　リース料総額は，原則として，利息相当額部分とリース債務の元本返済額部分とに区分計算し，前者は支払利息として処理し，後者はリース債務の元本返済として処理する（適用指針23項）。
　（注2）　リース物件の借手において当該リース物件の貸手の購入価額が明らかな場合は，当該金額による（適用指針22項(1)）。明らかでない場合は，リース料総額の現在価値と見積現金購入価額のいずれか低い額による（適用指針項22(2)）。

② 支払日の仕訳

　（借）リ ー ス 債 務　×××　（貸）現 金 預 金　×××
　　　　支 払 利 息　　××

　（注）　利息相当額については利息法による（適用指針24項）。

③ 決算日の仕訳

(借)減 価 償 却 費　×××　(貸)リ ー ス 資 産　×××
　　　　　　　　　　　　　　　　　〔又は減価償却累計額〕

(注)　リース期間を耐用年数とし，残存価額0円として計算する。

④ 終了日・返却日の仕訳

(借)減価償却累計額　×××　(貸)リ ー ス 資 産　×××

(注)　適用指針29項，中途解約の処理は指針30項。

3　利息相当額の例外処理方法

　リース資産総額に重要性が乏しいと認められる場合には，①リース料総額から利息相当額を控除しない会計処理，及び②利息相当額をリース期間に定額配分する会計処理が認められている。この「リース資産総額に重要性が乏しい」と認められる場合とは，期末におけるリース総額の割合が次の算式による10％未満とされている（適用指針32項）。

$$\frac{\text{未経過リース料の期末残高}^*}{\begin{pmatrix}\text{未経過リース料}\\ \text{の期末残高}^*\end{pmatrix} + \begin{pmatrix}\text{有形固定資産と無形}\\ \text{固定資産の期末残高}\end{pmatrix}} < 10\%$$

　＊　期末残高には，利息法適用リース取引，少額・短期リース取引は含めない。

(1) 利息相当額を控除しない会計処理

① 開始日の仕訳

(借)リ ー ス 資 産　×××　(貸)リ ー ス 債 務　×××

(注)　金額はリース契約総額による。

② 支払日の仕訳
(借)リ ー ス 債 務 ×××　(貸)現 金 預 金 ×××

(2) 利息相当額をリース期間に定額配分する会計処理

① 開始日の仕訳
(借)リ ー ス 資 産 ×××　(貸)リ ー ス 債 務 ×××
(注) 金額はリース契約総額から利息相当額を控除した金額による。

② 支払日の仕訳
(借)リ ー ス 債 務 ×××　(貸)現 金 預 金 ×××
　　 支 払 利 息 　××
(注) 支払利息については利息相当額をリース期間に定額で配分する。

4　法人税法のリース取引

　リース取引は，平成5年6月17日「リース取引に係る会計基準」が公表される以前からも多くの企業おいて行われてきていた。リース取引は賃貸借契約であるから，借手の会計処理は，原則としてリース料を期間費用として計上するものであった。しかしリース物件に対する賃貸期間が，税法の定める法定耐用年数よりもあまりにも短い場合には，課税上の公平の観点から売買として課税計算するものとされてきた。あるいは，貸手側の投資的なリース取引に対しては税法の定める耐用年数よりもあまりにも長い場合には，費用を先行計上する方式で収益計上が繰り延べられるので，そのようなリース収益の繰延計上は，課税計算上認めないものとされてきた。これらに対して主として通達で課税関係を規律していたが，「リース取引に関する会計基準」の改正に伴って，法人税法上も平成19年度に改正しリース取引関係の規定を整備した。

法人税法は，会計基準の「ファイナンス・リース取引」の定義を「リース取引」と定義しており，用語の意義が異なっており，**図表10－4**のようになる。法人税法におけるリース取引については，これらの用語の相違を踏まえた上で，リース取引について理解する必要がある。法人税法上は，「リース取引」が法律的に賃貸借契約であっても，所定のリース取引については「売買があったものとみなして」課税所得の計算が行われることとなったのである。

図表10－4　法人税法のリース取引の分類

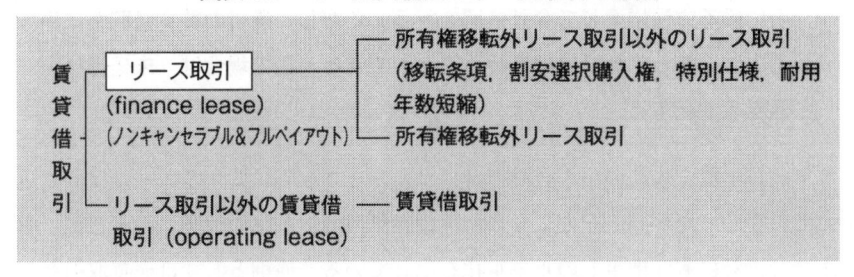

```
賃 ┌─ リース取引 ──────┬─ 所有権移転外リース取引以外のリース取引
貸 │  (finance lease)      │  （移転条項，割安選択購入権，特別仕様，耐用
借 │  (ノンキャンセラブル&フルペイアウト) │   年数短縮）
取 │                       └─ 所有権移転外リース取引
引 └─ リース取引以外の賃貸借 ─── 賃貸借取引
     取引 (operating lease)
```

第3節　中小会計のリース取引

1　中小会計指針のリース取引

> 要点
> ➢ 所有権移転外ファイナンス・リース取引に係る借手は，通常の売買取引に係る方法に準じて会計処理を行う。ただし，通常の賃貸借取引に係る方法に準じて会計処理を行うことができる。この場合は，未経過リース料を注記する。

　平成17年設定当初の中小会計指針には，リース取引に関するルールは取り込んでいなかったが，上記のように，平成19年の会計基準の改正に対応して，中小会計指針にも「借手」のルール化を示している。原則としては売買取引として会計処理し，賃貸処理も認めるものとした。しかし，債務額を明示するため，未経過リース料を注記事項としている。

　なお，「リース取引に係る会計基準」では，ファイナンス・リース取引であっても，重要性がないリース取引については，注記を省略することができるものとしている。リース期間が1年以内及び1件当たり300万円以下のリース取引は，賃貸借の取引として処理することができる（適用指針35項）。

2　中小会計要領のリース取引

> 10. リース取引
> 　リース取引に係る借手は，賃貸借取引又は売買取引に係る方法に準じて会計処理を行う。

短期間のいわゆる「レンタル取引」や「オペレーティング・リース取引」の会計処理はもともと賃貸借処理であるため，「リース取引」の項目に掲げるリース取引は，ファイナンス・リース取引を意味している。

中小会計要領は，借手側のリース取引について「賃貸借取引又は売買取引に係る方法」とした。つまり，会計基準が「売買取引」を原則としていることに対して，中小企業の実務に配慮し，「賃貸借取引」を売買取引と並行的に選択できるものとした。しかし，賃貸借取引として会計処理を行った場合，中小会計要領では「注記することが望ましいと考えられます。」と弾力的な表現をしている。しかし，その場合，リース取引に係る債務金額が貸借対照表に明示されないので，金額的に重要性があるものについては，期末時点での未経過のリース料を注記すべきであろう。

会計実務と消費税等

会計の実務においては，消費税等は極めて重要な処理事項となっている。リース取引が賃貸借取引である場合に，借手は，リース料に含まれる消費税等について支払時に仕入税額控除することとなる。しかし，売買取引とみなされると，固定資産の取得と同様に，リース取引開始時に「リース総額」を一括して仕入れたものみなされるので，この時点で一括して仕入税額控除することとなる。

中小企業においてリース取引を売買処理することは，取引自体の会計処理と消費税等会計処理にずれが生じ複雑な会計となるので，賃貸借処理が望まれている。そこで，消費税等の取扱いにおいて実務の簡便性を考慮して，賃貸借処理をしている場合には，リース料支払いに応じて仕入税額控除することを消費税等の取扱いとして認めている。

第 11 章

外貨建取引等

本章の要点

1. 外貨建取引 ⇒ 売買価額その他取引価額が外国通貨で表示されている取引（ドル建て，ポンド建て，ユーロ建て等の取引）
2. 外貨建取引発生要因
   ① 貿易取引・外貨建有価証券取引等による外貨建取引
   ② 外国にある支店取引による外貨建取引
   ③ 外国にある子会社の外貨建財務諸表の連結又は持分法処理
3. 外貨建取引の発生時の処理 ⇒ 取引発生時の為替相場で円換算
4. 決算時の外貨・外貨建金銭債権債務
   原則として決算時の為替相場で円換算し換算差額は為替差損益
   （有価証券の著しい評価損については有価証券の評価損）

中小会計の考え方

◎ 中小会計指針 ⇒ 会計基準と同じ
   その他有価証券は，会計基準と税法基準と相違するが，届出によって同じ評価方法も可能
◎ 中小会計要領 ⇒ 会計基準も税法基準も適用可能

第1節　外貨建取引等の沿革と意義

1　国際協定による外国為替の変遷と考え方

(1)　固定相場から変動相場へ

　外貨建取引等の会計処理は，外国為替取引の国際的合意の歴史に対応して変貌してきた。第二次世界大戦後の世界金融の枠組みは，昭和19（1944）年7月連合国44か国によるブレトン・ウッズ協定（Bretton Woods Agreements，IMF協定）において金（Gold）1オンスを35USドルと定める金本位制度を採用し，USドルに対して各国通貨の交換比率を定めた。これによって世界経済の安定化を図ってきた。このとき日本は1ドルを360円とされ，固定相場制度の下で外貨建取引が行われてきた。その後，昭和46年12月のスミソニアン協定（Smithsonian Agreement）によって1ドルを308円とする固定相場を経て，変動相場制に移行し，続く昭和60年9月のプラザ合意（Plaza Accord，1ドル263円程度），昭和62（1987）年2月のルーブル合意（Louvre Accord，1ドル120円程度）を経て今日に至っている。

　このような国際協定によって日本は，戦後，固定相場で外貨の決済を行っていたため単純で会計上の問題は少なかった。それぞれの協定による為替相場による会計への影響に対して「企業会計上の個別意見」を公表して対応してきた。

　その後，変動相場制に移行してきたので，それらの会計取引に関して昭和54年6月に「外貨建取引等会計処理基準」を公表して会計処理について一定のルールを定めた。その後「通貨オプション・通貨スワップ等の外貨建金融商品の出現，対外直接投資の拡大と在外子会社の位置づけの変化等」が生じたことから，平成7（1995）年5月26日に従来の会計基準を改訂した。さらに金融商品の多様化とともに会計基準の国際的調和化などのため，平成11年10月22日に再度改訂し現行の「外貨建取引等会計処理基準」となっている。

(2) 「外貨建取引等会計処理基準」の基本的な考え方

　外貨建取引等の会計処理は，外貨建ての資産・負債及び収益・費用に対して取引発生時に円換算するほか，決済時にも決算時にも円換算することになる。決済時の円換算差額については「当期の為替差損益」とする。

　決算時の換算方法は，原則として，「決算時の為替相場」で円換算することとし，換算差額は**図表11－1**のように項目に応じて処理することとした。

2　外貨建取引等の発生原因と対応

(1)　外貨建取引

　日本にある会社が外国法人と輸出入の取引をするとき，円建て金額の契約であればそのままの「円」で会計処理をする。外貨建て取引金額の契約の場合には，その取引金額を取引発生時に円換算して会計処理し，さらに決算期末に外貨建債権債務の残高がある場合には，円に換算して評価することになる。

(2)　海外支店の外貨取引

　日本にある会社が外国に営業所や支店を有している場合には，例えば，米国支店であれば，通常の支店取引はＵＳドルで取引が行われており，ＵＳドルベースで支店の会計処理を行っている。このような在外支店を有している場合，会社全体の本支店合併財務諸表を作成するときには，当然，在外支店の外貨建財務諸表を円に換算して合算することになる。

(3)　在外子会社等の外貨建財務諸表

　親会社は，その企業集団全体の財政状態，経営成績及びキャッシュ・フローの状況について連結財務諸表を作成する。この場合，連結財務諸表の対象となる在外子会社の財務諸表は外貨建なので，これを円に換算して連結財務諸表の作成を行うことになる。

第2節　外貨建取引等の会計処理

1　外貨建取引の会計処理

（1）　外貨建取引の会計処理

　外貨建取引とは，売買価額その他取引価額が外国通貨で表示されている取引をいう。このとき取得される外貨は，原則として，当該取引発生時の為替相場による円換算額をもって会計処理する。

　為替相場には，直物為替相場（現物為替相場）と先物為替相場があり，日々の相場についても，売相場（ＴＴＳ）と買相場（ＴＴＢ）と仲値（ＴＴＭ）がある。売相場（ＴＴＳ）とは企業が金融機関から外貨を買うときの相場，買相場（ＴＴＢ）とは企業が金融機関に外貨を売るときの相場を意味し，為替金融機関の立場から表現されている。仲値（ＴＴＭ）はそれらの中間値段である。

　例えば，米国企業とのドル建取引で，商品1万ドルを掛けで売却（輸出）した場合，1万ドルの売掛金が取得され売上が計上される。このドルを円に交換するためにはドルを為替金融機関に売却して円を取得するので，ドルの買相場で換算し会計処理を行うのが合理的である。反対に，1万ドルの商品を掛けで仕入（輸入）れた場合には，ドルを支払うためには，円を売却してドルを購入するので，ドル売相場で換算し会計処理を行うのが合理的である。

　なお，外貨建取引が発生したときでも，為替リスクを排除するため当該外貨建債権債務の取得時に決済期日までの反対売買を行うなど，ヘッジ会計を適用することによって為替相場変動によるリスク発生がない場合には，円建取引と同じであり，外貨建取引の為替換算は行わないこととなる。

（2）　決済時の会計処理

　外国通貨の円換算や外貨建金銭債権債務については換算された円金額が帳簿に記録されているため，これらの外国通貨や外貨建金銭債権債務を決済して円

金額にすると，変動相場制であるため，差額が生じる。この決済差額については，当期の為替差損益として計上する。

(3) 決算時の会計処理

外貨建取引は，取引発生時に換算して会計処理された後，その取引に伴って，外国通貨，外貨建金銭債権債務，外貨建有価証券及び外貨建デリバティブ取引の金融商品が発生しているので，ヘッジ会計対象を除いて，これらの決算時残高について，決算時に円換算を行い，その為替差損益の会計処理が必要となる。これらを項目別に整理すると図表11－1のとおりである。

図表11－1 外貨建取引の換算方法と換算差額の処理

換算項目	決算時の換算方法	換算差額の処理
① 外国通貨	決算時の為替相場による円換算	当期の為替差損益
② 外貨建金銭債権債務	同上	同上
③ 外貨建有価証券		
イ 満期保有目的の外貨建債券	同上	同上
ロ 売買目的有価証券	外国通貨による時価を算定し，その時価を決算時の為替相場による円換算	同上
ハ その他有価証券		為替差損益は税効果適用後「純資産の部」に計上，又は損益分離計上＊とする
ニ 子会社株式及び関連会社株式	取得時の為替相場による円換算	差額なし
ホ 外貨建有価証券について時価の著しい下落又は実質価額の著しい低下により評価額の引下げが求められる場合	外貨建有価証券の時価又は実質価額は，外国通貨による時価又は実質価額を決算時の為替相場により円換算	当期の有価証券評価損
④ デリバティブ取引等で①から③以外の外貨建ての金融商品	外国通貨による時価を決算時の為替相場により円換算	当期の為替差損益

＊ 差損は当期の損失に計上し，差益は「純資産の部」に計上する。

2 在外支店の財務諸表項目の換算

(1) 外貨建在外支店財務諸表の本支店合併

　在外支店の現地での経済活動は，その国の通貨で行われる。そのため日本における本店法人が決算を行うにあたっては，在外支店の財務諸表について本支店合併を行うため，在外支店財務諸表のすべての金額を円換算しなければならない。

(2) 収益及び費用の為替換算

　外貨建取引の収益及び費用は，原則として，期中平均相場によって換算することができる。在外支店の取引は本来的に本社の取引であり，便宜的に在外支店を独立して会計処理しているものである。したがって，原則論で考えれば，取引発生時に円に換算して会計処理すべきものであるが，収益及び費用は会計期間中のすべての取引が集積されているので，期中平均相場による簡便的な会計処理を容認している。

(3) 在外支店財務諸表項目の換算の特例

　在外支店財務諸表は外貨表示で作成されている。この換算は，それぞれの財務諸表項目の特性に合わせて為替換算を行うことが合理的であると考えられている。しかし，実務上の簡便性から，在外支店の外貨建財務諸表項目の換算にあたり，土地，建物，機械装置など非貨幣性項目の額に重要性がない場合には，すべての貸借対照表項目について，決算時の為替相場によって換算を行う方法を適用することができるものとしている。この場合には，損益項目についても決算時の為替相場によることが認められている。

　なお，本店と異なる方法により換算することによって生じた換算差額は，当期の為替差損益として処理するものとしている。

3 在外子会社等の財務諸表項目の換算

在外子会社や在外関連会社の財務諸表は，それぞれの国の貨幣単位を用いて財務諸表を作成している。これらの財務諸表を連結財務諸表に一体化する場合，又は在外関連会社株式について持分法を適用する場合，在外子会社又は在外関連会社の外貨建財務諸表項目について「円」に換算する必要がある。項目別の換算方法については**図表11－2**のとおりである。

図表11－2 外貨建財務諸表の換算方法

財務諸表項目		決算時の為替換算方法
①	資産及び負債	決算時の為替相場による円換算額
②	資本	
	親会社による株式の取得時における資本に属する項目	株式取得時の為替相場による円換算額
	親会社による株式の取得後に生じた資本に属する項目	当該項目の発生時の為替相場による円換算額
③	収益及び費用	
	原則	期中平均相場による円換算額
	例外	決算時の為替相場による円換算額も可能
	親会社との取引	親会社と同じ為替相場
④	換算差額の表記	貸借対照表の純資産の部に為替換算調整勘定

第3節 中小会計の外貨建取引等

1 中小会計指針の外貨建取引等

> 要 点
> ➢ 外貨建取引は，原則として，当該取引発生時の為替相場による円換算額をもって記録する。
> ➢ 外国通貨については，決算時の為替相場による円換算額を付す。
> ➢ 外貨建金銭債権債務（外貨預金を含む。）については，決算時の為替相場による円換算額を付す。ただし，長期のもの（1年超のもの）について重要性がない場合には，取得時の為替相場による円換算額を付すことができる。
> ➢ 外貨建売買目的有価証券，その他有価証券（時価のないものを含む。）及び評価損を計上した有価証券については，時価（その他有価証券のうち時価のないものについては取得原価）を決算時の為替相場により円換算した額を付す。

　中小会計指針では「外貨建取引等」として，上記の要点を掲げるほか，**図表11－2**の会計処理について述べているが，連結財務諸表の換算については省略している。また，中小会計指針では法人税法との相違に注目し，**図表11－3**のように，外貨建取引等を区分し，会計上の換算方法，法人税法上の換算方法について表記している。中小会計指針は，原則として会計基準の換算方法を採用しているため法人税法の換算方法と相違するところがある。しかし，これらの相違は，外貨建その他有価証券を除き，換算方法等を税務署長に届け出ることにより，中小会計指針の会計処理と法人税法上の取扱いを一致させることができるものとして，税法基準を意識したものとなっている（79項）。

図表11−3　外国為替換算方法の会計と法人税法

外貨建資産等の区分			会計上の換算方法	法人税法上の換算方法
外国通貨			決算時の為替相場により換算	期末時換算法
外貨預金	短期外貨預金		決算時の為替相場により換算	期末時換算法（法定換算方法）又は発生時換算法
	上記以外のもの			期末時換算法又は発生時換算法（法定換算方法）
外貨建債権債務	短期外貨建債権債務		決算時の為替相場により換算（ただし、旧商法による転換社債については、発行時の為替相場）	期末時換算法（法定換算方法）又は発生時換算法
	上記以外のもの			発生時換算法（法定換算方法）又は期末時換算法
外貨建有価証券	売買目的有価証券		期末時価を決算時の為替相場により換算	期末時換算法
	売買目的以外有価証券	償還期限及び償還金額のあるもの（満期保有目的）	取得原価又は償却原価を決算時の為替相場により換算	発生時換算法（法定換算方法）又は期末時換算法
		償還期限及び償還金額のあるもの（満期保有目的以外）(注2)	期末時価を決算時の為替相場により換算（原則：換算差額は純資産の部に計上、例外：換算差額は当期の損益）	
		償還期限及び償還金額のないもの（株式）(注2)	期末時価を決算時の為替相場により換算（換算差額は純資産の部に計上）	発生時換算法
		子会社株式及び関連会社株式	取得原価を取得時の為替相場により換算	

（注1）　外貨建取引、外貨建債権、外貨建債務、外貨建有価証券、発生時換算法及び期末時換算法とは、原則として、法人税法第61条の8第1項に定めるものをいう。また、保有期間等が1年超であるか否かについては、期末時点で判定する。
（注2）　会計上は「その他有価証券」である。

2 中小会計要領の外貨建取引等

12. 外貨建取引等
(1) 外貨建取引（外国通貨建で受け払いされる取引）は，当該取引発生時の為替相場による円換算額で計上する。
(2) 外貨建金銭債権債務については，取得時の為替相場又は決算時の為替相場による円換算額で計上する。

中小会計要領では，中小企業の貿易取引における外貨建取引を想定して中小会計指針よりも簡素化して次のように定めている。これによって税法基準を適用することも公正妥当な会計処理として認められるものとした。

① 外貨建取引発生時の換算
　外貨建取引は取引発生時の為替相場で換算する。このほか前月の平均為替相場等直近の一定期間の為替相場，前月末日の為替相場等直近の一定の日の為替相場を利用することができる。
② 外貨建金銭債権債務の換算
　外貨建金銭債権債務は，取得時の為替相場又は決算時の為替相場による円換算額で貸借対照表に計上する。
③ 為替予約の換算（ヘッジ会計適用）
　為替予約を行っている場合の外貨建取引及び外貨建金銭債権債務については，決済時における確定の円換算額で計上することができる。
④ 為替差損益は損益処理
　取引時と決算日の為替相場によった場合に生じる為替差額は，為替差損益として損益処理とする。

第 12 章
税効果会計

本章の要点

1. 税効果会計 ⇒ 企業損益課税所得における損益計上時期の差異を
法人税等に集約して財務諸表に表現する会計処理
2. 差異の種類 　永久差異 ⇒ 税効果会計の対象外
　　　　　　　　一時差異 ⇒ 税効果会計の適用対象
3. 繰延税金資産 ＝ 将来の法人税等の減少額（前払法人税等）
　　繰延税金負債 ＝ 将来の法人税等の負担額（未払法人税等）
　　（法人税等の計算は，法定実効税率による。）

中小会計の考え方

◎ 中小会計指針 ⇒ 重要性のない場合を除いて，税効果会計を適用
　　　　　　　　（繰延税金資産計上後の見直しのフローチャートを掲載）
◎ 中小会計要領 ⇒ 税効果会計の規定なし（任意適用は可能）

第12章

预测与会计

第1節　税効果会計の概要

1　税効果会計の意義と沿革

(1)　税効果会計の意義

　企業会計は会計基準に基づき財務諸表を作成し，企業の財務に関する情報を利害関係者に提供している。他方，税法は，企業会計の損益をベースとしながらも課税の公平，担税力への配慮，経済政策の促進，罰則の有用性を図るためなど企業会計とは異なる規定を設けて課税所得を計算し，納税額の算定を目的としている。このような企業会計と税法との目的の違いは，収益及び費用の計上時期をはじめ資産及び負債の評価などにいろいろな相違をもたらしている。

　税効果会計（tax effect accounting）は，このような企業会計と税法との差異を「法人税等」の税金額に集約して，これを企業会計上の合理的な期間損益計算に配分して財務諸表上に表現する会計手法である。財務諸表上，税効果会計を適用すると，損益計算書末尾の，(a)「税引前当期純利益」から，(b)当期に課税される「法人税等」及び税効果会計適用に伴う「法人税等調整額（減算又は加算）」を控除して，(c)「当期純利益」を表示するため，(a)と(c)両者の関係がパラレル（parallel，平行的）に示される。この法人税等調整額に対する反対勘定は，加算のとき繰延税金資産，減算のとき繰延税金負債となる。

(2)　税効果会計の沿革と制度化

　税効果会計はアメリカにおいて税金負債を計上させるため昭和21（1946）年に制度化[1]されたものであり，今日，国際的にも広く採用されている[2]。わが国では昭和50（1975）年『連結財務諸表の制度化に関する意見書』において税

---

[1]　中田信正『税効果会計詳解』中央経済社，平成11年11月，154頁。昭和21（1946）年ＡＲＢ第27号では，税引後法（net-of-tax concept）による税金期間配分を認めた。

効果会計を適用した財務情報が有意義であるとしてその任意適用を認めた。さらに企業の経済活動や証券投資市場がグローバル化してきたことを踏まえ，平成9年に連結財務諸表原則を見直して，平成10年10月30日「税効果会計に係る会計基準」を制定し，税効果会計を全面的に適用することとした。その後，国際的な会計動向に対応して平成20（2008）年12月26日に連結財務諸表原則を見直し「連結財務諸表に関する会計基準」を制定し，平成22年6月30日に包括利益表示に関連して改正している。

2 税効果会計の基本的な計算と処理

税効果会計の基本的な計算を例示する。

[設例1]のように税効果会計を適用すると「税引前当期純利益」と「当期純利益」の関係がパラレルに表示されることが判明する。法人税等調整額（deferred tax expense or benefit）は，税効果会計で用いる損益を示す勘定で，棚卸評価損のように次期以降に認められて法人税等が減少する項目の場合には，法人税等の前払い的な要素なので，加算(+)となり，反対の項目の場合には，法人税等の後払い的な要素なので，減算(−)となる。[設例1]の反対勘定は繰延税金資産であり，法人税等調整額の発生がマイナスであれば繰延税金負債となる。

＊2 弥永真生・足立浩『税効果会計』中央経済社，1998年5月。第3章においてアメリカを除く，ヨーロッパ諸国16か国，南アフリカ，メキシコ，オーストラリア，ニュージーランド，カナダに関する税効果会計の研究が述べられている。

[例題1]　甲社のＸ１期は，企業会計において棚卸評価損100を計上した後の税引前当期純利益は200となった。しかし，この棚卸評価損100は税務上Ｘ１期では認められず，課税所得300（200＋100）に対して法人税等30％が課税され法人税等は90となっている。

甲社のＸ２期は，企業会計において税引前当期純利益200であったが，Ｘ１期に計上していた棚卸評価損の商品が販売されたので，税務上も棚卸評価損100が損金と認められることとなった。そのため，課税所得100（200－100）に対して法人税等30％が課税され法人税等は30となっている。

これについて税効果会計を適用しなかった場合と適用した場合について，Ｘ１期及びＸ２期の損益計算書の末尾を示しなさい。

[解答]

税効果会計の不適用と適用の比較

区分 項目	税効果会計不適用		税効果会計適用	
	Ｘ１期	Ｘ２期	Ｘ１期	Ｘ２期
税引前当期純利益	200	200	200	200
法人税等 法人税等調整額	（－）90 不適用	（－）30 不適用	（－）90 （＋）30	（－）30 （－）30
当期純利益	110	170	140	140

３　税効果会計の発生要因

（1）　税効果会計の差異分類

税効果会計を行うためには会計基準と税法規定との差異を把握し，それらの差異のうち税効果会計の対象となる差異を取り出すことが必要となる。

差異には「永久差異（又は恒久的差異）」（permanent differences）と「一時差異（又は帰属年度差異）」（temporary defferences）とがある。永久差異は，受取配当の益金不算入，交際費等の益金不算入などのように発生した事業年度

の法人税等に影響を与えるが，将来の事業年度へ反作用のない項目であり，税効果会計の対象にしない。これに対して一時差異は，企業会計上，ある年度において計上した収益又は費用などが，税法上その計上した年度において益金又は損金とされず，次期以後の年度において益金又は損金となるものをいう。この一時差異には，①「将来減算一時差異」(deductible temporary differences)，その差異が解消するときに課税所得を減額させる効果を持つものと，②「将来加算一時差異」(taxable temporary differences)，その差異が解消するときに課税所得を増額させる効果を持つものとに分類される。

(2) 一時差異

① 「将来減算一時差異」

将来減算一時差異には，貸倒引当金，退職給付引当金等の引当金繰入限度超過額，減価償却費の損金算入限度超過額，損金に算入されない棚卸資産等に係る評価損，連結会社相互間の取引から生ずる未実現利益の消去額などがある。

このほか，一時差異ではないが，法人税の繰越欠損金のうち将来の課税所得と相殺可能なものは，一時差異と同様に取り扱われる（法人税法57条）。

つまり，企業会計上の費用に計上しても，当該事業年度における法人税所得計算上の損金とならないが，次期以降の事業年度に損金の額に算入されるものがある。これが一時差異である。

② 「将来加算一時差異」

将来加算一時差異には，法人税法上，益金に算入されない資産評価益，国庫補助金により固定資産を取得し圧縮記帳した場合，連結納税において連結会社相互間の債権と債務の消去により貸倒引当金を減額した場合などがある。

第2節　税効果会計の会計処理

1　税効果会計の適用と方法

(1)　適用方法

　税効果会計の適用には，一時差異のすべてを対象とする全面適用（comprehensive application）と一時差異のうち反復的なものを除き非反復的差異を対象とする部分適用（partial application）とがある。また，会計処理方法には，繰延法（deferred method）と資産負債法（liability method）とがあり，わが国では資産負債法を採用している。

(2)　一時差異等の会計処理

　将来減算一時差異の発生は，法人税等の前払いと考えて繰延税金資産（deferred tax assets）を設定し，解消したときには消滅させる。反対に，将来加算一時差異の発生は法人税等の未払いと考えて繰延税金負債（deferred tax liablities）を設定し，解消したときは消滅させる。したがって，それぞれの差異に係る法人税等の額を算出して次のように会計処理をする。

① 将来減算一時差異
　　発生時：(借) 繰延税金資産　　××　　(貸) 法人税等調整額　××
　　解消時：(借) 法人税等調整額　××　　(貸) 繰延税金資産　　××

② 将来加算一時差異
　　発生時：(借) 法人税等調整額　××　　(貸) 繰延税金負債　　××
　　解消時：(借) 繰延税金負債　　××　　(貸) 法人税等調整額　××

　このように税効果会計を適用することによって，税引前当期純利益と当期純利益とがパラレルに対応して，税法による財務諸表上の「当期純利益」への歪

みが解消される。

（3） 法人税等と法定実効税率

　税効果会計の対象となる法人税等には，企業利益をベースとして課税される法人税をはじめ，道府県民税，市町村民税（この２つを合わせて「住民税」という。）及び利益に関連する金額を課税標準とする事業税[*3]が含まれる。そして繰延税金資産又は繰延税金負債の金額を算定するには，対象となる一時差異等に対して，それらが回収又は支払いが行われると見込まれる事業年度の税率に基づいて計算し，毎期見直すこととされている。この適用税率は原則として決算日の法令に定める法人税率，住民税率及び事業税率の法定税率を基礎として以下の算式によって求められる。なお，将来の税率改正が確定しているときはそれによるものとしている。

$$法定実効税率 = \frac{法人税率 \times (1 + 住民税率) + 事業税率}{1 + 事業税率}$$

2　税効果会計の表示と設例

（1）　税効果会計の表示

　税効果会計の適用によって発生した繰延税金資産及び繰延税金負債は，その発生原因に基づき，流動又は固定に分類し，流動資産又は流動負債に属するものと，固定資産の「投資その他の資産」又は固定負債に属するものを，それぞれ相殺してその差額を原因分類に従い表示する。

　繰越欠損金等に係る繰延税金資産は，翌期に解消される見込みの一時差異等について流動資産として，それ以外の一時差異等に係るものは「投資その他の

　　[*3]　事業税は，付加価値割，資本割及び所得割によって算定されるので，付加価値割のうちの所得を基準とする部分と所得割に対する事業税が，税効果会計の対象となる事業税である（地方税法72条の12）。

資産」に表示する。連結財務諸表において異なる納税主体に係るものは相殺せずに貸借両方に表示する。

なお，繰延税金資産，繰延税金負債の発生原因別に主な内訳を注記するほか，税務上の税率と法定税率との差異が大きい場合の原因内訳などについても注記事項とされている。相殺及び表示は**図表12－1**のとおりである。

図表12－1　繰延税金資産・負債の相殺と表示区分

相殺差額を算出	純額表示区分
（流動）繰延税金資産 ＞ （流動）繰延税金負債　⇒	（流動）繰延税金資産
（流動）繰延税金資産 ＜ （流動）繰延税金負債　⇒	（流動）繰延税金負債
（投資）繰延税金資産 ＞ （固定）繰延税金負債　⇒	（投資）繰延税金資産
（投資）繰延税金資産 ＞ （固定）繰延税金負債　⇒	（固定）繰延税金負債

(2)　税効果会計の設例

次に，将来減算一時差異が生じる例と将来加算一時差異が生じる例について基本的な仕訳例と損益計算書末尾までの例を示す。

> [設例2]　＜将来減算一時差異：繰延税金資産の例＞
> 　甲社のX1年3月期において，棚卸資産の評価損100，退職給付引当金繰入100を費用に計上した。しかし，この棚卸資産の評価損及び退職給付引当金繰入は，法人税法上，損金に算入されないものであった。法人税等の実効税率を30％として税効果会計を適用した場合のX1期の仕訳を示しなさい。また，X2年3月期には評価損を計上した商品を販売したため，法人税法上も損金に算入された。この評価損に対する税効果会計の仕訳を示しなさい。
> [解答]
> X1年3月
> 　　（借）繰延税金資産　　　　60　　（貸）法人税等調整額　　　60[1]
> 　　＊1　（商品評価損否認100＋退職給付引当金繰入否認100）×30％＝60

X2年3月

(借)法人税等調整額　　30　　(貸)繰延税金資産　　30*2
＊2　商品評価損認容100×30％＝30

[設例3]　＜将来加算一時差異：繰延税金負債の例＞

乙社のX1年3月期において，省エネ車両（取得原価200万円，耐用年数5年，定額法の償却率0.200）を期首に現金で取得し直ちに事業の用に供した。この車両に対して期末に国庫補助金40万円を現金で取得したので，40万円の圧縮記帳をした。法人税等の実効税率を30％として税効果会計を適用した場合のX1年3月期の仕訳を示しなさい。

[解答]

(借)車　　　　両　　200　　(貸)現　金　預　金　　200
　　現　金　預　金　　 40　　　 国 庫 補 助 金　　 40
　　国庫補助金圧縮損　 40　　　 車　　　　両　　 40
　　減 価 償 却 費　　 32　　　 減価償却累計額　　 32*1
　　法人税等調整額　　 12　　　 繰延税金負債　　 12*2
　　繰延税金負債　　 2.4　　　 法人税等調整額　　2.4*3

＊1　32＝(200－40)×0.200　圧縮額を控除した金額によって減価償却費を計上することになる。

＊2　12＝40×30％　国庫補助金に対する法人税等は，減価償却期間を通じて課税額が増加するので繰延税金負債となる。

＊3　2.4＝12×0.200　当期の減価償却費が，取得原価の200ではなく圧縮後の160によって計算されている。この減価償却費の減少額に対する法人税等が繰延税金負債の取り戻し額となっている。

[設例4] ＜将来減算一時差異：繰延税金資産の例＞

乙社は，Ｘ１期の財務会計で貸倒損失100万円を計上した。この貸倒損失計上後の税引前当期純利益は500万円で，Ｘ２期の税引前当期純利益は500万円で税務調整事項はないものとする。

この貸倒損失は，Ｘ１期では損金不算入であったが，Ｘ２期には要件が満たされた。税効果会計を適用して乙社の税引前当期純利益，法人税等及び税引後の当期純利益を示しなさい。なお，法人税等の税率は30％とする。

[解答と解説]

a．各期の法人税等の計算

項　　目	Ｘ１期	Ｘ２期
税引前当期純利益	500万円	500万円
貸倒損失（税務調整）	（＋）100万円[*1]	（－）100万円[*1]
課税所得金額	600万円	400万円
法人税等（税率30％）	180万円	120万円

*1 貸倒損失100万円は，Ｘ１期では損金不算入のため加算し，Ｘ２期では貸倒損失の要件が満たされたため損金算入となるので減算して法人税等を計算する。

b．会計処理

Ｘ１期

(借) 法 人 税 等　　180万円[*2]　(貸) 未 払 法 人 税 等　　180万円[*2]
　　 繰 延 税 金 資 産　　30万円　　　　　　法 人 税 等 調 整 額　　30万円

*2 180万円＝所得金額600万円×30％　：30万円＝貸倒損失100万円×30％

Ｘ２期

(借) 法 人 税 等　　120万円[*3]　(貸) 未 払 法 人 税 等　　120万円[*3]
　　 法 人 税 等 調 整 額　　30万円　　　　繰 延 税 金 資 産　　30万円

*3 120万円＝所得金額400万円×30％　：30万円＝貸倒損失100万円×30％

c．損益計算書末尾の表示

項　　　目	X 1 期	X 2 期
税引前当期純利益	500万円	500万円
法人税等	(－)　180万円	(－)　120万円
法人税等調整額	(＋)　　30万円	(－)　　30万円
当期純利益	350万円*4	350万円*4

＊4　税引前当期純利益に対する当期純利益の割合は70％となる。

3　繰延税金資産・負債の計上と見直し

　一時差異等による繰延税金資産又は繰延税金負債を貸借対照表に計上するには，将来の会計期間における回収又は支払いが見込まれることが必要である。とくに繰延税金資産を計上する場合には，将来の会計期間において課税所得が発生し，法人税等が発生することが前提になっているのであるから，将来予測を慎重に判断し決定する必要がある。具体的には，少なくとも次のような事項の見通しなどを十分検討して，かつ，慎重に行い，決定しなければならない。

① 企業の収益力から判断して「将来減算一時差異」を解消する年度あるいは繰越欠損金等の繰越期間までに，将来も課税所得が十分に見込まれるか。
② 解消する年度や繰越期間においてタックス・プランニングが存在して，有価証券や固定資産の売却等による含み益の実現が予定されているか。
③ 将来減算一時差異の解消年度に将来加算一時差異の解消が見込まれるか。

　繰延税金資産を計上した後の会計期間においては，毎期その計上額について見直し，繰延税金資産の計上額が過大となった金額は取り崩し，過年度の未計上であった繰延税金資産のうち上記のような判断をして回収可能性が見込まれ

るものは，回収見込額まで計上する*4。いずれにしても税効果会計は，理論的な考え方は明瞭なのであるが，実務的な観点からみると，繰延税金資産のスケジューリングによる将来予測と回収可能性の判断に課題を抱えている*5。

---

*4　実務的には「監査委員会報告第66号」により，過去の業績等に基づく5分類に対応して行われる。
*5　日本経済新聞（平15.1.22），みずほホールディングスは，平成15年3月期決算に向けて繰延税金資産約8,000億円を放棄することとした。

第3節　中小会計の税効果会計

1　中小会計指針の税効果会計

> 要　点
> ➤ 税効果会計の適用にあたり，一時差異（会計上の簿価と税務上の簿価との差額）の金額に重要性がない場合には，繰延税金資産又は繰延税金負債を計上しないことができる。
> ➤ 繰延税金資産については，回収可能性があると判断できる金額を計上する。回収可能性の判断は，収益力に基づく課税所得の十分性に基づいて，厳格かつ慎重に行わなければならない。

　中小会計指針は，税効果会計について「法人税等の額を適切に期間配分することにより，税引前当期純利益と法人税等を合理的に対応させることを目的とする手続である。」とし，会計基準と同様に適用を前提として定めている。そして一時差異に重要性がなければ繰延税金資産又は繰延税金負債を計上しないことができるものとしている。

　そこで具体的な一時差異について分類表示すると次のようになる。

```
          ┌─ 将来減算一時差異：未払事業税，賞与引当金，損金不算入の
          │  （課税所得減額）　減損損失等
一時差異 ─┤
          └─ 将来加算一時差異：その他利益剰余金処理の圧縮記帳，純資
             （課税所得増額）　産直入のその他有価証券評価差額金等
```

　さらに「回収可能性についての判断基準」について「会社の過去の業績等を主たる判断基準として，将来の収益力を見積もり，将来減算一時差異がどの程度回収されるのか」について解説し，図表12－2のような判断基準のフローチャートを示している。

図表12－2　回収可能性判断のフローチャート

```
期末における将来減算一時差異を十分に上回る課税所得を     Yes
当期及び過去3年以上計上しているか                    →
          ↓No                                              回
業績が安定してお           将来減算一時差異の合計額が過去  Yes  収
り，将来も安定が  Yes  →   3年間の課税所得の合計額の範囲   →   可
見込まれるか              内か                                能
          ↓No                   ↓No                          性
過去連続して重要        スケジューリ       合理的なスケ     Yes  が
な税務上の欠損金  No →  ングは行って  Yes →  ジューリング   →   あ
を計上しているか       いるか            による課税所       る
                                        得の範囲内か
          ↓Yes               ↓No               ↓No
                    回収可能性はない
```

2　中小会計要領の税効果会計

　中小会計指針は，税効果会計の適用を前提として回収可能性の判断にまでかなり踏み込んだ記述をしているのに対して，中小会計要領は，税効果会計については述べていない。つまり，中小企業の利害関係者が，経営者を中心とした株主，少数の金融機関，課税庁などに限られている場合，実務的には将来予測による回収可能性など過重な負担のかかる会計処理を要請しないとの趣旨であろう。大きな一時差異等が生じていれば，補足情報として注記するか，チェックリストに記載して説明できれば十分であろう。しかし，税効果会計の適用を否定するものではない。

第 13 章

負債と引当金

本章の要点

1. 負債 ⇒ 網羅性（重要性の判断適用）と適正な評価
2. 負債の表示区分 ⇒ 流動負債，固定負債
3. 網羅性，表示区分 ⇒ 会社法の考え方 ＝ 会計基準と同じ
4. 引当金の計上 ⇒ 適正な期間損益の計算上必要な費用計上
5. 引当金の性質
   ① 将来の特定の費用又は損失　② 発生原因が当期に存在
   ③ 発生の可能性が高い　　　　④ 金額が合理的に計算可能
6. 計算方法 ⇒ 各引当金発生の基礎となる契約，特約，過去の実績などによって合理的に計算

中小会計の考え方

◎ 中小会計指針 ⇒ 原則として会計基準と同じ
◎ 中小会計要領 ⇒ 原則として会計基準と同じ

<注意点>
　法人税法は，平成10年以降大幅に引当金を廃止したため，会計と大きく相違している。会計上は，法人税法において損金不算入であっても，期間損益計算を行う会計目的から，引当金は計上すべきものである。

第1節　負債の意義

1　会計上の負債

　「資産」は積極財産とも称される。これに対して資産のマイナス要素となる「負債」は消極財産とも称される。この両者の差額として純資産が算出されるので，これらの網羅性及び適正な評価は，貸借対照表の財政状態を示すための基本的な要素となっている。

　「負債の計上漏れ」や「負債の過少評価」は，純資産の増加となり「架空の利益」をもたらす。反対に「負債の架空計上」や「負債の過大評価」は，純資産の減少となり「利益の隠蔽(いんぺい)」をもたらすことになる。このように負債の網羅性と適正評価は，「資産」の場合と同様に会計上重要な要素である。

　したがって，企業会計原則は，資産と同様に「負債」についても網羅性を要請している（第三・一）。実務上は，簡便処理の観点から重要性の乏しい負債や引当金を計上しないことが認められている（注解・注1）。

　会計上の負債概念は，基本的に「企業会計原則」の定めるところと解されるが，その内容は，「金融商品に関する会計基準」や「資産除去債務に関する会計基準」など新たな会計基準の公表とともに拡大してきている。

2　会社法の負債

　会社法における負債には，確定債務及び法的契約による引当金が含まれることは旧商法と同様である。会社計算規則は，負債について法令等における別段の定めがある場合を除き「会計帳簿に債務額を付さなければならない。」（計算規則6条1項）と規定している。

　そして次に掲げる負債性引当金や期間損益計算上の合理的な引当金については，事業年度の末日において「その時の時価」又は「適正な価格」を付すこと

ができるとしている（計算規則6条2項）。

> ① 退職給付引当金の計上
> 　退職給付引当金とは，使用人が退職した後に当該使用人に退職一時金，退職年金その他これらに類する財産の給付をする場合における事業年度の末日において繰り入れるべき引当金をいう。
> ② 返品調整引当金の計上
> 　返品調整引当金とは，常時，販売するたな卸資産につき，当該販売の際の価額による買戻しに係る特約を結んでいる場合における事業年度の末日において繰り入れるべき引当金をいう。
> ③ 将来の費用又は損失（収益の控除を含む。）の計上
> 　将来の費用又は損失の発生に備えて，その合理的な見積額のうち当該事業年度の負担に属する金額を費用又は損失として繰り入れることにより計上すべき引当金をいう。なお，この引当金には，株主等に対して役務を提供する場合において計上すべき引当金を含む。

　会社計算規則は，このように退職給付引当金と買戻特約がある場合の返品調整引当金を例示したほか，将来の費用又は損失（収益の控除を含む。）の発生に備えて引当金を計上すべきとしている。これは会社法における負債の考え方として，企業会計原則の発生主義による負債の計上を行うべきものとした重要な表明であろう。

　したがって，労働協約や就業規則において賞与の支給基準などが定められている場合には賞与引当金，製品保証契約が定められている場合には製品保証引当金，工事契約による一定の補償基準がある場合には工事補償引当金，同様に売上割戻引当金なども計上することができるものと解される。

　さらに平成19年3月30日「リース取引に関する会計基準」によってリース契約に基づくリース負債は，原則としてリース資産とともに貸借対照表上に表記するものとされた。

第2節　負債の区分と評価

1　負債の区分と科目内容

(1)　負債の区分

負債の部は，流動負債と固定負債に大区分され，中区分はない（計算規則75条1項）。流動負債と固定負債の具体的な区分基準は，資産の区分基準と同様に2つの基準によって区分される。買掛金，支払手形など正常営業循環過程（normal operating cycle basis）にあるものは流動負債とする。それ以外のものは，1年基準（one year rule）によって貸借対照表日の翌日から1年以内に期限の到来するものは流動負債，それ以降に到来するものは固定負債に区分する（計算規則74条4項，75条）。

```
負債の部　　Ⅰ　流動負債　（正常営業循環基準，1年基準）
　　　　　 Ⅱ　固定負債
```

(2)　流動負債の科目と内容

流動負債の科目と内容は，図表13-1のとおりである（計算規則75条2項1号）。

図表13-1　流動負債の科目と内容

```
1  支払手形（通常の取引に基づいて発生した手形債務をいう。）
2  買掛金（通常の取引に基づいて発生した事業上の未払金をいう。）
3  前受金（受注工事，受注品等に対する前受金をいう。）
4  引当金（資産に係る引当金及び1年内に使用されないと認められるも
   のを除く。），製品保証引当金，売上割戻引当金，返品調整引当金，賞与
   引当金，工事補償引当金，修繕引当金など
```

> 5 通常の取引に関連して発生する未払金又は預り金で一般の取引慣行として発生後短期間に支払われるもの
> 6 未払費用
> 7 前受収益
> 8 繰延税金負債
> 9 ファイナンス・リース取引におけるリース債務のうち，1年以内に期限が到来するもの
> 10 資産除去債務のうち，1年以内に履行されると認められるもの
> 11 その他の負債であって，1年内に支払われ又は返済されると認められるもの

(3) 固定負債の科目と内容

固定負債の科目と内容は，図表13−2のとおりである（計算規則75条2項2号）。

図表13−2　固定負債の科目と内容

> 1 社　債
> 2 長期借入金
> 3 引当金（資産に係る引当金及び流動負債に掲げる引当金を除く。），退職給与引当金，特別修繕引当金など
> 4 繰延税金負債
> 5 のれん（負ののれん：合併等において相手方に支払った対価等が受け入れた純資産よりも少ない場合の貸方差額）
> 6 ファイナンス・リース取引におけるリース債務のうち，1年を超えて期限が到来するもの
> 7 資産除去債務のうち，1年を超えて履行されると認められるもの
> 8 その他の負債であって，流動負債に属しないもの

2 負債の評価

(1) 債務額の計上

負債の評価については，原則として，その債務額を会計帳簿に記載しなければならないものとしている（計算規則6条1項）。したがって，例えば買掛金の債務額は，一般的に仕入れのつど買掛金元帳に記帳し，その請求書によって確認することになるが，取引先の請求書の締切日以後で事業年度末日までに仕入れたものも含める。借入金には，借入金の事業年度末日残高のほか，当座借越金額も短期借入金として計上する。

これらの債務額のほか，事業年度末日において時価又は適正な価格を付すことが適当な負債を計上することができるものとしている（計算規則6条2項3号）。したがって，製品保証引当金，返品調整引当金，退職給付引当金などの引当金は，それぞれの引当金計上の基礎となる販売契約，労働協約などに基づいて合理的に算出して計上する。

(2) 債務額と異なる社債の発行形態

社債の債務額については，その発行形態に平価発行，割引発行及び打歩発行の3タイプがあり，それぞれのタイプに応じて期末貸借対照表価額を次のように会計処理する。

> ① 平価発行
>
> 　額面価格と同額で払込みを受けて発行し，額面金額を返済する発行形態（払込金額＝債務額）。この場合は，発行時の債務額がそのまま貸借対照表価額として償還時期まで計上される。
>
> ② 割引発行
>
> 　額面価格よりも少ない金額で払込みを受けて発行し，額面金額を返済する発行形態（払込金額＜債務額）。この場合に債務額は社債の発行価格によって「社債」金額を計上し，償還まで期間に合わせて時の経過と

ともに貸方の社債金額を増額し，借方には「社債利息」を計上する。このような償却原価法によって償還時に額面金額と一致させる。

③ 打歩発行(うちぶ)

額面価格よりも大きい金額で払込みを受けて発行し，額面金額を返済する発行形態（払込金額＞債務額）。この場合には割引発行と反対に，発行価格で社債計上し，償還までの期間に合わせて償却原価法によって貸方の社債金額を減少させ，貸方に同額の「社債利息」（収益）を計上する。

[設例]

甲社（3月決算）は期首に1,000億円の社債（期間5年，利率2％，利払日9月30日及び3月31日）を額面100円について95円で募集し当座預金に入金した。この社債に関する発行時（4月1日），利払日（9月30日）及びX1期末時（3月31日）の仕訳を示しなさい。償却原価法による。

X1.4.1　（借）当座預金　　950億円　（貸）社　　債　　950億円
X1.9.30　（借）社債利息　　 10億円　（貸）当座預金　　 10億円[*1]
X2.3.31　（借）社債利息　　 10億円　（貸）社　　債　　 10億円[*2]
　　　　　　　社債利息　　 10億円　　　　当座預金　　 10億円[*1]

*1　社債利息10億円＝1,000億円×2％×6／12
*2　社債を増額10億円＝(1,000億円−950億円)×1／5
　　割引発行したのは金利調整と考えられるので相手勘定は社債利息となる。

償却原価法とは，発行価額と償還額との差額を償還までの期間に応じて損益を計上する方法である。[設例1]では，割引発行であるため割引額を期間に応じて社債利息費用を計上するとともに社債負債を増額して償還時の金額に相応させる会計処理である。

第3節　中小会計の負債

1 中小会計指針の負債

> 要　点
> ➤ 金銭債務には，債務額を付す。

　負債の網羅性及び適正な評価の重要性は，中小企業の会計においても変わらない。そのことを確認する意味で中小会計指針は，「金銭債務とは，金銭の支払を目的とする債務をいい，支払手形，買掛金，借入金，社債（私募債を含む。）等を含む。」ものとし，「金銭債務は，網羅的に計上する」（44項）と定めている。負債の貸借対照表への表示区分は流動負債及び固定負債とし，その区分の考え方も企業会計原則の示す「正常営業循環基準」及び「一年基準」としている。

　さらに中小会計指針では，金融商品に関する会計基準に準じて，「デリバティブ取引により生じる正味の債権及び債務は，時価をもって貸借対照表価額とし，評価差額は，当期の損益として処理する。」としている。

　このほか負債項目に関しては，引当金（48項〜51項），退職給付債務・退職給付引当金（52項〜57項），税金費用・税金債務（58項〜60項）及びリース負債（74−2項〜74−4項）について定めているが，それぞれの項目で詳述する。

　なお，会計基準では資産除去債務の計上を要求しているが，中小会計指針では，現在，課題としており計上は要求されていない。区分表示については**図表13−3**のとおりである（44項〜47項）。

図表13-3　負債の貸借対照表上の表示

(1) 営業上の債務

　買掛金，支払手形その他営業取引によって生じた金銭債務は，流動負債の部に表示する。

(2) 営業上の債務以外の債務

　借入金その他(1)の金銭債務以外の金銭債務で，事業年度の末日の翌日から起算して1年以内に支払い又は返済されると認められるものは，流動負債の部に表示する。

(3) 関係会社に対する金銭債務

　関係会社に対する金銭債務は，次のいずれかの方法により表示する。

　① その金銭債務が属する項目ごとに，他の金銭債務と区分して表示する。

　② その金銭債務が属する項目ごとに，又は2以上の項目について一括して，注記する。

(4) その他の債務

　上記(1)及び(2)以外の金銭債務は，固定負債の部に表示する。

2　中小会計要領の負債

2．資産，負債の基本的な会計処理

　(2) 負債のうち，債務は，原則として，債務額で計上する。

3．金銭債権及び金銭債務

　(2) 金銭債務は，原則として，債務額で計上する。

　(3) 受取手形割引額及び受取手形裏書譲渡額は，貸借対照表の注記とする。

中小会計要領も，負債は中小会計指針と同様に債務額で計上するものとし，この債務額とは，「債務を弁済するために将来支払うべき金額」と解説している。

　金銭債務についても同様に債務額で計上するものとしている。そして，受取手形割引額及び受取手形裏書譲渡額については，手元に手形自体がなく負債ではないが，手形法上の遡求債務が生じる可能性があるため，期日までは手形の遡求債務額を明らかにするために注記を要求している。

　なお，中小会計要領では，リース取引について賃貸取引処理と売買取引処理を選択的に認めているため，賃貸取引処理の場合には，リース債務は計上されないが，未経過リース料について注記を要請している。詳細はリース取引において述べる。

第4節　引当金の意義と会計

1　期間損益計算と引当金

　今日の発生主義会計における「負債」には，買掛金，支払手形や借入金など法律的に確定している金銭債務をはじめ，期間損益計算上に生じる未払費用や前受収益及び負債性引当金も含まれる。引当金については企業会計原則注解・注18に，①将来の特定の費用又は損失であって，②その発生が当期以前の事象に起因し，③発生の可能性が高く，かつ，④その金額を合理的に見積もることができる場合には，当期の負担に属する金額を当期の費用又は損失として損益計算に計上し，貸方を「引当金」として負債に繰り入れるものと定め，製品保証引当金などを例示している。

> ＜企業会計原則注解・注18　引当金について＞
> 　将来の特定の費用又は損失であって，その発生が当期以前の事象に起因し，発生の可能性が高く，かつ，その金額を合理的に見積ることができる場合には，当期の負担に属する金額を当期の費用又は損失として引当金に繰入れ，当該引当金の残高を貸借対照表の負債の部又は資産の部に記載するものとする。
> 　製品保証引当金，売上割戻引当金，返品調整引当金，賞与引当金，工事補償引当金，退職給与引当金，修繕引当金，特別修繕引当金，債務保証損失引当金，損害補償損失引当金，貸倒引当金等がこれに該当する。
> 　発生の可能性の低い偶発事象に係る費用又は損失については，引当金を計上することはできない。

2 会社法の引当金

　会社法は，一般に公正妥当と認められる企業会計の慣行に従うとしている。そして，会社計算規則は，個別記載項目として，退職給付引当金及び返品調整引当金を計上すべき引当金として掲げるほか，次のような費用又は損失を引当金として負債に計上することができるものとしている。

> **＜会社計算規則第6条2項＞**
> 　将来の費用又は損失[*1]の発生に備えて，その合理的な見積額のうち当該事業年度の負担に属する金額を，費用又は損失として繰り入れることにより計上すべき引当金[*2]は，時価又は適正な価格を負債とすることができる。
> ＊1　費用又は損失には収益の控除を含む。
> ＊2　引当金には株主等に対して役務を提供する場合において計上すべき引当金を含む。

　したがって，会社法上も適正な期間損益計算を行う上で必要な引当金は計上すべきものである。負債で述べたように，例えば，労働協約や就業規則において賞与の支給基準などが定められている場合には賞与引当金，製品保証契約が定められている場合には製品保証引当金，工事契約による一定の補償基準がある場合には工事補償引当金，売上割戻契約がある場合には売上割戻引当金，株主等へ無料招待券・乗車券を配布している場合なども引当金を計上することができるものと解される。

　つまり引当金は，取引先等との契約や特約，従業員との就業規則や労働協約による賞与支給規程や退職給与規程等がある場合には，それらに基づき合理的な金額を算定し，当期の負担に属する金額を費用又は損失に計上するとともに，その未支出金額を引当金として負債に計上するのである。

3 引当金項目の比較

　企業会計原則及び会社計算規則の引当金要件を抽出して比較すると**図表13－4**のとおりである。

図表13－4　引当金の比較

項　目	企業会計原則	会社計算規則
① 対象内容	将来の特定の費用又は損失＊	将来の費用又は損失（収益の控除を含む。）
② 発生原因	当期以前の事象に起因し	当該事業年度の負担に属する金額
③ 発生可能性	発生の可能性が高く	発生に備えて
④ 金額算定	金額を合理的に見積る	合理的な見積額

　＊　収益の控除を含む，との表記はないが，引当金の例示から同様と解される。

　発生原因について，企業会計原則注解・注18では，「当期以前の事象に起因し」と過年度のものも含む引当金表現となっているが，会社計算規則では，「当該事業年度の負担に属する金額」と表現し，単年度の表現となっている。毎期，適切に引当金を計上していれば当期以前のものはすでに計上されている。

　発生可能性について，企業会計原則では，「発生の可能性が高く」と表現し強い蓋然性を要求しているが，会社計算規則では「発生に備えて」と表現している。この点は，企業会計原則注解・注18の後段において，発生の可能性の低い偶発事象に係る費用又は損失の計上はできないものとして，過度の保守主義を排除している。これに対して会社法は，資産及び負債の網羅的で合理的な評価を求めているところから考えると，当期にその原因があり，合理的な見積計算ができるものは，「発生に備えて」計上できるものと解される。

第5節　会社法の主な引当金

1　退職給付引当金

(1)　退職金の意義

　退職金の性格については，「退職給与引当金の設定について」（昭和43年企業会計上の個別意見に関する意見）において，「賃金後払説」，「功績報償説」又は「生活保障説」といった考え方があることを述べているが，いずれの説においても期間損益計算上，引当金の設定が必要であるとしている。退職金の債務は，「労働債務」であり他の一般債務に優先して弁済される（破産法149条）。そのため財務諸表の利害関係者である債権者の立場から考えると，労務契約に基づく債務金額が計上されていなければ「純資産が過大」に表示されており，計算書類の信頼性が低いものとなる。

(2)　会社法の退職給付計算

　会社法は，退職給付とは，使用人が退職した後に当該使用人に退職一時金，退職年金その他これらに類する財産を支給する場合の給付金をいうものとしている。そこで退職まで長期にわたるため，退職給付契約に基づく支給額を合理的に算定し各事業年度の費用として繰り入れることができるものとしている。この繰り入れ費用に対する貸方項目を退職給付引当金という（計算規則6条2項1号イ）。

(3)　「退職給付に係る会計基準」の退職給付計算

　一般的な会社では，就業規則や労働協約において退職金支給規程を定めている。退職金支給規程には，退職者の退職事由（自己都合，定年，死亡），職種や階級（部長，課長，係長），勤務年数に応じた「退職時の基本給に対する支給倍率」が定められている。そのため，従業員が期末に自己都合で退職するな

らば，その退職金支給規程に基づいて退職金額が計算できる。これを要支給額といい，期末退職金の債務額である。しかし，現実に全員が一度に退職することは考えられないので，退職年次までの期間に応じて年金数理計算等を行って期末退職給付引当金を計算する。

「退職給付に係る会計基準の設定に関する意見書」（平成10年6月16日）では，「退職時に見込まれる退職給付の総額について合理的な方法により各期の発生額を見積り，これを一定の割引率及び予想される退職時から現在までの期間に基づき現在価値額に割り引く方法」（四・2）により計上するものとしている。この場合，退職給付債務額の算定には年金数理を用いるなど複雑な計算となるため，小規模な企業などにあっては，「期末の退職給付の要支給額を用いた見積計算を行う等簡便な方法を用いて退職給付費用を計算することも認められる」（同意見書四・5）ものとしている。

2 返品調整引当金

販売先と，常時，販売する棚卸資産につき，当該販売の際の価額による買戻しに係る特約を結んでいる場合，翌事業年度以後に買戻費用が発生する可能性が極めて高い。そのため事業年度の末日において合理的に算定した当該買戻し見込みを費用として繰り入れた金額の貸方科目が返品調整引当金である（計算規則6条2項1号ロ）。

第6節　中小会計の引当金

1　中小会計指針の引当金

> 要　点
> ➢ 将来の特定の費用又は損失であって，その発生が当期以前の事象に基因し，発生の可能性が高く，かつ，その金額を合理的に見積もることができる場合には，当期の負担に属する金額を当期の費用又は損失として，引当金に繰り入れなければならない。

（1）　引当金の概要

中小会計指針は，次のすべての要件に該当するものを，引当金として計上しなければならないと強制的な計上を要求し（48項），企業会計原則と同様の条件が織り込まれている。

① 将来の特定の費用又は損失であること
② 発生が当期以前の事象に起因していること
③ 発生の可能性が高いこと
④ 金額を合理的に見積もることができること

平成22年改正前の中小会計指針は，負債性引当金をさらに，①債務性引当金と②非債務性引当金に区分していた。前者①は，法的債務（条件付債務）であるため，引当金として負債計上しなければならないものとし，後者②は，法的債務ではないが，将来の支出に備えるため，重要性の高いものは負債として計上することが必要であるとしていた（49項）。

改正後の中小会計指針は，引当金について評価性引当金と負債性引当金に2区分している。

従来，企業会計においては法人税法を基準にして引当金の設定が行われていたところ，平成10年度以降の法人税法改正によって引当金は順次廃止され，今日認められている引当金は「貸倒引当金」及び「返品調整引当金」となっている。この貸倒引当金も平成23年改正によって銀行業，保険業及び中小企業等に限定的な引当金となった。そのため合理的な期間損益計算に必要とされている引当金について会計上費用に計上しても，法人税法上の損金に算入されないこととなった。

この点，中小会計指針は法人税法の規定にかかわらず，企業会計が合理的な期間損益計算を行い企業の状況に関する財務情報を作成するという会計の本質に従って，引当金を計上することが要請されている。その引当金には具体例として図表13-5のものが掲げられている。

図表13-5　引当金の科目と区分

	分 類	種 類	税 法
会計上の引当金	評価性引当金	貸倒引当金	損金算入限度額あり
	負債性引当金	返品調整引当金	
		賞与引当金，退職給付引当金，製品保証引当金，売上割戻引当金，工事補償引当金，修繕引当金，特別修繕引当金，債務保証損失引当金，損害補償損失引当金，役員賞与引当金，工事損失引当金等	損金不算入

(2) 賞与引当金

中小会計指針は，従業員に対する賞与と役員に対する賞与と取扱いが異なることから区分して定めている（51項）。

① 従業員に対する賞与

賞与引当金については，平成10年改正で廃止されるまで法人税法上一定額までの損金算入が認められていた。それまでの法人税法は，①労働協約等に基づ

く支給対象期間の定めのある賞与引当金の計算と，②賞与支給実績に基づく暦年基準による賞与引当金の計算が示されていた。

中小会計指針は，翌期に従業員に対して支給する賞与の見積額のうち，当期の負担に属する部分の金額は，賞与引当金として計上しなければならないものとした。そして，慣行として賞与の支給月が決まっているときは，次の算式による金額が合理的であれば，この金額を引当金の額とすることができるものとしている。

$$繰入額 = \left[\begin{array}{l}\text{前1年間の}\\\text{1人当たり}\\\text{の使用人等}\\\text{に対する賞}\\\text{与支給額}\end{array}\right] \times \frac{\text{当期の月数}}{12} - \left[\begin{array}{l}\text{当期において期末在}\\\text{職使用人等に支給し}\\\text{た賞与の額で当期に}\\\text{対応するもの1人当}\\\text{たりの賞与支給額}\end{array}\right] \times \begin{array}{l}\text{期末の}\\\text{在職使}\\\text{用人等}\\\text{の数}\end{array}$$

この計算式は，平成10年度改正前法人税法に定めていたものである。法人の決算期にかかわらず，まず暦年の前1年間に支給した賞与支給実績金額を1人当たりに換算して計算する。この金額を基礎にその年の1月から当期の決算月までに負担すべき金額に換算する。その金額から，当期末在職者1人当たりに対してその年の1月から当期の決算月までに支給した賞与金額を控除した残高を，1人当たりの賞与引当金の金額として，期末在職使用人数を乗じて計算するのである。

② 役員に対する賞与

役員に対する賞与引当金については，次のように定めている。

> 役員賞与は発生した会計期間の費用として処理する。また，当期の職務に係る賞与の支給を翌期に開催される株主総会において決議する場合には，その決議事項とする額又はその見込額を，原則として，引当金に計上する。
> (注意) この役員賞与は，法人税法上損金不算入となる。

これは，会社法が，従来旧商法で行ってきた「利益処分による役員賞与」という規定は廃止して，委任契約に基づき，会社が取締役へ支給する「報酬，賞与その他の職務執行の対価のすべて」を「報酬等」と定義し，これらの金額を

定款で定めていないときは，株主総会の決議によって定めるものとしたことによる（会社法361条）。つまり，会社法上において利益処分による役員賞与規定はなくなったが，株主総会はその権限に基づき役員賞与の支給を決定することはできる。これを否定する根拠はない。したがって，株主総会の決議によって役員への賞与を定めた場合には，その時点で債務額が確定するので，会計上は未払いの債務額として役員賞与引当金として計上することとした。

なお，この会社法の成立を受けて，法人税法は平成18年改正によって，役員へ支給するものは包括的に「役員給与」として全額損金不算入とした上で，定期同額給与，事前確定届出給与等は，業務の対価として相当なものは損金算入するものと定めた（法人税法34条）。そのため，中小会計指針のように株主総会で決議した役員賞与の金額は，定期同額給与でもなく，事前確定届出給与にも該当しないため，損金不算入となる。

(3) 退職給付債務・退職給付引当金

> 要　点
> ➢ 確定給付型退職給付制度（退職一時金制度，厚生年金基金，適格退職年金及び確定給付企業年金）を採用している場合は，原則として簡便的方法である退職給付に係る期末自己都合要支給額を退職給付債務とする方法を適用できる。
> ➢ 中小企業退職金共済制度，特定退職金共済制度及び確定拠出型年金制度を採用している場合は，毎期の掛金を費用処理する。

① 退職給付制度の意義と諸制度

中小会計指針は，退職金が従業員の長期勤務の結果として退職時にまとめて支払われるという重要性，及び企業内部での引当方式，企業外部への積立方式など制度の多様性に鑑み，会計上，重要で多額な引当金と認識している。そこで，一般的な引当金とは別項目として，それらの法的意義，会計処理など「要点」として具体的に説明している。

② 退職給付制度と会計処理

退職給付制度には多様なものがあり、それぞれの制度の相違によって会計処理も異なる。そこで中小会計指針ではそれぞれの会計処理について記述されているので、その概要を**図表13－6**として示す。

図表13－6　退職給付会計制度と会計処理

退職給付制度	制度の契約等	会計処理
退職一時金，厚生年金基金，適格退職年金及び確定給付企業年金などの退職給付制度	会社が従業員との労働協約や就業規則で退職給付制度を採用	・自己都合要支給額を法的債務として一定額を引当金に計上 ・当期発生額等を損益計上
中小企業退職金共済制度，特定退職金共済制度及び確定拠出年金制度のように拠出以後に追加的な負担が生じない外部拠出型の制度	会社が外部の共済制度団体と契約し掛金を支払い，退職時には従業員が外部団体から直接受け取る制度を採用	掛金を支出時に費用に計上
退職金規程がない	会社と従業員との間で退職金に関する契約がない	退職給付債務の引当金計上は不要
	過去に退職金の支給実績があり，将来においても支給見込みが高い場合	合理的に見積もることができる場合には，重要性がない場合を除き，引当金に計上

③ 退職給付債務の計算方法

確定給付型退職給付債務の計算方法については、次のように原則法と簡便法が示されているが、割引計算や数理計算は中小企業において困難なので、平成10年6月16日「退職給付に係る会計基準」の当初から、中小企業等に対して「簡便法」を示している。同会計基準は平成24年5月17日に企業会計基準委員会において「退職給付に関する会計基準」として全面改正された。そこでも同様に「簡便法」を承継し規定している（退給基準26項，適用指針47項～51項）。

原　則　法	退職時に見込まれる退職給付の総額のうち，期末までに発生していると認められる額を一定の割引率及び予想残存勤務期間に基づいて割引計算した退職給付債務に，未認識過去勤務債務及び未認識数理計算上の差異を加減した額から年金資産の額を控除した額を退職給付に係る負債とする。
簡　便　法	・退職一時金制度の場合，退職給付に係る期末自己要支給額をもって退職給付債務とする。 ・確定給付型の企業年金制度でも，支給実績として従業員が退職時に一時金を選択する場合には，退職一時金制度と同様に退職給付債務を計算する。

④　中小会計指針適用時における債務計上の特則

　中小会計指針は平成17年8月1日制定されたものである。そこで元々退職給付債務が法的債務として計上すべき引当金ではあったが，会計参与制度を導入した会社において，従来から引き当ててこなかった場合を配慮して，特則を定めている。

　つまり退職給付引当金の計上がない会社において，一時に給付すべき債務を一括計上することは，財政状態及び経営成績に大きな影響を与える可能性が高い。そこで「本指針適用に伴い新たな会計処理の採用により生じる影響額（適用時差異）は，通常の会計処理とは区分して，本指針適用後，10年以内の一定の年数又は従業員の平均残存勤務年数のいずれか短い年数にわたり定額法により費用処理することができる」ものとしている。この場合には未償却の適用時差異の金額を注記するものとしている。

2 中小会計要領の引当金

11. 引当金
(1) 以下に該当するものを引当金として，当期の負担に属する金額を当期の費用又は損失として計上し，当該引当金の残高を貸借対照表の負債の部又は資産の部に記載する。
 ・将来の特定の費用又は損失であること
 ・発生が当期以前の事象に起因すること
 ・発生の可能性が高いこと
 ・金額を合理的に見積ることができること
(2) 賞与引当金については，翌期に従業員に対して支給する賞与の見積額のうち，当期の負担に属する部分の金額を計上する。
(3) 退職給付引当金については，退職金規程や退職金等の支払いに関する合意があり，退職一時金制度を採用している場合において，当期末における退職給付に係る自己都合要支給額を基に計上する。
(4) 中小企業退職金共済，特定退職金共済，確定拠出年金等，将来の退職給付について拠出以後に追加的な負担が生じない制度を採用している場合においては，毎期の掛金を費用処理する。

中小会計要領は，引当金について中小会計指針と同様に上記のように規定するとともに，中小企業の実務において外部と契約している各種共済に係る会計処理についても明記している。退職給付引当金については，「自己都合要支給額を基に計上する」と，引当金の計上額について，会社の合理的な判断ができるように幅を持たせた表現となっている。実務的には，要支給額を引当金計上していない場合には，チェックリストに毎期末の要支給額を労働債務情報として記載すべきであろう。

第 14 章

純資産と株主資本

本章の要点

1. 純資産の部 ⇒ 「株主資本」「評価・換算差額等」「新株予約権」
2. 資本金に組み入れない金額 = 発行価額の2分の1まで ⇒ 資本準備金
3. 資本剰余金及び利益剰余金 ⇒ 資本金へ振替可能
4. 「剰余金の配当」原資 = 「その他資本剰余金」+「その他利益剰余金」

中小会計の考え方

◎ 中小会計指針 = 会社法 = 会計基準と同じ

◎ 中小会計要領 = 会社法 = 会計基準と同じ

第14章

純資産と株主資本

第1節　純資産の区分

　会社法は，株式会社の貸借対照表項目の大区分を「資産の部」,「負債の部」及び「純資産の部」とした。この「純資産の部」は，個別貸借対照表，連結貸借対照表及び持分会社の貸借対照表において**図表14-1**のように区分表示することになった（計算規則76条）。

　旧商法では，「資本の部」と表記されていた。改称した理由は次のように考えられる。「純資産の部」には，評価換算差額金，為替換算差額，新株予約権，少数株主持分（連結）のように，株主の払込みでもなく返済義務のないものが記載されるようになった。これらは従来，貸借対照表において，負債でもない，資本でもないという，いわば「継子扱い」の表示としてきた。そこで会社法は「負債の部」に計上するものを明確に，取引に伴って生じる買掛金，支払手形，借入金などの債務や，賞与引当金，退職給付引当金などのように将来の債務となるものに限定して表示するものとした[1]。そのため，「資産」から「負債」を控除した「残滓の概念」を貸借対照表の貸方に「純資産の部」と表示した。そこで，「純資産の部」の中で，株主の払込みによる資本金及び稼得利益の内部留保を「株主資本」とし，それ以外を「評価・換算差額等」,「新株予約権」,「少数株主持分」（連結の場合）と区分表示することとした。

　「貸借対照表の純資産の部の表示に関する会計基準」（平成21年3月27日改正）では，個別貸借対照表について**図表14-1**のように詳細に例示されているが，連結貸借対照表では剰余金の性質として「資本剰余金」及び「利益剰余金」の区分のみを表示することにしている。「新株予約権」は，従来，負債の

---

[1] 「貸借対照表の純資産の部の表示に関する会計基準」19項では，「資産は，一般に，過去の取引又は事象の結果として，財務諸表を報告する主体が支配している経済的資源，負債は，一般に，過去の取引又は事象の結果として，報告主体の資産やサービス等の経済的資源を放棄したり引渡したりする義務」としている。その上で資産と負債の差額を「純資産の部」としたのである（21項）。

部に表示していたものを純資産の部へ,「少数株主持分」は,従来,負債の部と資本の部との中間に表示していたものを,純資産の部へそれぞれ改正したのである。一方,持分会社は,株式会社と異なり,資本剰余金及び利益剰余金の区分において内訳表示を設けずに簡素化しているが,明瞭性の観点から表示することを否定するものではないと考えられる。

図表14－1 「純資産の部」の表示

個別貸借対照表	連結貸借対照表	持分会社の貸借対照表
Ⅰ 株主資本	Ⅰ 株主資本	Ⅰ 社員資本
1 資本金	1 資本金	1 資本金
2 新株式申込証拠金	2 新株式申込証拠金	2 出資金申込証拠金
3 資本剰余金	3 資本剰余金	3 資本剰余金
(1) 資本準備金	－	－
(2) その他資本剰余金	－	－
資本剰余金合計	－	－
4 利益剰余金	4 利益剰余金	4 利益剰余金
(1) 利益準備金	－	－
(2) その他利益剰余金	－	－
(細分項目)	－	－
利益剰余金合計	－	－
5 自己株式 (△)	5 自己株式 (△)	－
6 自己株式申込証拠金	6 自己株式申込証拠金	－
株主資本合計	株主資本合計	社員資本合計
Ⅱ 評価・換算差額等	Ⅱ 評価・換算差額等	Ⅱ 評価・換算差額等
1 その他有価証券評価差額金	1 その他有価証券評価差額金	1 その他有価証券評価差額金
2 繰延ヘッジ損益	2 繰延ヘッジ損益	2 繰延ヘッジ損益
3 土地評価差額金	3 土地評価差額金	3 土地評価差額金
－	4 為替換算調整勘定	－
評価・換算差額等合計	評価・換算差額等合計	評価・換算差額等合計
Ⅲ 新株予約権	Ⅲ 新株予約権	－
－	Ⅳ 少数株主持分	－
純資産合計	純資産合計	純資産合計

第2節　株式会社の資本金

1　戦後の資本金等の変遷

（1）　昭和23年及び25年商法改正

　資本金の基礎となる額面株式の1株の金額は，昭和23（1948）年に20円以上とされ，昭和25年の改正で500円以上とされた[*2]。この時点における発起人の員数は7名以上であったから，株式会社は資本金3,500円で設立することができた。昭和57年の改正においてこの金額は5万円以上とされた[*3]。この金額は平成2年改正まで継続してきており，発起人の員数は7名であったので，この時点でも株式会社は資本金35万円で設立することが可能であった。

（2）　平成2年の商法改正

　株式会社の株主は有限責任[*4]なので会社の責任能力を高めるため，旧商法は平成2（1990）年の改正において株式会社の「資本の額」は1,000万円以上（旧商法168条の4）とし，自己株式の取得も減資など一定の事由ある場合に制限していた（旧商法210条）。最低資本金額の引き上げに伴って発起人を7名とする理由はなくなり，発起人1名でも株式会社の設立が可能となった。

（3）　1円資本金の設立

　その後，会社法制定前の平成15年2月から改正施行した「新事業創出促進法」（平成17年4月13日改正後「中小企業の新たな事業活動の促進に関する法律」）において最低資本金規制に特例制度を設けた結果，これによって起業し

---

* [*2]　並木俊守『改正商法・特例法詳解』，中央経済社，18頁。
* [*3]　並木『前掲書』24頁。
* [*4]　有限責任とは，株主として払い込んだ金額の範囲でしか責任を負わないことを意味し，債権者は会社にそれ以上の債権があっても株主への請求はできない。

た法人数は、平成17年11月30日現在、わずか3年弱で31,358社（確認株式会社12,972社、確認有限会社18,386社）となるなど、最低資本金の制限が起業のネックになっているとも考えられたのである。

(4) 会社法の資本金（最低資本金規制の廃止）

会社は設立した後、会社の財産状況は取引の発生によってその都度変化していくものであり、資本金が巨額であっても、赤字となって倒産する会社もあるし、資本金が小さくても健全に経営している会社もある。こうしたことから「資本金の額」の意味が問い直され、「資本金の額」の名目金額を維持することが直ちに会社の信頼性を担保する制度ではない、との考え方が生じてきたのである。会社法は、最低資本金規制を廃止するとともに自己株式の取得も自由にして、資本の柔軟化を図った。また、資本金、準備金及び剰余金の間での金額移動については、資本金から準備金へ、準備金から資本金へ、資本金から剰余金へ、剰余金から資本金への移動が、自由に行えるようにした（会社法445条から465条まで、計算規則25条から29条）。

したがって、会社法は、株式会社の資本金は払込み又は給付をした財産の額としたが、その最低金額は定めていない（会社法445条1項）。設立時の定款においても「設立に際して出資される財産の価額又は最低額」と定められているが、最低額は定めていない（会社法27条4号）。その結果、会社法上、資本金が1円でも設立可能であると解され、設立後は資本金「0円」でも存続可能となった[*5]（計算規則43条）。

 ＊5　弥永真生『リーガルマインド会社法』（第10版）有斐閣、平成18年5月、22頁。

2 設立時の資本金

(1) 資本金とすべき金額

会社の設立方法には，一般的な形態として発起設立及び募集設立のほか，会社組織の再編成における新設合併，新設分割，株式移転などによる設立がある（会社法25条，753条，762条，773条）。

発起設立又は募集設立によって会社を設立した場合，原則として募集した金員はすべて「資本金」となるが，発行価額の2分の1以下であれば「資本金」に組み入れないことができる。資本金として組み入れない金額は，「資本準備金」となる（会社法445条1項，2項）。旧商法284条の2と同様の定めである。

[設例1] 現金預金（又は財産評価額）100を払い込んで会社を設立した。原則的な会計処理と会社法で許容されている最少額を資本金とする。仕訳を示しなさい。

[解答]

＜原則＞ 資 本 金＝払込金額（又は財産評価額）の全額

　　（借）現 金 預 金　　100　　（貸）資 本 金　　100
　　　　（又は財産名）

＜例外＞ 資 本 金＝払込金額の50％（最少額）
　　　　資本準備金＝払込金額の50％

　　（借）現 金 預 金　　100　　（貸）資 本 金　　 50
　　　　　　　　　　　　　　　　　　　資 本 準 備 金　50

会社法における株式会社の資本金は，原則として，設立又は株式の発行時に際して，株主となる者が株式会社に対して「払い込む金銭の額」とする「払込価額主義」を採用した（会社法32条）。この点，旧商法（168条の2）では，株式会社の発行する株式の「発行価額」を資本金とする「発行価額主義」を採用していたので大きく変わったところである。

発起設立又は募集設立による設立時の場合，資本金となる「払込み又は給付をした財産の額」とは，次に述べる「払込金額等の金額」から「設立に要した費用の額」を控除した差額をいう。差額がマイナスとなるときは，「0円」とする（計算規則43条1項）。

(2) 払込金額等の金額

払込金額等の金額とは，次の合計額をいう（会社法445条，計算規則43条1項）。

---
① 出資の履行によって払込みを受けた金銭の額*
② 発起設立における金銭以外の給付財産は，給付があった日における価額
③ 共通支配下関係の株式会社からの給付財産は，給付をした株式会社の給付直前の帳簿価額

* 外貨による払込みの場合には，払込みがあった日の為替換算金額。

---

(3) 設立に要した費用の額

設立費用とは，次のものをいう（会社法28条4号，施行規則5条）。

---
① 定款に貼る印紙税
② 払込銀行等への手数料
③ 検査役の選任があった場合の報酬
④ 設立登録免許税

これらの費用は株式会社の設立にあたって必要不可欠の支出であり，会社が当然に負担するものである。このほか，設立時における発起人が受ける報酬額として定款に記載され，株式会社の負担とされた場合の金額，これらの合計額をいう（計算規則43条1項3号）。

したがって，例えば，設立時に資本金を10万円として払込みをしても，少な

くとも定款の印紙税（4万円），定款認証手数料（5万円）及び設立登記の登録免許税（15万円）が必要となるので，設立時点で資本金以上の支払いが必要となる[*6]。そのため資本金は「0円」となる。

このように払込金額よりも設立費用が大きい場合には，その差額が「その他利益剰余金」のマイナス金額となる。つまり設立費用を賄えないような設立の場合には，設立時から費用が過大で欠損による出発となる（計算規則43条4項）。

> [設例2]　発起人が払込資本金100,000円，設立費用240,000円を支出して株式会社を設立した。設立費用は，定款上，会社の負担とした。設立時の仕訳を示しなさい。
> [解答]
> 　（借）現　金　預　金　　100,000　　（貸）資　　本　　金　　100,000
> 　　　　資　　本　　金　　100,000　　　　　現　金　預　金　　100,000
> 　　　　その他利益剰余金　140,000　　　　　未　　払　　金　　140,000

(4) 設立時の資本金と準備金と剰余金

株主資本の表示区分は，資本金のほかに，資本準備金，その他資本剰余金，利益準備金及びその他利益剰余金の項目がある。しかし設立時は，資本金及び資本準備金は発生するが，その他資本剰余金，利益準備金及びその他利益剰余金の発生はない（計算規則43条2項3項）。「その他利益剰余金」は，原則として「0円」であるが，[設例2]のような場合には「マイナス」（借方残高）となることがある。

　＊6　実務的には，設立費用の支払いがなければ登記ができないので，資金不足額は発起人が寄贈するか，立て替えて支払うことになろう。

3 資本金の増加

　株式会社の資本金は，設立時の払込み，新株の発行，合併等によって増加するほか，株主総会の決議を経て，準備金及びその他剰余金を減少して，資本金を増加することができるものとしている。この資本金への金額移行について制定当初の会社法は，「剰余金の額を減少して，準備金の額を増加することができる。」（会社法451条）としていたが，会社計算規則によって，資本準備金及びその他資本剰余金に限定していた。その後，改正によって利益準備金及びその他利益剰余金についても資本金への移動が認められることとなった（会社法450条1項，計算規則25条1項）。

［設例3］　株主総会の決議に基づき，資本準備金500，その他資本剰余金200及び利益準備金300を取り崩して，資本金とした。仕訳を示しなさい。
［解答］
　（借）資 本 準 備 金　　　500　　（貸）資　　本　　金　　1,000
　　　　その他資本剰余金　　200
　　　　利 益 準 備 金　　　300

---

4 資本金の減少

(1)「資本金の額」減少の手続

　株式会社における「資本金の額」は，取引先や債権者などにとって重要な意義を有しており登記事項とされている（会社法911条3項5号）。したがって，「資本金の額」を減少する場合にはその手続を厳しくし，株主総会の特別決議*によって次の事項を決定しなければならない。

＜資本金額減少の株主総会決議事項＞
① 減少する資本金の額
② 減少する資本金の額の全部又は一部を準備金とするときは，その旨及び準備金とする額
③ 資本金の減少がその効力を生ずる日

＊　株主総会の決議とは，定款に別段の定めがある場合を除き，議決権のある株式数の過半数の株主が出席し，その議決権の過半数の株式数の賛成による決議をいう（会社法309条1項）。
　特別決議とは，原則として，議決権を行使することのできる株主の議決権の過半数を有する株主が出席し，出席した株主の議決権の3分の2以上の多数を必要とする決議をいう（同条2項9号）。

　この減少の範囲は減資直前の「資本金の額」まで，つまり「0円」まで減少することができるものとした（会社法447条1項，2項，309条2項）。
　なお，減資において資本金「0円」としても，剰余金の配当規制として純資産額300万円を下回る場合は配当できないものとしていることに留意しなければならない（会社法458条，計算規則158条6号）。
　減少する「資本金の額」は，原則として「資本剰余金」となるが，その全部又は一部を準備金とする旨の決議をしたときには，減少額を準備金とすることもできる（会社法447条1項）。この場合，準備金とのみ規定しているが，資本取引であるから会計処理上は「減資差益」とし，表示上は資本準備金とすべきである。減資決議のみを行い特に準備金にする旨の決議がないときには「その他資本剰余金」とするものとしている（計算規則27条1項1号）。

（2）　減資等と債権者への手続

　株式会社における資本金及び準備金は，純資産を構成する重要な要素であり，債権者にとっては債権確保のために重要な意義を有している。そこで資本金及び準備金を減少する場合には，債権者に「異議を述べる機会」を与えている（会社法449条）。

すなわち，株式会社は次の事項を官報に公告するとともに，「知れている債権者」，つまり，すでにわかっている債権者に対しては，債権者それぞれ個別に次の決議事項について「異議の催告」を行わなければならず，その期間は1月を下ることはできない（会社法449条2項，施行規則180条）。

```
＜決議事項＞
① 資本金及び準備金の減少額と内容
② 貸借対照表又はその要旨
③ 債権者が一定期間内（1か月以上）に異議を述べることができる旨
```

［設例4］ 株主総会の決議に基づいて，資本金500を減資し，そのうち200は準備金として処理する。仕訳を示しなさい。

［解答］

　　（借）資　本　金　　500　（貸）減 資 差 益*　　200
　　　　　　　　　　　　　　　　　　その他資本剰余金　　300

＊ 貸借対照表上は，資本準備金とする。準備金としない場合には，「その他資本剰余金」とする。

減資手続の公告と催告－簡単な方法！

　欠損填補の減資を除いて，資本金の減少手続には，「官報に公告し，かつ，知れている債権者には，各別にこれを催告」しなければならない（会449条2項）。しかし，定款に定める公告の方法が日刊紙又は電子公告である場合には，これらの方法による公告を行い，さらに官報による公告を行えば，「債権者への各別催告」はしなくてもよいこととなっている（会449条3項）。
　定款に定める公告方法は，日刊紙による公告を定めておくのが秘訣である。

5 減資等による欠損填補

　会社法は，前述したように資本金，準備金及び剰余金の増加・減少について柔軟な規定としたが，資本金及び準備金の額を減少するためには，原則として株主総会の特別決議をしなければならないものとした（会社法309条2項，447条）。この点，旧商法は，資本準備金及び利益準備金は，欠損填補のために限り使用することができるものと限定し，資本金を厳しく管理していたことと相違し資本金の柔軟化が図られていた（旧商法289条）。そこで会社法においても資本金及び準備金の額の減少が，定時株主総会における欠損填補のためのものであり，会計監査人の監査を受けて取締役会の承認ある場合には，株主総会の普通決議で決定することができるものとしている（会社法309条2項9号）。

> [設例5] 定時株主総会の決議に基づいて，欠損金*500を資本金の減少によって消却することとした場合の仕訳を示しなさい。
>
> [解答]
>
> 　（借）資　本　金　　　500　　（貸）その他利益剰余金*　　500
>
> 　＊　欠損金は「その他利益剰余金（繰越利益剰余金）」がマイナス（借方残高）となっていることを意味しているので，「その他利益剰余金」の貸方に記載されることで欠損金の償却を意味する。

第3節　株式会社の準備金と剰余金

1　資本金・準備金・剰余金の増加と減少

　会社法は，資本金，準備金，剰余金について柔軟な定めをしているが，これらの各勘定科目間の増加・減少について，会社計算規則には「資本」と「利益」を峻別するための規定がおかれている。これらの組合せは**図表14－2**のとおりである。

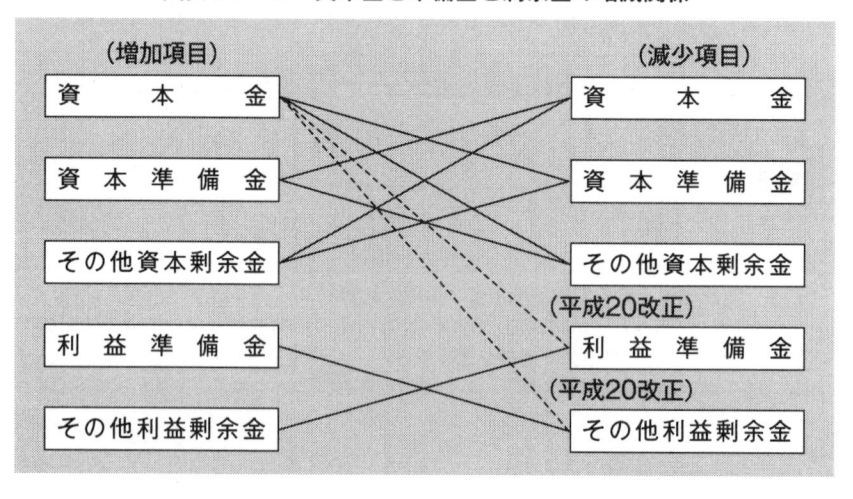

図表14－2　資本金と準備金と剰余金の増減関係

（増加項目）	（減少項目）
資　本　金	資　本　金
資　本　準　備　金	資　本　準　備　金
その他資本剰余金	その他資本剰余金
利　益　準　備　金	（平成20改正）利　益　準　備　金
その他利益剰余金	（平成20改正）その他利益剰余金

　「資本金」を増加するには，「株式の発行」以外に準備金及び剰余金のいずれの減少によっても可能である。

　「資本金」の減少は，原則として「その他資本剰余金」となるが，定めによって「資本準備金」とすることができる（会社法446条3号）。

　「資本準備金」の減少は「その他資本準備金」となり，「利益準備金」の減少は「その他利益剰余金」となる（会社法448条）。反対に，剰余金を減少して準備金を増加することもできる（451条）。

会社法は，制定当初，「資本金」と「資本準備金」及び「その他資本剰余金」は相互に増加・減少できることとし，「資本金」と「利益準備金」及び「その他利益剰余金」との増加・減少は認めていなかった。「利益準備金」は「その他利益剰余金」との間に限り増加・減少ができるものとしていた。この関係を平成20年改正によって，「利益準備金」及び「その他利益剰余金」の減少による「資本金」の増加ができるようになった（会社法447条，448条，450条，451条，計算規則25条～29条）。

2 準備金と剰余金の会計処理

前述のとおり，準備金には「資本準備金」及び「利益準備金」があり，剰余金には「その他資本剰余金」及び「その他利益剰余金」がある。

（1） 資本準備金の種類

資本準備金には，①株式払込剰余金，②合併差益，③分割差益，④株式交換差益及び⑤株式移転差益がある（会社法445条2項，3項，5項，447条1項）。ここでは，①株式払込剰余金について簡単な設例で示す。

（2） 株式払込剰余金

「設立時」及び「払込みを伴う株式の発行（増資）」の場合には，原則として，払込金額等の全額が資本金となる。しかし，2分の1を超えない額は，資本金として計上しないことができるものとしている（会社法445条2項）。この場合，資本金として計上しない金額は，資本準備金として計上しなければならない（会社法445条3項）。旧商法の規定と同様である（旧商法284条の2第1項，2項）。基本的にはこの金額は，「株式払込剰余金」勘定として処理し，表示区分では「資本準備金」とするべきであろう。実務上の簡便性からは表示に合わせて「資本準備金」勘定として処理することもある。

[設例6] 株式の発行によって払い込まれた金額1,000万円のうち，会社法の定める最少額を資本金に計上し，残額を資本準備金とした。仕訳を示しなさい。

[解答]
(借) 現 金 預 金 1,000万円　(貸) 資　本　金　500万円
　　　　　　　　　　　　　　　　　株式払込剰余金* 500

資　本　金 ＝ 払込金額の50％(最少額)
資本準備金 ＝ 払込金額の50％
＊ 貸借対照表の表示上は「資本準備金」とする。

3 「剰余金の配当」による準備金の計上

(1) 準備金の積立て

株式会社において「剰余金の配当」をすることは，資金などを社外に流出するので，資本充実の観点から，原則として，剰余金の配当によって減少する剰余金の額の10％の額を，「資本準備金」又は「利益準備金」として積み立てなければならない（会社法445条4項）。

剰余金の配当 × 10％ → 資本準備金又は利益準備金

(2) 基準資本金額

積立ては，資本金の4分の1を「基準資本金額」と定義し，この基準資本金額まで積み立てなければならない（計算規則22条1項1号）。

資本金 × $\dfrac{1}{4}$ ＝ 基準資本金額

（3） 準備金の積立不要

　資本準備金又は利益準備金として積み立てる金額は，基準資本金額までとされている。したがって，剰余金の配当をする場合に，配当後における資本準備金又は利益準備金の額が，配当日の基準資本金額以上である場合には，必ずしも積み立てる必要はない。しかし，内部留保を厚くするために積み立てることもできる（計算規則22条1項1号，2項1号）。

```
剰余金の配当後の準備金の額 ≧ 基準資本金額　→　積立不要
　　　　　　　　　　　　　　　　　　　　　　　（超過積立可能）
```

（4） 準備金の要積立額

　反対に，配当後の資本準備金又は利益準備金の額が，基準資本金額未満である場合には，一定金額を資本準備金又は利益準備金として積み立てなければならない。この場合，必要な積立金額は，次のいずれか小さい金額である（計算規則22条）。

① 基準資本金額から準備金の額を差し引いた「準備金計上限度額」

② 剰余金の配当額の$\frac{1}{10}$

```
（剰余金の配当 × 10%）又は（基準資本金額 － 準備金額）
いずれか小さい金額 → 積立てが必要となる金額（要積立額）
```

　この場合，資本準備金又は利益準備金として積み立てる金額は，要積立金額に「資本剰余金配当割合」を乗じた額を資本準備金とし，「利益剰余金配当割合」を乗じた額を利益準備金として積み立てる。つまり，剰余金の配当をする場合，その財源となる剰余金は，「その他資本剰余金」及び「その他利益剰余金」であるため，「その他資本剰余金」からの配当は「資本準備金」に，「その他利益剰余金」からの配当は「利益準備金」に積み立てることを要求している。したがって，この「資本剰余金配当割合」及び「利益剰余金配当割合」とは，

「剰余金の配当額」に占める「その他資本剰余金の減少額」及び「その他利益剰余金の減少額」の割合として計算される（計算規則23条）。

（資本剰余金配当割合）

$$資本準備金積立額 = 要積立額 \times \frac{その他資本剰余金の減少額}{剰余金の配当額}$$

（利益剰余金配当割合）

$$利益準備金積立額 = 要積立額 \times \frac{その他利益剰余金の減少額}{剰余金の配当額}$$

［設例7］ 株主総会において剰余金の配当1,000を実施し，この配当原資は，その他資本剰余金200，その他利益剰余金800によることと決議した。

なお，株式会社の純資産の内訳は次のようになっており，繰延資産等の配当制限条件はないものとする。

この場合に積み立てる準備金の種類と金額を計算しなさい。

＜純資産の内訳＞
資本金	10,000
資本準備金	1,500
その他資本剰余金	1,000
利益準備金	700
その他利益剰余金	800

［解答］

資本準備金積立額20と利益準備金積立額80を積み立てる。計算は次のとおり。

1. 基準資本金額(2,500) ＝ 資本金10,000 × $\frac{1}{4}$

2. 積立ての判定　準備金額(1,500 + 700) ＜ 基準資本金額(2,500)

3. 要積立額　イ　100 ＝ 配当1,000 × 10％

　　　　　　　ロ　300 ＝ 2,500 － (1,500 + 700)　　∴　要積立額　100

4．資本準備金積立額　$20 = 100 \times \dfrac{200}{1,000}$

5．利益準備金積立額　$80 = 100 \times \dfrac{800}{1,000}$

会社法は配当の原資として，その他資本剰余金及びその他利益剰余金を用いることが可能であるため，配当原資の内訳に従って，各準備金に区別して積み立てる。

4 分割・交換等による準備金の積立て

吸収分割，新設分割，株式交換又は株式移転に際して資本金，準備金又は剰余金として計上すべき金額については，組織再編に係る会計処理で「企業結合に関する会計基準」及び「事業分離等に関する会計基準」による。多岐にわたるためここでは省略する[7]。

5 準備金の減少・欠損金額の消去・剰余金の処分

（1）準備金の減少の決議

株式会社の準備金は，減少直前の準備金額まで，つまり「0円」まで減少することができる。この場合，準備金を資本金に振り替える場合であっても，株主の配当政策に不利益が及ぶことから，次の事項を株主総会で承認される必要がある（会社法448条）。この場合の株主総会の決議には，特段の条件が付されていないので，通常の決議によって行うことができる（会社法309条1項）。

---

[7] 広瀬義州『財務会計』(第10版)中央経済社，平成24年2月，377〜409頁には，組織再編に係る基本例を掲げて詳細に説明されている。

```
＜準備金額減少の株主総会決議事項＞
① 減少する準備金の額
② 減少する準備金の額の全部又は一部を資本金とするときは，その旨及
  び資本金とする額
③ 準備金の額の減少がその効力を生ずる日
```

(2) 準備金による欠損金額の消去の特例

　株式会社は，①欠損金額を消却するために，②定時株主総会の日における欠損金額以下で，かつ，③分配可能額の範囲内であれば，株主総会の決議で準備金を減少させることができる（会社法449条1項）。この場合には，債権者に対する「異議の催告」は不要とされている（同項ただし書）。

(3) 株主総会等の剰余金処分

　会社法制定前の旧商法は，繰越利益剰余金について，定時株主総会による利益処分決議を前提として，役員賞与，利益配当，利益準備金や任意積立金の積立てなどを行ってきた。

　会社法は，原則として株主総会の決議によって，損失の処理，任意積立金の積立て，その他の剰余金の処分をすることができる。しかし，大会社のように会計監査人設置会社の場合には，定款に定めることによって，一定の場合には取締役会の決議によることができるものと手続の簡素化を図っている（会社法452条，459条）。また，当然のことであるが，株主に対して剰余金の配当もできる（会社法453条）。この会社法の特色は，定時株主総会に限定せず「その都度，株主総会の決議によって」次の事項を決定すれば，何度でも剰余金の配当ができるものとした（会社法454条）。近年会計において四半期会計報告が行われることから，会社法においても対応できるように措置したものである。そのため，剰余金の配当制限を「臨時計算書類」による利益額に制限するとともに，期中に行われた剰余金の処分や積立てについて包括的に把握できるように「株

主資本等変動計算書」を創設したのである（会社法435条，計算規則59条）。

<剰余金の配当決議事項>
① 配当財産の種類（株式配当を除く。）及び帳簿価額の総額
② 株主に対する配当財産の割当てに関する事項
③ 剰余金の配当の効力を生ずる日

第4節　自己株式の会計と表示

1　自己株式の取得

　株式会社は株式を発行して資金を得て資本金としているが、その発行済株式を譲り受けたり買い入れることもできる。このように株式会社が取得した自社の株式のことを「自己株式」といい、株主資本の控除項目として表示する。

　平成13年改正前商法は、当該会社が自社の予定しているM＆A、新製品開発、業績などあらゆる情報を知っているため株価操作などを容易に行い得ることから、自己株式の取得事由を株式消却のため、譲渡制限株式による株主からの買取請求などに限定していた（旧商法210条）。改正後制限が緩和され、さらに会社法は自己株式の取得について規定を整備して、次の場合に取得できるものとした（会社法155条、会社規則27条）。

① 条件付株式の取得
② 譲渡制限株式の買取請求による取得
③ 株主との合意による有償取得
④ 買取請求権付株式の買取請求による取得
⑤ 全部取得条項付株式の取得
⑥ 相続人等への売渡請求による取得
⑦ 単元未満株式の買取請求による取得
⑧ 所在不明株主の株式の競売による取得
⑨ 一株未満株式処理のための取得
⑩ 事業の全部の譲受けによる取得
⑪ 合併消滅会社からの承継による取得
⑫ 吸収分割会社からの承継などによる取得　など

2 自己株式の会計処理

自己株式の取得については，従来から，株式という資産の取得とする考え方と会社財産の払戻しとする考え方があった。そこで平成14年に「自己株式及び準備金の額の減少等に関する会計基準」(最終改正平成18年8月11日)を公表しこれらの会計処理を定めた。

(1) 自己株式の取得及び保有

自己株式を取得した場合には，取得原価によって自己株式を計上し，貸借対照表の表示は，株主資本から控除して表示する（計算規則24条）。

> [設例8] 自社株式（発行価額1株500円）について，所定の買取請求があったので，1,000株について1株1,000円で現金で買い取った。仕訳を示しなさい。
> [解答]
> 　(借) 自　己　株　式 *1,000,000　　（貸）現　　　　　金　1,000,000
> 　　＊ 貸借対照表の表示上は「株主資本」項目の控除項目として表示する。

(2) 自己株式の処分と消却

自己株式を売却処分した場合には，一般的に取得原価と処分価額とに差額が生じる。この差額は株主との資本取引と考えて，「自己株式処分差益」，又は「自己株式処分差損」として処理し，差益は「その他資本剰余金」に計上し，差損は「その他資本剰余金」から減額する。自己株式を消却した場合には，消却した自己株式の帳簿価額を「その他資本剰余金」から減額する。このとき「その他資本剰余金」の金額から控除すると「負（マイナス）の金額」となる場合には，「その他資本剰余金」を「0円」とし，残る負の金額を「その他利益剰余金（繰越利益剰余金）」から減額する（計算規則24条2項，29条3項）。

なお，これらの自己株式取得，処分及び消却に関する付随費用は，営業外費

用に計上する。

[設例9] 設例8の自己株式（1株1,000円で取得）のうち，500株を800円で売却し，残る500株を消却した。なお，その他資本剰余金の残高は500,000円で，その他利益剰余金の残高は10,000,000円であった。仕訳を示しなさい。

[解答]
（借）現　金　預　金　400,000　（貸）自　己　株　式　1,000,000
　　　その他資本剰余金　500,000
　　　繰越利益剰余金　100,000

（注）貸借対照表の表示上は「その他資本剰余金」が「0円」となり，その他利益剰余金が100,000円減少する。

第5節　中小会計の純資産

1　中小会計指針の純資産

> 要　点
> ➤ 純資産の部は，株主資本，株主資本以外の各項目に区分する。
> ➤ 株主資本は，資本金，資本剰余金，利益剰余金に区分する。
> ➤ 資本剰余金は，資本準備金，その他資本剰余金に区分する。
> ➤ 利益剰余金は，利益準備金，その他利益剰余金に区分する。
> ➤ その他利益剰余金は，株主総会又は取締役会の決議に基づき設定される項目は，その内容を示す項目に区分し，それ以外は繰越利益剰余金に区分する。
> ➤ 株主資本以外の各項目は，評価・換算差額等，新株予約権に区分する。
> ➤ 期末に保有する自己株式は，株主資本の末尾において控除形式により表示する。
> ➤ 純資産の部の一会計期間における変動額のうち，主として，株主資本の各項目の変動事由を報告するために株主資本等変動計算書を作成する。

　純資産については，会社法の定めによるところであり，各項目の解説内容は，前述したところである。したがって，中小会計指針は，純資産の項目の要点として，上記のように株主資本，評価・換算差額等，自己株式の区分表示と基本的な会計処理と表示を述べている。合わせて株主資本等動計算書の意義と作成を要請している。

2 中小会計要領の純資産

> 13. 純資産
> (1) 純資産とは，資産の部の合計額から負債の部の合計額を控除した額をいう。
> (2) 純資産のうち株主資本は，資本金，資本剰余金，利益剰余金等から構成される。

　純資産については，会社法の定めによるところであり，各項目の解説内容は，前述したところである。したがって，中小企業要領は，極めて簡素に「13．純資産」として上記の2項目を示している。次いで解説において，資本剰余金と利益剰余金について次のような論点を確認的に述べている。

　資本剰余金に関しては，「株主への分配が認められていない資本準備金」と分配可能な「その他資本剰余金」に区分されること，設立又は株式の発行における払込金額は資本金となるが，払込金額の2分の1を超えない金額を資本金に組み入れず，資本準備金に計上することができると述べている（計算規則22条1項）。

　利益剰余金に関しては，「株主への分配が認められていない利益準備金」と分配可能な「その他利益剰余金」に区分されること，その他利益剰余金は，株主総会又は取締役会の決議により任意積立金の積立てと繰越利益剰余金とに区分されることを述べている（計算規則22条2項）。

　また，「自己株式」については，「純資産の部」の「株主資本」の末尾に一括して控除する形式で表示するとしている。

第 15 章

株式会社と持分会社の剰余金等

本章の要点

＜株式会社の剰余金＞

1. 「剰余金の額」 ＝ 「その他資本剰余金」＋「その他利益剰余金」
2. 剰余金の配当 ⇒ 「剰余金の額」から300万円を除いた範囲
3. 配当制限 ⇒ 純資産額300万円，自己株式の金額，のれん
4. 臨時計算書類作成による剰余金の増加額 ⇒ 配当可能

＜持分会社の配当等＞

5. 持分会社 ⇒ 構成員である社員相互間の信頼からなる会社
6. 持分会社の配当 ⇒ 利益額を限度
7. 利益額 ＝ 利益剰余金額
8. 社員の退社制度 ⇒ 定款所定の事由や死亡など
9. 合同会社（有限責任社員のみ）
　　　　　⇒ 株式会社類似の規定，帳簿の閲覧，減資，配当などに特則

中小会計の考え方

◎ 　中小会計指針 ＝ 規定なし ⇒ 会社法による
◎ 　中小会計要領 ＝ 規定なし ⇒ 会社法による

第1節　株式会社の剰余金

1　「剰余金の額」の意義

　「剰余金」の単語は，**図表15－1**に示したように，「資本剰余金」，「利益剰余金」，「その他資本剰余金」及び「その他利益剰余金」の個々の剰余金を意味する用語であるとともに，「剰余金の配当」（会社法453条，454条）のように，株主への「配当」対象としての「剰余金」を意味するときにも用いられている。ここでは，「剰余金の配当」の対象となる「剰余金の額」について説明する。

　会社法は，「分配可能額」の範囲内で，いつでも，何回でも「剰余金の配当」をすることができることとした（会社法454条，461条）。その場合，その基本となるのは，事業年度末において算出される「剰余金の額」であり，基本的には「その他資本剰余金」及び「その他利益剰余金」の合計額をいう（会社法446条）。

図表15－1　「剰余金の額」の意義

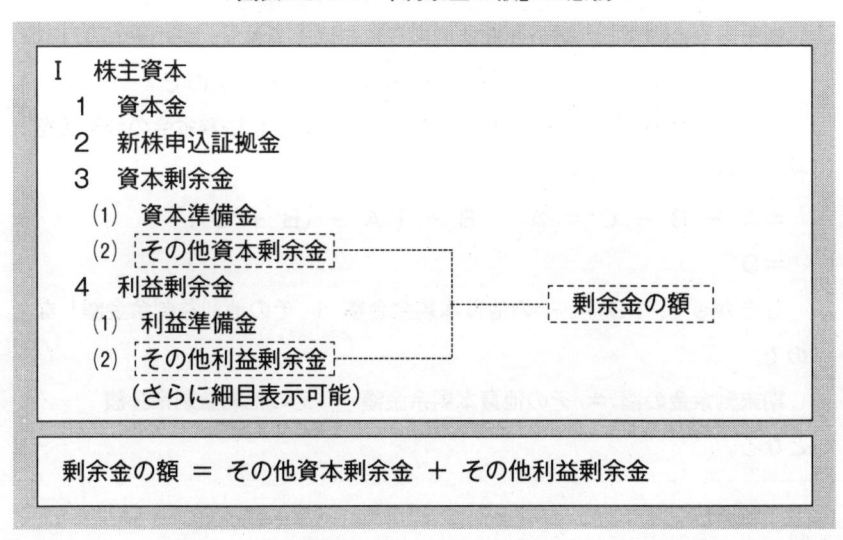

```
Ⅰ　株主資本
　1　資本金
　2　新株申込証拠金
　3　資本剰余金
　　(1)　資本準備金
　　(2)　その他資本剰余金 ┐
　4　利益剰余金　　　　　 ├──→ 剰余金の額
　　(1)　利益準備金　　　　│
　　(2)　その他利益剰余金 ┘
　　　　（さらに細目表示可能）
```

　　剰余金の額 ＝ その他資本剰余金 ＋ その他利益剰余金

2 剰余金の額の計算

「剰余金の配当」を行うときには、そのつど「剰余金の額」を計算することになる。ここでは、事業年度末日における通常の剰余金の計算について説明する。事業年度末日後に資本金等に変動が行われている場合の剰余金の計算は、一般的に中小会社で行われていないので説明は省略する。

事業年度末日の剰余金の額は、結果として、「その他資本剰余金」と「その他利益剰余金」の合計額となるが、会社法及び法務省令の規定は複雑になっており、これを数式にすると、次のように定義されている（会社法446条1号、計算規則149条）。

＜期末剰余金の額の計算＞

A ＝ 資産の額 ＋ 自己株式の帳簿価額

B ＝ 負債の額 ＋ 資本金の額 ＋ 準備金の額

C ＝ 法務省令事項

D ＝ その他資本剰余金額 ＋ その他利益剰余金額 …… とすると

期末剰余金の額 ＝ 最終事業年度末日における ｛A －（B ＋ C）｝

法務省令事項は「C ＝ A －（B ＋ D）」…… なので

期末剰余金の額 ＝ A － B － C……の「C」に法務省令の計算式を代入すると

＝A － B － C ＝ A － B －｛A －（B ＋ D）｝

＝D

したがって、「D ＝ その他資本剰余金額 ＋ その他利益剰余金額」なので、

期末剰余金の額 ＝ その他資本剰余金額 ＋ その他利益剰余金額 ……

となる。

また,「純資産の部」の項目は,①「株主資本」(内訳:資本金,新株申込証拠金,資本準備金,その他資本剰余金,利益準備金,その他利益剰余金,自己株式,自己株式申込証拠金),②「評価・換算差額等」及び③「新株予約権」から構成されている。そこで,法務省令事項の算式「$C = A - (B + D)$」による差し引き残余項目を計算すると,次のように法務省令で定める各勘定項目に計上した金額が残る。

```
<法務省令事項「C ＝ A －（B ＋ D）」>
＝ 新株申込証拠金 ＋ 自己株式申込証拠金 ＋ 評価・換算差額等
　　＋ 新株予約権
```

これを図示すると図表15-2のようになる。左辺の合計金額から,右辺の負債の額,資本金,準備金及び法務省令金額を差し引いた差額概念が「剰余金の額」,すなわち「その他資本剰余金」及び「その他利益剰余金」の合計金額となる。

図表15-2　事業年度末日の剰余金の額

資産合計と自己株式の帳簿価額の合計額	負債の額の合計 資本金の額 準備金の額 （資本準備金） （利益準備金）	＝	新株申込証拠金 自己株式申込証拠金 評価・換算差額等 新株予約権
	法務省令で定める各勘定科目計上金額の合計		
	剰余金の額 ＝その他資本剰余金 　＋その他利益剰余金		

[設例1] 次の貸借対照表に基づいて,「剰余金の額」を計算しなさい。ただし,のれん及び繰延資産はないものとする。

貸　借　対　照　表
X1年3月31日現在　　　（単位：億円）

諸資産	1,000	負債合計	520
		（純資産の部）	
		Ⅰ　株主資本	
		1　資本金	300
		2　資本剰余金	
		(1)　資本準備金	40
		(2)　その他資本剰余金	10
		3　利益剰余金	
		(1)　利益準備金	20
		(2)　その他利益剰余金	
		任意積立金	30
		当期未処分利益	100
		4　自己株式	△80
		Ⅱ　評価・換算差額等	60
		純資産合計	480
資産合計	1,000	負債・純資産合計	1,000

[解答]

事業年度末日の剰余金の額は140億円となる。

A － B ＝ 1,080 － 940 ＝ 140

A ＝ 1,000 ＋ 80 ＝ 1,080

B ＝ 520 ＋ 300 ＋ (40 ＋ 20) ＋ 法務省令事項(60) ＝ 940

法務省令事項 ＝ C － D ＝ 1,080 － 1,020 ＝ 60

C ＝ 1,000 ＋ 80 ＝ 1,080

D ＝ 520 ＋ 300 ＋ (40 ＋ 20) ＋ 10 ＋ (30 ＋ 100) ＝ 1,020

よって検算すると

10 ＋ 30 ＋ 100 ＝ 140　　∴　剰余金 ＝ 140

第2節　剰余金の配当

1 配当の決議と制限

（1）配当禁止金額（300万円）

　株式会社は，株主に対していつでも剰余金の配当をすることができるが（会社法453条），純資産額が300万円を下回る場合には配当できないこととした（会社法458条）。いわば旧有限会社の最低資本金を維持させることである。

（2）配当の決議事項

　剰余金の配当をしようとするときは，そのつど，株主総会の決議によって，次の事項を決定しなければならない（会社法454条1項）。

> ① 配当財産の種類（株式配当を除く。）
> ② 配当財産の帳簿価額の総額
> ③ 株主に対する配当財産の割当てに関する事項
> ④ 剰余金の配当が効力を生ずる日

（3）「剰余金の配当等」の意義

　「剰余金の配当」と「剰余金の配当等」とは異なる。会社法の「剰余金の配当等」の概念には，「剰余金の配当」を含めて株主に対する会社財産の流出項目が包括的に含まれている。すなわち「次に掲げる行為により株主に対して交付する金銭等の帳簿価額の総額は，当該行為がその効力を生ずる日における分配可能額を超えてはならない。」ものとしている（会社法461条，計算規則156条，157条）。

① 株式譲渡制限株式の買取り（会社法138条）
② 子会社株主との合意による株式取得（会社法156条）
③ 株主との合意による株式取得（会社法157条）
④ 取得条件付種類株式の取得（会社法173条）
⑤ 相続人等に対する売渡請求による株式取得（会社法176条）
⑥ 競売による株式取得（会社法197条）
⑦ 単位未満株式（端株）の取得（会社法234条）
⑧ 剰余金の配当（会社法453条）

(4) 債権者保護と配当等の制限

　会社法は，株式会社において「剰余金の配当」をいつでもできるように自由化した。反面，株式会社は，株主有限責任の物的会社であることから会社財産を保全し債権者保護を図るため，株主に対して何らかの事項により会社財産の流出を行う場合「分配可能額」を上限とする制限を行い，違反行為の業務を行った業務執行者等に対し連帯して支払義務の責任を課している（会社法462条）。

(5) 分配可能額

　分配可能額 ＝ 剰余金の額 － 自己株式の帳簿価額

　基本的な分配可能額の計算は，上述した「剰余金の額」から「自己株式の帳簿価額」を控除した金額である。上記［設例１］の場合には，分配可能額は60億円（＝140－80）となる（会社法461条２項）。

(6) のれん及び繰延資産計上の場合の分配可能額

　上記［設例１］において，資産の中にのれん及び繰延資産が計上されている場合には，分配可能額はさらに制限を受ける。この場合，のれんの２分の１

と繰延資産の合計額を「のれん等調整額」，資本金と準備金の合計額を「資本等金額」といい，次の区分による制限を受ける（計算規則158条１号，イ，ロ，ハ）。

---

① のれん等調整額 ≦ 資本等金額(資本金 ＋ 準備金)
　→　調整控除額 ＝ 零
② のれん等調整額 ≦ （資本等金額 ＋ その他資本剰余金）
　→　調整控除額 ＝ のれん等調整額 － 資本等金額
③ のれん等調整額 ＞ （資本等金額 ＋ その他資本剰余金）
　(a)　のれん × $\dfrac{1}{2}$ ≦ （資本等金額 ＋ その他資本剰余金）
　　→　調整控除額 ＝ のれん等調整額 － 資本等金額
　(b)　のれん × $\dfrac{1}{2}$ ＞ （資本等金額 ＋ その他資本剰余金）
　　→　調整控除額 ＝ その他資本剰余金 ＋ 繰延資産

[設例２] [設例１] において，資産のうちに「のれん400」及び「繰延資産180」が計上されている場合の分配可能額を示しなさい（単位：億円）。

[設例１] の資料
　　資本金 300　資本準備金 40　その他資本剰余金 10　利益準備金 20

[解答]
① 資本等金額　　　360 ＝ 300 ＋ 40 ＋ 20
② のれん等調整額　380 ＝ のれん × $\dfrac{1}{2}$ ＋ 繰延資産

　　　　　　　　　　　　＝ 400 × $\dfrac{1}{2}$ ＋ 180

③ のれん等調整額
　　380 ＞ （資本等金額 ＋ その他資本剰余金）＝ （360 ＋ 10）

　　　③の(a) → のれんの $\dfrac{1}{2}$ (200) ≦ (360 ＋ 10)

→ 調整控除額20＝380－360

④ したがって，分配可能額は次のようになる。
分配可能額＝剰余金の額－自己株式の帳簿価額－のれん等調整額
40＝140－80－20　　∴　40億円

2 違法配当の責任

　配当等の制限は債権者保護の規定であるから，この規定に違反して配当をした場合には，次の者が違法配当（分配可能限度額の超過額）について連帯して責任を負う（会社法462条）。

① 違法配当の金銭等の交付を受けた者
② 違法配当行為の職務を行った業務執行者（取締役又は執行役）
③ 違法配当の議案を株主総会又は取締役会へ議案提案した取締役及び賛成した取締役（第1項第1号イ，ロ，156条，157条）

　この違法配当の責任金額は，分配可能限度額を超過する金額である（会社法462条1項）。業務執行者等は，その職務を行うについて注意義務を怠らなかったことを証明したときは，その義務を負わないものとしている（同条2項）。
　一般的には，受益者である株主等に代って取締役が連帯責任としてその違反金額を会社に対して弁済するから，その弁済額は，受益者に対して遡求権を有する。しかし，それらの決議を行ったことについて，受益者である株主等が，その決議が違法となることについて善意のときは，その取締役等からの求償に応じる義務がない（会社法463条1項）。しかしながら，債権者保護の規定に違反していることであり，債権者からの支払請求には応じなければならないものとして実効性を持たせている（同条2項）。

第3節　持分会社の資本金等

1　持分会社の資本金等

　持分会社は，人的会社として構成員である社員相互の信頼によって運営されることを予定している。ここでの「社員」とは，会社法上の概念で，「出資者」であり，「経営者」としての立場を有する者を意味しており，世間一般に用いられている「会社員」を意味する社員ではない。
　この「社員」には「無限責任社員」と「有限責任社員」の2つのタイプの社員がいる。無限責任社員は，会社に対する出資として金銭等に限らず労務出資や信用出資も認められるが，その責任は会社財産に限らず個人財産にまで及ぶもので，「地獄の果てまで追いかけられる責任」を有している信頼の厚い社員である。有限責任社員の出資は，金銭等に限定されている（会社法576条1項6号）が，その責任も株式会社と同じに出資をしたその金額の範囲でしか責任を負わず個人財産にまで追求が及ぶことはない。合同会社の社員は，出資者であるとともに経営者としての立場も有するが，株式会社の株主と同じに出資をしたその金額の範囲でしか責任を負わない。出資の履行については，定款作成後，合同会社の設立の登記をする時までに，その金銭の全額を払い込まなければならない（会社法578条）。

2　持分会社の資本金の減少

　持分会社は，損失てん補のために，資本金を減資することができる（会社法620条1項）。減少する資本金額は，減少する日における資本金額と，減少する日における資本剰余金及び利益剰余金の合計額との，いずれか小さい金額までとされている（会社法620条2項，計算規則190条）。

3 持分会社の配当

　持分会社は，社員に対して持分に応じて「利益の配当」をすることができる（会社法621条，622条）。持分会社の場合，株式会社の「剰余金の配当」と異なり，有限責任社員に対する「配当額」は，配当する日における「利益額」を限度とする。「配当額」とは，社員に対して交付する金銭等の帳簿価額をいう（会社法623条）。この「利益額」とは，次の額のうちいずれか少ない額をいうものとしている（計算規則163条）。

> ① 利益の配当をした日の利益剰余金の額
> ② すでに分配された利益の額から，すでに分配された損失の額及び配当として交付された金銭等の帳簿価額を，控除した額

　なお，利益額を超過して配当を受けた有限責任社員は，連帯して，持分会社に対して配当額を返済する義務を負い，出資額の維持を図っている（会社法623条）。

第4節　合同会社の資本金等の特則

1　合同会社の資本金等

　合同会社は，持分会社の1つのタイプの会社で，社員相互間の信頼で組合的な考え方で運営されるが，全社員が有限責任社員であるために，他の持分会社とは異なり，物的会社に準じた特則が規定されている。

　設立時には，登記する日までに出資の全額払込み，財産の全部の給付をしなければならない（会社法578条）。一般に持分会社の社員には払い込んだ金銭等の払戻しを受けることができるものとして，社員に「出資の払戻請求権」を与えている（会社法624条）。しかし，合同会社の払戻しの場合には，合同会社の社員が全員有限責任であるため，特則を設けて，定款を変更して出資の価値を減少する場合，つまり株式会社の場合の減資と同様に払戻しできるものと限定している（会社法626条，632条）。これは無限責任社員がいる合名会社や合資会社とは異なり，合同会社は全員が有限責任であるため資本金の減額による対外的な対応を求められているのである。

　そしてこの場合，出資払戻しのために減少する資本金の額は，出資払戻額から，(a)払戻しをする日における剰余金額又は(b)出資の価額減少額，のいずれかを控除した残額までに制限されている（会社法626条2項，632条2項）。

払戻減資可能額 ≦（出資払戻額 －「剰余金額又は出資価額減少額」*）
　　*　いずれか少ない金額

2　合同会社の剰余金額

　合同会社の剰余金額は，株式会社の場合のように配当財源としての「剰余金の額」と異なり，その剰余金額をどのような場面で用いるかによって，次のよ

うな剰余金の意味がある。

> ① 出資払戻額の制限金額としての「剰余金額」（株式会社の自己株式の取得に類する払戻制限金額）（会社法632条，計算規則164条）
> ② 出資の払戻しに関する社員の責任免除制限のための「剰余金額」（会社法633条，計算規則164条）
> ③ 持分払戻額を受けた社員に対する債権者求償権制限のための「剰余金額」（会社法634条，計算規則164条）

ここでは，①について述べる。合同会社は閉鎖的な有限責任会社である。そのため社員は，会社に利益が生じて価値が増殖していれば配当として利益の還元を受けるほか，出資の払戻しによって会社から脱退することもできる。この場合，資本金の価値が増加していれば，払込金額のほか価値増殖部分についても本人分を計算して払い戻してもらいたいものである。

しかし，合同会社は全員有限責任社員で閉鎖的であることから，資本剰余金や利益剰余金があって社員資本が充実していて減資決議による払戻しの場合であっても，社員が出資した金額の払戻しのほか資本剰余金までが，払戻限度額となる（会社法626条2項，3項）。

> ＜出資払戻額の制限としての剰余金額の計算＞
> 剰余金額 ＝ 資産の額 －（負債の額 ＋ 資本金の額 ＋ 法務省令金額）
> 法務省令金額 ＝ A －（B ＋ C）
> 　A ＝ 資産の額
> 　B ＝ 負債の額 ＋ 資本金の額
> 　C ＝ 資本剰余金
> 上記算式に代入すると次のようになる。
> 剰余金額 ＝ 資産の額 －｛負債の額 ＋ 資本金の額 ＋（A －（B ＋ C））｝
> 　　　　 ＝（資産の額－A）－（負債の額 ＋ 資本金の額 － B）＋ C
> 　　　　 ＝ C ＝資本剰余金

つまり合同会社における減資は，資本金と資本剰余金の範囲内で行われるよう制限されている。条文上は「剰余金額」と表現されているが，この「剰余金額」は，上記の算式よって計算され，結果的には，資本剰余金の額となる（会社法626条3項，計算規則164条3号）。

3 利益の配当

合同会社は「利益の配当」をすることができる。その金額は，配当するときに存在している利益剰余金を意味する。

つまり「配当額」の限度額は，配当する日における「利益額」を限度とするものとされている（会社法628条）。この利益額とは，次のいずれか少ない金額をいうものとしている（計算規則163条）。

> ① 利益の配当をした日における利益剰余金
> ② ①の利益剰余金から「既に配分された損失の額及び既に利益の配当として交付された金銭の額」を控除した額

そしてこの利益額を超える違法配当が行われた場合には，配当を受けた有限責任社員と業務執行社員が，合同会社に対して，連帯して弁済する義務を負うものとしている（会社法629条）。

しかもこの義務は，原則として，免除することができない。しかし「利益額」を限度として総社員の同意がある場合には免除することができるものとしている（会社法629条2項）。

第16章

株主資本等変動計算書

本章の要点

1. 株主資本等変動計算書 ⇒ 株主資本等の期中増減額を明瞭表示
2. 前期末貸借対照表の純資産の部の金額
   － 剰余金の配当等 ＋ 当期純利益 ± 他の剰余金の変動
   ＝ 期末貸借対照表の純資産の部の金額
3. 様式は報告式（縦様式）とマトリックス様式（横様式）

中小会計の考え方

◎ 中小会計指針 ＝ 会社法 ＝ 会計基準に同じ
◎ 中小会計要領 ＝ 会社法 ＝ 会計基準に同じ

第16章　株主資本等変動計算書　281

第1節　創設と他の財務表との理論

1　作成の経緯と目的

(1)　会社法と会計基準の制定

　会社法（平成18年5月1日施行）は，計算書類として「貸借対照表」，「損益計算書」，「株主資本等変動計算書」及び「注記表」の作成を定めた（会社法435条）。計算書類の種類として新たに「株主資本等変動計算書」を創設したのである。連結計算書類の場合は「連結株主資本等変動計算書」，持分会社の場合は「社員資本等変動計算書」という（計算規則61条，71条，96条）。

　企業会計基準委員会も会社法の施行に合わせて，平成17年12月27日に「株主資本等変動計算書に関する会計基準」を公表し会社法の施行日から適用するものとした。

(2)　利益処分案の廃止と利益配当の柔軟化

　旧商法は「利益の配当」として定時株主総会の決議に限定していたが，会社法では「剰余金の配当」と称し，いつでも，何回でも，「分配可能額」の範囲内で，株主総会の決議によってできるものとした（会社法453条，454条）。取締役会及び会計監査人が設置されており一定条件を満たす大会社の場合には，取締役会の決議によってできることとしている。この「分配可能額」には，過年度からの「繰越利益剰余金」のほか，当該事業年度の「利益」なども含まれる（会社法461条）。

　そのため，従来のように計算書類に関連して作成していた「利益処分案」に関する規定を廃止して，これらの内容については「株主資本等変動計算書」に記載することとした。また，近年の商法改正，会計基準の設定や改正によって，その他有価証券の評価損益，自己株式の売買損益，為替換算調整勘定などは，損益計算書に反映させずに，直接，貸借対照表の「純資産の部」に計上される

こととなった。

(3) 「純資産の部」計数変動の明瞭化

このように会社法は「純資産の部」項目の計数をいつでも変動させることができるようになったため，貸借対照表と損益計算書だけでは，資本金，準備金及び剰余金等の金額の変動を的確に把握することが困難となった。そこでこれまで損益計算書の末尾で表示されていた未処分利益の計算項目及び利益処分の内容を含めて，純資産の変動要因を詳細に表示して，株主の持分変動に関する情報開示を充実するため，新たな財務表として「株主資本等変動計算書」を定めたのである。

2 株主資本等変動計算書の理論構造

(1) 損益計算書及び貸借対照表との関係

会社計算規則は，「株主資本等変動計算書」，「連結株主資本等変動計算書」及び「社員資本等変動計算書」を作成することとした（計算規則96条）。これは図表16－1のように，前期の貸借対照表残高に，当期の配当や純利益と株主資本変動等を加減算し，期末の貸借対照表残高と一連のつながりを持った関係となっている。

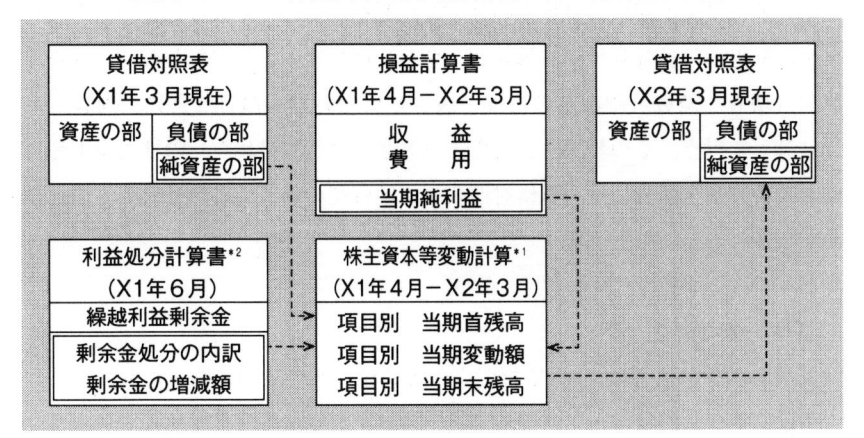

図表16－1　株主資本等変動計算書と他の計算書類関係

貸借対照表 （X1年3月現在）	損益計算書 （X1年4月－X2年3月）	貸借対照表 （X2年3月現在）
資産の部　負債の部 　　　　　純資産の部	収　益 費　用 当期純利益	資産の部　負債の部 　　　　　純資産の部

利益処分計算書*2 （X1年6月）	株主資本等変動計算*1 （X1年4月－X2年3月）
繰越利益剰余金	項目別　当期首残高
剰余金処分の内訳 剰余金の増減額	項目別　当期変動額 項目別　当期末残高

* 1　株主資本等変動計算書は，当期首の貸借対照表の「純資産の部」を受けて，当期純利益の増加，当期中の利益処分決議による剰余金の変動を記載して，当期末の貸借対照表の「純資産の部」の金額となる。
* 2　財務諸表等規則上，利益処分計算書は廃止されたが，取締役会の決議で剰余金処分をする大会社を除いて，中小会社は，一般的に株主総会における剰余金処分の決議が必要であり，そのため「剰余金処分案」を作成し，承認決議後は，「剰余金処分計算書」として作成しておくことが必要であろう。これによって株主資本等変動計算書への記入が行われる。

図表16－1について説明する。X0期（自X0年4月1日　至X1年3月31日）の計算書類はX1年6月末の株主総会で承認される[*1]。このときX1期はすでにスタートしており，「X1年6月」は，X1期（自X1年4月1日　至X2年3月31日）の期中である。

X1期の損益計算書は「X1年4月1日からX2年3月31日まで」を事業年度とする損益計算を示しており，貸借対照表は「X2年3月31日現在」の財政状態を示している。X1期の株主資本等変動計算書は「X1年4月1日からX2年3月31日まで」の株主資本等の変動を示すものであり，X0期貸借対照表

[*1]　ここでは，会社法の想定する株主総会日程として1年決算を前提に，決算期末から3か月以内に行われるものとして記述した。中小会社の場合には，一般的に法人税の確定申告期限に合わせて2か月以内に行われることが多い。

（X1年3月31日現在）の「純資産の部」の各項目金額を開始残高として引き継ぐ。そこにX1期損益計算書の当期純利益を加算し，剰余金処分の内容（剰余金の配当や役員賞与）が減算され，さらに期中取引として行われている資本取引（増資，減資，剰余金の増加・減少）についても項目ごとに「加算」や「減算」を行う。その結果，X1期末（X2年3月31日現在）の株主資本等変動計算書の期末残高には，貸借対照表の「純資産の部」の各項目残高と同じ金額が示される。

(2) 表示区分

表示すべき各項目は，「貸借対照表の純資産の部の表示に関する会計基準」（平成21年3月27日改正）に従って区分され，前年度の貸借対照表の各項目金額を当期首残高として受けて，当期中における資本金，剰余金，剰余金の配当などの当期変動額を加減し，当期末残高を算定して作成され，この当期末残高は貸借対照表の期末残高と一致する。また，株主資本等変動計算書の合計額が「純資産合計」と一致するように，株主資本項目以外の当期変動額も記載するものとしている。連結株主資本等変動計算書では，剰余金について「資本剰余金」及び「利益剰余金」とに区分して表示するが，「資本準備金」と「その他資本剰余金」，「利益準備金」と「その他利益剰余金」とに細分しない。また，連結固有の区分として「少数株主持分」の項目が付加される。

第2節　株主資本等変動計算書の様式

「株主資本等変動計算書」の様式には，「純資産の各項目を縦に並べる様式」（報告形式）及び「純資産の各項目を横に並べる様式」（表形式）とがある。縦に並べる様式は**図表16－2**で，横に並べる様式は**図表16－3**である。様式は，以下のとおりである。

[縦に並べる様式]

図表16－2　株主資本等変動計算書

Ⅰ　株主資本				
1　資本金		当期首残高		×××
		当期変動額	新株の発行	×××
		当期末残高		×××
2　資本剰余金				
(1)　資本準備金		当期首残高		×××
		当期変動額	新株の発行	×××
		当期末残高		×××
(2)　その他資本剰余金		当期首残高		×××
		当期変動額		×××
		当期末残高		×××
資本剰余金合計*		当期首残高		×××
		当期変動額		×××
		当期末残高		×××
3　利益剰余金				
(1)　利益準備金		当期首残高		×××
		当期変動額	配当に伴う積立	×××
		当期末残高		×××
(2)　その他利益剰余金				
イ　××積立金		当期首残高		×××
		当期変動額		×××
		当期末残高		×××

		ロ 繰越利益剰余金	当期首残高		×××
			当期変動額	剰余金の配当	×××
				準備金の積立	×××
				当期純利益	×××
			当期末残高		×××
		利益剰余金合計*	当期首残高		×××
			当期変動額		×××
			当期末残高		×××
	4	自己株式	当期首残高		×××
			当期変動額	自己株式の処分	×××
			当期末残高		×××
		株主資本合計	当期首残高		×××
			当期変動額		×××
			当期末残高		×××
II	評価・換算差額等				
		その他有価証券評価差額金	当期首残高		×××
			当期変動額(純額)		×××
			当期末残高		×××
		繰延ヘッジ損益	当期首残高		×××
			当期変動額(純額)		×××
			当期末残高		×××
		評価・換算差額等合計*	当期首残高		×××
			当期変動額		×××
			当期末残高		×××
III	新株予約権				
			当期首残高		×××
			当期変動額(純額)		×××
			当期末残高		×××
		純資産合計*	当期首残高		×××
			当期変動額		×××
			当期末残高		×××

* これらの合計欄は省略することができる。

図表16－3　株主資本等変動計算書

[横に並べる様式]

	株主資本								評価・換算差額等*2			新株予約券	純資産合計*3
	資本金	資本剰余金			利益剰余金			自己株式	株主資本合計	その他有価証券評価差額金	繰延ヘッジ損益	評価・換算差額等合計*3		
		資本準備金	その他資本剰余金	資本剰余金合計*3	利益準備金	その他利益剰余金*1	利益剰余金合計*3							
						××積立金	繰越利益剰余金								
当期首残高*4	XXX	XXX	XXX	XXX	XXX	XXX	XXX	XXX	△XXX	XXX	XXX	XXX	XXX	XXX	XXX
当期変動額*5															
新株の発行	XXX	XXX		XXX						XXX					XXX
剰余金の配当					XXX		△XXX	△XXX		△XXX					△XXX
当期純利益							XXX	XXX		XXX					XXX
自己株式の処分									XXX	XXX					XXX
××××××															
株主資本以外の項目の当期変動額（純額）											*6XXX	*6XXX	XXX	*6XXX	XXX
当期変動額合計	XXX	XXX	―	XXX	XXX	XXX	XXX	XXX	△XXX	XXX	XXX	XXX	XXX	XXX	XXX
当期末残高	XXX	XXX	XXX	XXX	XXX	XXX	XXX	XXX	XXX	XXX	XXX	XXX	XXX	XXX	XXX

*1　その他利益剰余金については、その内訳科目の当期首残高、当期変動額及び当期末残高の各金額を注記により開示することができる。この場合、その他利益剰余金の当期首残高、当期変動額及び当期末残高の各合計額を個別株主資本等変動計算書に記載する。

*2　評価・換算差額等については、その内訳項目の当期首残高、当期変動額及び当期末残高の各金額を注記により開示することができる。この場合、評価・換算差額等の当期首残高、当期変動額及び当期末残高の各合計額を個別株主資本等変動計算書に記載する。

*3　各合計欄の記載は省略することができる。

*4　企業会計基準第24号「会計上の変更及び誤謬の訂正に関する会計基準」に従って遡及処理を行った場合には、表示期間のうち最も古い期間の期首残高に対する会計方針の変更の累積的影響額及びその他の金額を区分表示するとともに、概ね個別貸借対照表における変動事由ごとの金額を記載する。

*5　株主資本の各項目の変動事由及びその金額は、当期変動額を純額で記載することに代えて、変動事由ごとにその金額を記載することができる。

*6　株主資本以外の各項目は、当期変動額を純額で記載することを原則とするが、変動事由ごとにその金額を個別株主資本等変動計算書に記載することができる。また、変動事由ごとにその金額を純額で記載する場合には、概ね株主資本の各項目に関する表示の順序による。

「株主資本等変動計算書に関する会計基準の適用指針」より。

第3節 表示方法

株主資本等変動計算書における各項目の表示は,「株主資本の各項目」及び「株主資本以外の各項目」に区分し,それぞれ次による。

1 株主資本の各項目

株主資本の各項目は,当期首残高,当期変動額及び当期末残高に区分し,当期変動額は「変動事由」ごとにその金額を表示する(変動基準6,21項)。この場合に,当期首残高及び当期末残高は,前期及び当期の貸借対照表の純資産の部における各項目の期末残高と整合したものでなければならない(変動基準5,23項,図表16-4参照)。

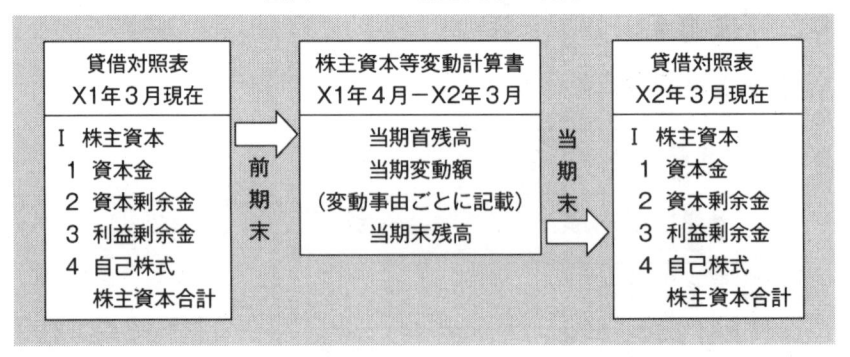

図表16-4　株主資本の項目

貸借対照表 X1年3月現在		株主資本等変動計算書 X1年4月-X2年3月		貸借対照表 X2年3月現在
Ⅰ　株主資本 　1　資本金 　2　資本剰余金 　3　利益剰余金 　4　自己株式 　　株主資本合計	前期末	当期首残高 当期変動額 (変動事由ごとに記載) 当期末残高	当期末	Ⅰ　株主資本 　1　資本金 　2　資本剰余金 　3　利益剰余金 　4　自己株式 　　株主資本合計

2 株主資本以外の各項目

株主資本以外の各項目は,当期首残高,当期変動額及び当期末残高に区分し,当期変動額は純額で記載する。ただし,当期変動額について主な変動事由ごとにその金額を表示することができる(変動基準21項)。この表示については,

注記による開示も認められる（変動基準24項）。この場合においても，当期首残高及び当期末残高は，前期及び当期の貸借対照表の純資産の部における各項目の期末残高と整合したものでなければならない（**図表16－5参照**）。

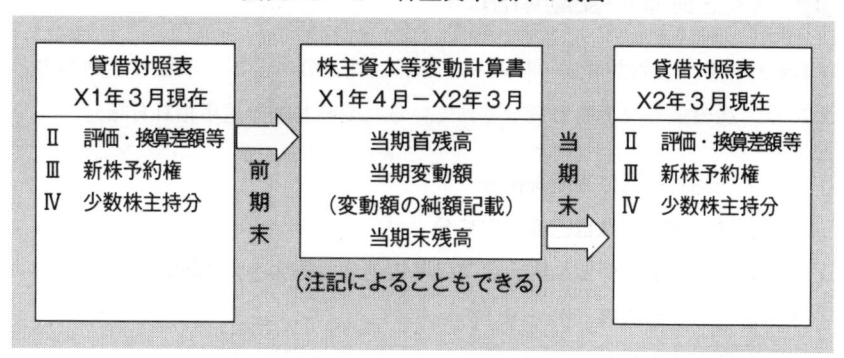

図表16－5　株主資本以外の項目

貸借対照表 X1年3月現在	→ 前期末	株主資本等変動計算書 X1年4月－X2年3月	→ 当期末	貸借対照表 X2年3月現在
II　評価・換算差額等 III　新株予約権 IV　少数株主持分		当期首残高 当期変動額 （変動額の純額記載） 当期末残高 （注記によることもできる）		II　評価・換算差額等 III　新株予約権 IV　少数株主持分

3　当期変動額がない項目

　期中に変動がない場合には，「当期首残高及び当期末残高」のみを表示することができるものとしている（変動基準，記載例，注記）。

第4節　変動事由

1　株主資本の変動事由

「株主資本等変動計算書」に記載される「株主資本」の各項目の変動事由としては，次のような事由が例示されている（変動基準の適用指針6項）。

---
(1) 当期純利益又は当期純損失
(2) 新株の発行又は自己株式の処分
(3) 剰余金（その他資本剰余金又はその他利益剰余金）の配当
(4) 自己株式の取得
(5) 自己株式の消却
(6) 企業結合（合併，会社分割，株式交換，株式移転など）による増加又は分割型の会社分割による減少
(7) 株主資本の計数の変動
　① 資本金から準備金又は剰余金への振替
　② 準備金から資本金又は剰余金への振替
　③ 剰余金から資本金又は準備金への振替
　④ 剰余金の内訳科目間の振替

＜連結の場合＞
(8) 連結範囲の変動又は持分法の適用範囲の変動

2　株主資本以外の変動事由

「株主資本等変動計算書」に記載される「株主資本以外」の各項目の変動事由としては，次のような事由が例示されている（変動基準の適用指針11項）。

(1) 評価・換算差額等
　① その他有価証券評価差額金
　　　その他有価証券の売却又は減損処理による増減
　　　純資産の部に直接計上されたその他有価証券評価差額金の増減
　② 繰延ヘッジ損益
　　　ヘッジ対象の損益認識又はヘッジ会計の終了による増減
　　　純資産の部に直接計上された繰延ヘッジ損益の増減
　③ 為替換算調整勘定
　　　在外連結子会社等の株式の売却による増減
　　　連結範囲の変動に伴う為替換算調整勘定の増減
　　　純資産の部に直接計上された為替換算調整勘定の増減

(2) 新株予約権
　　新株予約権の発行
　　新株予約権の取得
　　新株予約権の行使
　　新株予約権の失効
　　自己新株予約権の消却
　　自己新株予約権の処分

(3) 少数株主持分
　　少数株主利益（又は少数株主損失）
　　連結子会社の増加（又は減少）による少数株主持分の増減
　　連結子会社株式の取得（又は売却）による持分の増減
　　連結子会社の増減による少数株主持分の増減

第5節 設 例

[設例1] 次の条件によって株主資本等変動計算書を作成しなさい。

<条件>

X1年3月貸借対照表及びX2年3月貸借対照表の純資産の部，X1年6月株主総会における繰越利益剰余金の処分は，次のようであった。さらにX1年9月に新株の発行を行った。他に純資産の各項目に変動はない。

① 現金配当　　　　　1,250千円　② 利益準備金の積立　125千円
③ 別途積立金の積立　2,000千円　④ 残額は繰越利益剰余金
⑤ 当期純利益　　　　6,000千円
⑥ 新株の発行　　　　5,000千円（うち2分の1は資本準備金とした。）

(単位：千円)

個別貸借対照表(抜粋)	X1年3月31日	X2年3月31日	増減
純資産の部			
Ⅰ　株主資本			
1　資本金	10,000	12,500	2,500
2　資本準備金	1,000	3,500	2,500
3　利益剰余金			
(1)　利益準備金	800	925	125
(2)　その他利益剰余金			
別途積立金	8,000	10,000	2,000
繰越利益剰余金	8,500	11,125	2,625
利益剰余金合計	17,300	22,050	4,750
株主資本合計	28,300	38,050	9,750
純資産合計	28,300	38,050	9,750

[設例1]　解答例（報告形式）

株主資本等変動計算書
自X1年4月1日　至X2年3月31日
(単位：千円)

I　株主資本
　1　資本金
　　　　　　　　　　当期首残高　　　　　　　　　　　　　10,000
　　　　　　　　　　当期変動額　　新株の発行　　　　　　　2,500
　　　　　　　　　　当期末残高　　　　　　　　　　　　　12,500
　2　資本剰余金
　　　資本準備金　　当期首残高　　　　　　　　　　　　　 1,000
　　　　　　　　　　当期変動額　　新株の発行　　　　　　　2,500
　　　　　　　　　　当期末残高　　　　　　　　　　　　　 3,500
　3　利益剰余金
　(1)　利益準備金　 当期首残高　　　　　　　　　　　　　　 800
　　　　　　　　　　当期変動額　　当期積立額　　　　　　　　125
　　　　　　　　　　当期末残高　　　　　　　　　　　　　　 925
　(2)　別途積立金　 当期首残高　　　　　　　　　　　　　 8,000
　　　　　　　　　　当期変動額　　当期積立額　　　　　　 2,000
　　　　　　　　　　当期末残高　　　　　　　　　　　　　10,000
　(3)　繰越利益剰余金　当期首残高　　　　　　　　　　　 8,500
　　　　　　　　　　当期変動額　　剰余金の配当　　　　 △1,250
　　　　　　　　　　　　　　　　　利益準備金積立　　　　 △125
　　　　　　　　　　　　　　　　　別途積立金積立　　　△2,000
　　　　　　　　　　　　　　　　　当期純利益　　　　　　6,000
　　　　　　　　　　当期末残高　　　　　　　　　　　　　11,125
　　　利益剰余金合計　当期首残高　　　　　　　　　　　　17,300
　　　　　　　　　　　当期変動額　　　　　　　　　　　　 4,750
　　　　　　　　　　　当期末残高　　　　　　　　　　　　22,050
　　　株主資本合計　　当期首残高　　　　　　　　　　　　28,300
　　　　　　　　　　　当期変動額　　　　　　　　　　　　 9,750
　　　　　　　　　　　当期末残高　　　　　　　　　　　　38,050
　　　純資産合計　　　当期首残高　　　　　　　　　　　　28,300
　　　　　　　　　　　当期変動額　　　　　　　　　　　　 9,750
　　　　　　　　　　　当期末残高　　　　　　　　　　　　38,050

[設例1] 解答例（表形式）

株主資本等変動計算書
自X1年4月1日 至X2年3月31日

(単位：千円)

項　目	株　主　資　本							純資産合計
	資本金	資本準備金	利益剰余金				株主資本合計	
			利益準備金	別途積立金	繰越利益剰余金	利益剰余金合計		
当期首残高	10,000	1,000	800	8,000	8,500	17,300	28,300	28,300
当期変動額								
新株の発行	2,500	2,500					5,000	5,000
剰余金の配当			125		△1,375	△1,250	△1,250	△1,250
別途積立金の積立				2,000	△2,000	－	－	－
当期純利益					6,000	6,000	6,000	6,000
当期変動額合計	2,500	2,500	125	2,000	2,625	4,750	9,750	9,750
当期末残高	12,500	3,500	925	10,000	11,125	22,050	38,050	38,050

[設例2] 次の条件及び会計処理に基づいて株主資本等変動計算書を作成しなさい。

1．条件

(1) X1年4月に新株の発行による増資2,000百万円を実施し，資本金として1,000百万円，資本準備金として1,000百万円をそれぞれ計上している。

(2) X1年6月の株主総会において繰越利益剰余金からの配当1,000百万円の支払いと利益準備金への繰入100百万円を決議し，配当を行った。

(3) X2年3月期において自己株式400百万円を取得し，そのうち300百万円を250百万円で処分している。

(4) 決算にあたり，税法の規定に従い圧縮積立金200百万円を取り崩し，X1年12月に行った交換取引に関する圧縮積立金100百万円を積み立てた。
(5) X2年3月期の当期純利益は，2,000百万円である。
(6) 個別貸借対照表（抜粋）は，次のとおりである。

（単位：百万円）

個別貸借対照表(抜粋)	X1年3月31日	X2年3月31日	増減
純資産の部			
Ⅰ　株主資本			
1　資本金	10,000	11,000	1,000
2　資本剰余金			
(1)　資本準備金	1,000	2,000	1,000
(2)　その他資本剰余金	100	50	△50
資本剰余金合計	1,100	2,050	950
3　利益剰余金			
(1)　利益準備金	500	600	100
(2)　その他利益剰余金			
圧縮積立金	500	400	△100
繰越利益剰余金	4,500	5,500	1,000
利益剰余金合計	5,500	6,500	1,000
4　自己株式	0	△100	△100
株主資本合計	16,600	19,450	2,850
純資産合計	16,600	19,450	2,850

2．会計処理

会計処理は，次のとおりである（単位：百万円）。

(1) 新株の発行に伴う会計処理

（借）現　金　預　金　　2,000　（貸）資　本　金　　1,000
　　　　　　　　　　　　　　　　　　資 本 準 備 金　1,000

(2) 剰余金の配当に伴う会計処理

　　（借）繰越利益剰余　　1,100　　（貸）利 益 準 備 金　　100
　　　　　　　　　　　　　　　　　　　　現 金 預 金　　1,000

(3) 自己株式の取得に伴う会計処理

　　（借）自 己 株 式　　400　　（貸）現 金 預 金　　400

(4) 自己株式の処分に伴う会計処理

　　（借）現 金 預 金　　250　　（貸）自 己 株 式　　300
　　　　　その他資本剰余金　　50
　　　　（自己株式処分差損）

(5) 圧縮積立金の取崩し及び積立てに伴う会計処理

　　（借）圧 縮 積 立 金　　200　　（貸）繰越利益剰余金　　200
　　（借）繰越利益剰余金　　100　　（貸）圧 縮 積 立 金　　100

（「株主資本等変動計算書に関する会計基準の適用指針」から作成）

[設例2] 解答例（報告形式）

<table>
<tr><td colspan="5" align="center">株主資本等変動計算書</td></tr>
<tr><td colspan="4" align="center">自X1年4月1日 至X2年3月31日</td><td>（単位：百万円）</td></tr>
<tr><td colspan="5">I 株主資本</td></tr>
<tr><td colspan="2">1 資本金</td><td>当期首残高</td><td></td><td align="right">10,000</td></tr>
<tr><td></td><td></td><td>当期変動額</td><td>新株の発行</td><td align="right">1,000</td></tr>
<tr><td></td><td></td><td>当期末残高</td><td></td><td align="right">11,000</td></tr>
<tr><td colspan="2">2 資本剰余金</td><td></td><td></td><td></td></tr>
<tr><td>(1)</td><td>資本準備金</td><td>当期首残高</td><td></td><td align="right">1,000</td></tr>
<tr><td></td><td></td><td>当期変動額</td><td>新株の発行</td><td align="right">1,000</td></tr>
<tr><td></td><td></td><td>当期末残高</td><td></td><td align="right">2,000</td></tr>
<tr><td>(2)</td><td>その他資本剰余金</td><td>当期首残高</td><td></td><td align="right">100</td></tr>
<tr><td></td><td></td><td>当期変動額</td><td>自己株式の処分</td><td align="right">△50</td></tr>
<tr><td></td><td></td><td>当期末残高</td><td></td><td align="right">50</td></tr>
<tr><td></td><td>資本剰余金合計</td><td>当期首残高</td><td></td><td align="right">1,100</td></tr>
<tr><td></td><td></td><td>当期変動額</td><td></td><td align="right">950</td></tr>
<tr><td></td><td></td><td>当期末残高</td><td></td><td align="right">2,050</td></tr>
<tr><td colspan="2">3 利益剰余金</td><td></td><td></td><td></td></tr>
<tr><td>(1)</td><td>利益準備金</td><td>当期首残高</td><td></td><td align="right">500</td></tr>
<tr><td></td><td></td><td>当期変動額</td><td>配当による積立額</td><td align="right">100</td></tr>
<tr><td></td><td></td><td>当期末残高</td><td></td><td align="right">600</td></tr>
<tr><td>(2)</td><td>その他利益剰余金</td><td></td><td></td><td></td></tr>
<tr><td></td><td>圧縮積立金</td><td>当期首残高</td><td></td><td align="right">500</td></tr>
<tr><td></td><td></td><td>当期変動額</td><td>当期積立額</td><td align="right">100</td></tr>
<tr><td></td><td></td><td></td><td>当期取崩額</td><td align="right">△200</td></tr>
<tr><td></td><td></td><td>当期末残高</td><td></td><td align="right">400</td></tr>
<tr><td></td><td>繰越利益剰余金</td><td>当期首残高</td><td></td><td align="right">4,500</td></tr>
<tr><td></td><td></td><td>当期変動額</td><td>剰余金の配当</td><td align="right">△1,100</td></tr>
<tr><td></td><td></td><td></td><td>圧縮積立金積立</td><td align="right">△100</td></tr>
<tr><td></td><td></td><td></td><td>圧縮積立金取崩</td><td align="right">200</td></tr>
<tr><td></td><td></td><td></td><td>当期純利益</td><td align="right">2,000</td></tr>
<tr><td></td><td></td><td>当期末残高</td><td></td><td align="right">5,500</td></tr>
<tr><td></td><td>利益剰余金合計</td><td>当期首残高</td><td></td><td align="right">5,500</td></tr>
<tr><td></td><td></td><td>当期変動額</td><td></td><td align="right">1,000</td></tr>
<tr><td></td><td></td><td>当期末残高</td><td></td><td align="right">6,500</td></tr>
<tr><td colspan="2">4 自己株式</td><td>当期首残高</td><td></td><td align="right">0</td></tr>
<tr><td></td><td></td><td>当期変動額</td><td>自己株式の取得</td><td align="right">△400</td></tr>
<tr><td></td><td></td><td></td><td>自己株式の処分</td><td align="right">300</td></tr>
<tr><td></td><td></td><td>当期末残高</td><td></td><td align="right">△100</td></tr>
<tr><td></td><td>株主資本合計</td><td>当期首残高</td><td></td><td align="right">16,600</td></tr>
<tr><td></td><td></td><td>当期変動額</td><td></td><td align="right">2,850</td></tr>
<tr><td></td><td></td><td>当期末残高</td><td></td><td align="right">19,450</td></tr>
<tr><td></td><td>純資産合計</td><td>当期首残高</td><td></td><td align="right">16,600</td></tr>
<tr><td></td><td></td><td>当期変動額</td><td></td><td align="right">2,850</td></tr>
<tr><td></td><td></td><td>当期末残高</td><td></td><td align="right">19,450</td></tr>
</table>

[設例2] 解答例（表形式）

株主資本等変動計算書
自X1年4月1日 至X2年3月31日

(単位：百万円)

	株主資本										純資産合計
	資本金	資本剰余金			利益剰余金				自己株式	株主資本合計	
		資本準備金	その他資本剰余金	資本剰余金合計	利益準備金	その他利益剰余金		利益剰余金合計			
						圧縮積立金	繰越利益剰余金				
当期首残高	10,000	1,000	100	1,100	500	500	4,500	5,500	0	16,600	16,600
当期変動額											
新株の発行	1,000	1,000		1,000						2,000	2,000
剰余金の配当					100		△1,100	△1,000		△1,000	△1,000
圧縮積立金の積立て						100	△100	―		―	―
圧縮積立金の取崩し						△200	200	―		―	―
当期純利益							2,000	2,000		2,000	2,000
自己株式の取得									△400	△400	△400
自己株式の処分			△50	△50					300	250	250
当期変動額合計	1,000	1,000	△50	950	100	△100	1,000	1,000	△100	2,850	2,850
当期末残高	11,000	2,000	50	2,050	600	400	5,500	6,500	△100	19,450	19,450

「株主資本等変動計算書に関する会計基準の適用指針」より。

第 17 章

注 記 表

本章の要点

1. 注記表 ⇒ 計算書類（財務諸表）に関する重要な説明事項
2. 注記事項 ⇒ 会社の形態により階層化
   - 有価証券報告書提出会社の注記事項 ⇒ 19項目
   - 会計監査人設置会社の注記事項 ⇒ 18項目
   - 非公開会社の注記事項 ⇒ 6項目
   - 持分会社の注記事項 ⇒ 5項目
3. 特定の注記項目 ⇒ 関連性を明示
   - 貸借対照表，損益計算書，株主資本等変動計算書に関する注記

中小会計の考え方

◎ 中小会計指針 ⇒ 最少の注記事項6項目
   「重要な会計方針」，「会計方針の変更」，「表示方法の変更」
   「誤謬の訂正」，「株主資本等変動計算書」，「その他」
◎ 中小会計要領 = 中小会計指針と同じ
◎ 計算書類 ⇒ 作成の会計ルールを明記

第7章

参 考 文 献

第17章 注　記　表　301

第1節　注記表の創設と概要

１　注記表の創設

　会社法以前の商法施行規則では，会計方針及び追加情報の注記について，貸借対照表又は損益計算書の末尾に記載するものとしてきた（同規則25条，26条）。

　これに対して会社法は，会計方針などの情報の重要性に鑑み，それらの記載を一括し「注記表」として独立した計算書類として定めた（計算規則97条～116条）。計算書類に関する注記表は「個別注記表」とし，連結計算書類に関する注記表は「連結注記表」とした（計算規則59条，61条）。ここでは個別注記表の説明にとどめ，連結注記表は省略する。

２　個別注記表の概要

（１）　注記事項の原則

　個別注記表は，当初12項目であったが平成23年の改正により，**図表17－1**のように19項目の記載事項となった（計算規則98条１項）。

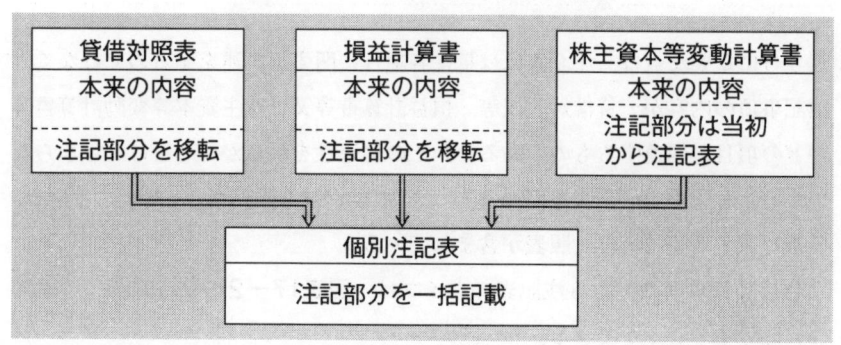

図表17－1　計算書類と個別注記表

貸借対照表	損益計算書	株主資本等変動計算書
本来の内容	本来の内容	本来の内容
注記部分を移転	注記部分を移転	注記部分は当初から注記表

↓　　　↓　　　↓

個別注記表
注記部分を一括記載

しかし，これらの注記事項は会社の種類及び機関設置の状況により，記載事項の大幅な省略が認められている（計算規則98条2項）。会社計算規則はその記述を「当該各号に定める項目を表示することを要しない」と定めているので，会社自身が会計の透明性や信頼性を高めるために省略せずに記載することを否定しているものではなく，開示することは認められているものと解される。

平成23年の改正によっていかなる株式会社の種類及び機関設置の状況においても省略できない最低限の共通記載事項は，次のように6項目とした。当初は，「重要な会計方針」，「株主資本等変動計算書」及び「その他」の3項目であったところ，「会計方針の変更」，「表示方法の変更」及び「誤謬の訂正」に関する記述が拡大されたのである。

中小会社の最少の注記事項

① 重要な会計方針に係る事項に関する注記
② 会計方針の変更に関する注記
③ 表示方法の変更に関する注記
④ 誤謬の訂正に関する注記
⑤ 株主資本等変動計算書に関する注記
⑥ その他の注記

この「その他の注記」は，例示の注記事項以外に必要な事項があれば記載できるように用意しているもので，該当がなければ記載不要である。

さらに重要な点は，注記表には単に各項目に関する記述をするのではなく，注記事項の内容が，貸借対照表等，損益計算書等又は株主資本等変動計算書等のどの項目に関連するものであるか，その関連性を明らかにしなければならないものとしている（計算規則99条）。念のため貸借対照表等の「等」の意味は，貸借対照表と連結貸借対照表が含まれている。

会社計算規則の定める注記表のタイプは，図表17－2のように4つのタイプに区分することができる。

図表17－2　会社の区分と注記事項のタイプ

会計監査人分類 公開・非公開分類	会計監査人設置会社		会計監査人 非設置会社
	有価証券報告書 提出会社	有価証券報告書 非提出会社	
公開会社 （株式譲渡制限無し）	タイプ　1 （全項目記載）	タイプ　2 （2項3号）	タイプ　3 （2項2号）
非公開会社 （株式譲渡制限有り）			タイプ　4 （2項1号）

（2）　会社の分類による注記の種類

①　有価証券報告書提出会社（全項目記載・タイプ1）

　有価証券報告書の提出会社は，証券取引所上場会社のほか，金融商品取引法の定めに従って一定規模以上の資金調達を図る非上場会社も含まれる。また，会社法上の「公開会社」とは，当該会社の株式の全部又は一部が自由に譲渡できる会社を意味しており，上場会社を意味するものではない（会社法2条5号）。

　会社法は，委員会設置会社及び大会社（資本金5億円以上又は負債総額200億円以上）には，必ず，会計監査人を置かなければならないものとしている（会社法327条）。このような会社は利害関係者が多数いると考えられるので，会計監査人として公認会計士（又は監査法人）が就任し監査を行うほか，注記事項の省略は認められていない。

　一方，中小会社であっても会計監査人を設置することができる。積極的に会計監査人を設置した場合には，次の②に該当するので，機関設置に注意しなければならない。

②　会計監査人設置会社で有価証券報告書提出会社以外（タイプ2）

　大会社は，必ず会計監査人を設置しなければならないが，株式譲渡制限を行って非公開会社として存在することもできる。このような場合であっても，大会社として利害関係者が多いと考えられることから，有価証券報告書提出会

社以外であっても，公開会社・非公開会社に関係なく，全部記載に近い注記事項の記載が求められている。すなわち，省略できるのは連結の場合に生じる「持分法損益等に関する注記」1項目のみとなる（計算規則98条2項3号）。個別財務諸表では，一切省略は認められていない。

③ 会計監査人非設置会社で公開会社（タイプ3）

中小会社の会計監査人設置は任意である。そのため一般的に中小会社は会計監査人非設置会社であるが，このような会社の場合でも，株式の譲渡について制限を掛けていない会社は「公開会社」となるので，広く財務情報を周知しなければならない。そのため①の会社に準じて注記表を作成しなければならない。すなわち，省略できる項目は「継続企業の前提に関する注記」，「会計上の見積りの変更に関する注記」，「持分法損益等に関する注記」「連結配当規制適用会社に関する注記」の4項目である（計算規則98条2項2号）。

④ 会計監査人非設置会社かつ非公開会社（タイプ4）

ほとんどの中小会社は，会計監査人非設置会社であり，しかも，株式の拡散を防ぐため定款に株式譲渡制限の定めを置いている。今日の会社は，株式会社であっても大多数は中小会社であり，この種のタイプの会社である。会社法は，このような中小零細の株式会社の存在を前提にして，注記事項は大幅に省略している。つまり(1)で述べた6項目を最低記載事項としているのである（計算規則98条2項1号）。

⑤ 持 分 会 社

持分会社には，無限責任社員による合名会社，無限責任社員と有限責任社員による合資会社，及び有限責任社員による合同会社があり，いずれも社員の協議による親密な経営を前提とする閉鎖的な会社であり，社員相互による計算書類の監査となる。したがって，注記事項も大幅に省略されているが，「重要な会計方針」，「会計方針の変更」，「表示方法の変更」，「誤謬の訂正」及び「その他」については，必ず記載しなければならない項目としている（計算規則98条2項5号）。

3 個別注記事項の一覧表

会社形態別の注記事項の記載・省略の一覧表は，**図表17－3**のとおりである。

図表17－3　個別注記表の記載

個別注記表 自X年X月X日　至X1年X月X日	株式会社				持分会社 2項5号
	会計監査人設置会社			会計監査人 非設置会社	
	有価証券報告書提出会社	非提出	公開会社	非公開会社	
		2項3号 タイプ2	2項2号 タイプ3	2項1号 タイプ4	
1　継続企業の前提に関する注記	○	略	略	略	
2　重要な会計方針に係る事項に関する注記	○	○	○	○	
3　会計方針の変更に関する注記	○	○	○	○	
4　表示方法の変更に関する注記	○	○	○	○	
5　会計上の見積りの変更に関する注記	○	略	略	略	
6　誤謬の訂正に関する注記	○	○	○	○	
7　貸借対照表等に関する注記	○	○	略	略	
8　損益計算書に関する注記	○	○	略	略	
9　株主資本等変動計算書に関する注記	○	○	○	略	
10　税効果会計に関する注記	○	○	略	略	
11　リースにより使用する固定資産に関する注記	○	○	略	略	
12　金融商品に関する注記	○	○	略	略	
13　賃貸等不動産に関する注記	○	○	略	略	
14　持分法損益等に関する注記	略	略	略	略	
15　関連当事者との取引に関する注記	○	○	略	略	
16　一株当たり情報に関する注記	○	○	略	略	
17　重要な後発事象に関する注記	○	○	略	略	
18　連結配当規制適用会社に関する注記	○	略	略	略	
19　その他の注記	○	○	○	○	

（注）　図表では，必須記載事項は「○」，省略可能項目は「略」として表示した。

第2節　注記事項の内容

1　継続企業の前提に関する注記

> ① 当該事象又は状況が存在する旨及びその内容
> ② 当該事象又は状況を解消し，又は改善するための対応策
> ③ 当該重要な不確実性が認められる旨及びその理由
> ④ 当該重要な不確実性の影響を計算書類（連結注記表にあっては，連結計算書類）に反映しているか否かの別

　今日の企業会計は，継続企業を前提として期間損益計算を行っているのであるが，ときには，企業の倒産が生じている現実がある。そのため企業の存続に関わる重要な要因が存在する場合には，当該事業年度の計算書類に織り込まれている事項，織り込まれていない事項であっても，そうした要因について情報開示を求めるものである[*1]。

　継続企業の前提とは，「当該株式会社が将来にわたって事業を継続するとの前提」をいい，この「継続企業の前提」に重要な疑義を生じさせるような事象又は状況が存在する場合に，これらの事象に対応をしてもなお，「継続企業の前提に関する不確実性が認められるとき」には，上記に掲げる4つの事象を注記しなければならないものとしている（計算規則100条）。

　この表現では非常に漠然とした概念であるが，「継続企業の前提に関する開示について」において「継続企業の前提に重要な疑義を生じさせるような事象又は状況」を例示しているので，次に主なものを紹介する（「継続企業の前提に関する開示について」監査・保証実務委員会報告第74号，平成21年4月21日改正，4項）。

[*1]　平成14年11月6日「継続企業の前提に関する開示について」（平成21年4月21日改正）

> <財務指標関係> 売上高の著しい減少，債務超過　など
> <財務活動関係> 営業債務の返済の困難性，借入金の返済条項の不履行，
> 　　　　　　　　債務免除の要請　など
> <営業活動関係> 主要な仕入先からの与信又は取引継続の拒絶，法令に
> 　　　　　　　　基づく重要な事業の制約　など
> <そ　の　他> 巨額な損害賠償金の負担の可能性　など

なお，「継続企業の前提に重要な疑義を生じさせるような事象又は状況」が，当該事業年度の末日後に不確実性が認められなくなった場合には，記載の必要がないものとしている。

2 重要な会計方針に係る事項に関する注記［中小会社必須］

> ① 資産の評価基準及び評価方法
> ② 固定資産の減価償却の方法
> ③ 引当金の計上基準
> ④ 収益及び費用の計上基準
> ⑤ その他計算書類の作成のための基本となる重要な事項

　企業会計は，会計処理の原則及び手続方法として複数のものを認めている。そのため，原則として，会計処理にあたってこれらの複数のものの中から選択適用した方法を継続適用させることで，相対的真実性を維持しているのである。しかし，計算書類の外部利用者は，当該計算書類の作成の基礎となる会計処理の原則及び手続きとしてどのような方法を用いているのか，開示されていなければ示された金額の意味が判然としない。
　これは，昭和57年の企業会計原則一部修正に際し注解「(注1－2) 重要な会計方針の開示について」として織り込まれた注記事項である。
　重要な会計方針に関する注記では，計算書類の作成のために採用している会

計処理の原則及び手続並びに表示方法その他計算書類作成のための基本となる事項を会計方針といい，上記に掲げている（計算規則101条）。もちろん重要性の乏しいものは除かれる。

3 会計方針の変更に関する注記［中小会社必須］

① 当該会計方針の変更の内容
② 当該会計方針の変更の理由
③ 遡及適用をした場合には，当該事業年度の期首における純資産額に対する影響額
④ 当該事業年度より前の事業年度の全部又は一部について遡及適用をしなかった場合には，次に掲げる事項（当該会計方針の変更を会計上の見積りの変更と区別することが困難なときは，ロに掲げる事項を除く。）
　イ　計算書類又は連結計算書類の主な項目に対する影響額
　ロ　当該事業年度より前の事業年度の全部又は一部について遡及適用をしなかった理由並びに当該会計方針の変更の適用方法及び適用開始時期
　ハ　当該会計方針の変更が当該事業年度の翌事業年度以降の財産又は損益に影響を及ぼす可能性がある場合であって，当該影響に関する事項を注記することが適切であるときは，当該事項

重要な会計方針として，ある会計処理の原則及び手続並びに表示方法などを選択している場合に，他の会計方針に変更する場合，重要性の乏しいものを除いて上記に掲げる事項の注記が必要である（計算規則102条の2）。

すなわち会計方針の変更に関する注記は，一般に公正妥当と認められる会計方針を，他の一般に公正妥当と認められる会計方針に変更した場合に生じるのであって，もともと間違った会計方針を適用している場合に正しい会計方針に変更する場合には，ここでいう会計方針の変更には当たらない。単に正しくす

るだけである。

　この会計方針の変更に伴う遡及適用は，財務諸表の期間比較可能性を向上させるために行う会計処理なので，中小企業の会計には必然性がないと思われる。中小会計指針及び中小会計要領では触れていない。したがって，中小企業の会計における注記への対応としては，①及び②ということになる。平成21年12月4日公表「会計上の変更及び誤謬の訂正に関する会計基準」を適用する場合には，③及び④の注記が必要となる。

　なお，この個別注記表に注記すべき事項のうち，遡及適用に関する事項が，連結注記表に注記すべき事項と同一である場合には，「個別注記表にその旨」を注記すればよく，連結注記表との重複記載を除いている。

4　表示方法の変更に関する注記［中小会社必須］

① 　当該表示方法の変更の内容
② 　当該表示方法の変更の理由

　表示方法の変更に関する注記は，一般に公正妥当と認められる表示方法を他の一般に公正妥当と認められる表示方法に変更した場合における上記に掲げる事項（重要性の乏しいものを除く。）とする（計算規則102条の3）。なお，連結注記表に記載されている場合には，個別注記表にその旨を記載して省略することができる。

5　会計上の見積りの変更に関する注記

① 　当該会計上の見積りの変更の内容
② 　当該会計上の見積りの変更の計算書類又は連結計算書類の項目に対する影響額

> ③ 当該会計上の見積りの変更が当該事業年度の翌事業年度以降の財産又は損益に影響を及ぼす可能性があるときは，当該影響に関する事項

会計上の見積りの変更に関する注記は，会計上の見積りを変更した場合における事項で，重要性の乏しいものを除き，上記に掲げるものをいう（計算規則102条の4）。

6 誤謬の訂正に関する注記［中小会社必須］

> ① 当該誤謬の内容
> ② 当該事業年度の期首における純資産額に対する影響額

誤謬の訂正に関する注記は，誤謬の訂正をした場合における事項で，重要性の乏しいものを除き，上記に掲げるものをいう（計算規則102条の5）。

7 貸借対照表に関する注記

> ① 資産が担保に供されている場合における次に掲げる事項
>   イ 資産が担保に供されていること
>   ロ イの資産の内容及び金額
>   ハ 担保に係る債務の金額
> ② 資産に係る引当金を直接控除した場合における各資産の資産項目別の引当金の金額。なお，一括して注記することが適当な場合[*1]にあっては，各資産について流動資産，有形固定資産，無形固定資産，投資その他の資産又は繰延資産ごとに一括した引当金の金額
>   ＊1 受取手形と売掛金について貸倒引当金の計上を一括するような場合をいう。
> ③ 資産に係る減価償却累計額を直接控除した場合における各資産の資産

> 項目別の減価償却累計額。なお，一括して注記することが適当な場合[*2]にあっては，各資産について一括した減価償却累計額
>
> > ＊2　建物，機械装置など減価償却資産の減価償却累計額を一括するような場合をいう。
>
> ④　資産に係る減損損失累計額を減価償却累計額に合算して減価償却累計額の項目をもって表示した場合にあっては，減価償却累計額に減損損失累計額が含まれている旨
> ⑤　保証債務，手形遡求債務，重要な係争事件に係る損害賠償義務その他これらに準ずる債務があるときは，当該債務の内容及び金額。なお，負債の部に計上したものを除く。
> ⑥　関係会社に対する金銭債権又は金銭債務をその金銭債権又は金銭債務が属する項目ごとに，他の金銭債権又は金銭債務と区分して表示していないときは，当該関係会社に対する金銭債権又は金銭債務が属する項目ごとの金額又は二以上の項目について一括した金額
> ⑦　取締役，監査役及び執行役との間の取引による取締役，監査役及び執行役に対する金銭債権があるときは，その総額
> ⑧　取締役，監査役及び執行役との間の取引による取締役，監査役及び執行役に対する金銭債務があるときは，その総額
> ⑨　当該株式会社の親会社株式の各表示区分別の金額

　貸借対照表には，資産及び負債，その差額として純資産が示される。資産においては，その評価額が重要であるとともに貸倒れや担保提供などによって資産価値として将来の危険性があるか否かが重要なことである。負債においては，負債計上額の網羅性が重要である。また，関係会社間取引や取締役間取引については，決算対策として特殊な取引や内容・取引価額などに問題が生じやすい。そのため，それらを区別して表示させることが求められる。こうしたことから，貸借対照表等に関する注記には，上記の９項目が掲げられている（計算規則103条）。

8 損益計算書に関する注記

① 関係会社との営業取引による取引高の総額
② 関係会社との営業取引以外の取引による取引高の総額

　損益計算書に関する注記は，上記のように関係会社との取引高の総額としている（計算規則104条）。

9 株主資本等変動計算書に関する注記[中小会社必須]

① 当該事業年度の末日における発行済株式の数（種類株式発行会社にあっては，種類ごとの発行済株式の数）
② 当該事業年度の末日における自己株式の数（種類株式発行会社にあっては，種類ごとの自己株式の数）
③ 当該事業年度中に行った剰余金の配当に関する次に掲げる事項その他の事項。なお，この配当には，当該事業年度の末日後に行う剰余金の配当のうち，基準日が当該事業年度中のものを含む。
　イ　配当財産が金銭の場合における当該金銭の額
　ロ　配当財産が金銭以外の財産である場合における当該財産の帳簿価額の総額。なお，当該剰余金の配当をした日においてその時の時価を付した場合にあっては，当該時価を付した後の帳簿価額
④ 当該事業年度の末日における当該株式会社が発行している新株予約権（期間の初日が到来していないものを除く。）の目的となる当該株式会社の株式の数（種類株式発行会社にあっては，種類及び種類ごとの数）

　株主資本等変動計算書は，株主の純資産を明瞭にするために作成されるものであるから，その注記は，種類株式の発行状況や純資産の変動要因などである（計算規則105条）。この株主資本等変動計算書に関する注記は，会社計算規則

に上記のように定めている。より詳細には，変動計算書会計基準の適用指針において定めている*2。

なお，連結注記表を作成する株式会社は，自己株式に掲げる事項以外の事項は，省略することができるものとしている（計算規則105条）。

10 税効果会計に関する注記

> ① 繰延税金資産（その算定に当たり繰延税金資産から控除された金額がある場合における当該金額を含む。）
> ② 繰延税金負債

税効果会計に関する注記は，繰延税金資産及び繰延税金負債の発生に関する発生原因別の主な内訳，適用した法人税等の税率，税率変更があった場合の差異と理由などである。

なお，重要でないものは除くことができる（計算規則107条）。

11 リースにより使用する固定資産に関する注記

> ① 当該事業年度末日における取得原価相当額
> ② 当該事業年度末日における減価償却累計額相当額
> ③ 当該事業年度末日における未経過リース料相当額
> ④ 当該リース物件に係る重要な事項

リース取引に関する注記事項は，ファイナンス・リース取引を売買取引として会計処理をしていない場合に要求される。

＊2　平成17年12月27日「株主資本等変動計算書に関する会計基準の適用指針」（平成22年6月30日改正），13項。

リース取引のうちファイナンス・リース契約は，法律的な形式から見れば賃貸借契約であり，表面的な契約に基づいて会計処理をすれば，損益計算書にリース料の費用は計上されるが，貸借対照表に「リース負債」が計上されない。しかし，解約などの場合には，一括して未払リース料総額に相当する損害賠償金の請求が生じてくる。

そうした経済的実態から見るとファイナンス・リース取引は固定資産を長期分割払い取引として購入したのと同様であり，リース負債は債務として認識すべきである[*3]。そのため，「リース取引に関する会計基準」では，リース取引のうちファイナンス・リース取引については，貸手（レッサー）及び借手（レッシー）共に，原則として通常の売買取引に係る方法に準じて会計処理を行うものとしている（同基準9項）。

このファイナンス・リース取引とは，次のすべての定義に該当するリース取引をいう（同基準5項）。

① リース契約のリース期間中に中途解約ができないこと。
② 借主が，リース物件の経済的利益を実質的に享受すること。
③ 借主が，リース物件の費用等を実質的に負担すること。

しかし，リース期間が1年以内であるもの，事業内容に照らして重要性の乏しいものは賃貸借処理によることも認められているので，リース契約1件当たりのリース料総額が300万円以下の場合には賃貸借処理によることもできる（同基準35項）。そこでリースにより使用する固定資産でファイナンス・リース取引について売買取引に準じた会計処理を行っていない場合には，上記に掲載した事項を注記するものとしている（計算規則108条）。

[*3] 弥永真生『コンメンタール会社計算規則・商法施行規則』（第2版），商事法務，平成21年9月，「リース債務は法律上の債務であり負債に計上するのが原則である。」（579頁）と解されている。

12 金融商品に関する注記

① 金融商品の状況に関する事項
② 金融商品の時価等に関する事項

　金融商品に関する注記は，重要性の乏しいものは除き，上欄に掲げるものとする。「金融商品の状況に関する事項」としては，金融商品に対する取組方針，金融商品の内容及びそのリスクやリスクの管理体制など，「金融商品の時価等に関する事項」としては，貸借対照表に計上した金融商品の科目ごとの計上額，科目ごとの時価とその算定方法及びそれらの差額などに関する説明が必要となる（財務諸表等規則8条の6の2）。

　連結注記表を作成する場合には，個別注記表の注記は不要である（計算規則109条）。

13 賃貸等不動産に関する注記

① 賃貸等不動産の状況に関する事項
② 賃貸等不動産の時価に関する事項

　賃貸等不動産に関する注記は，「賃貸等不動産の時価等の開示に関する会計基準」（平成23年3月25日改正）に対応して平成21年に会社計算規則に追加された注記事項である。

　「賃貸等不動産の状況に関する事項」としては，賃貸等不動産の概要，賃貸等不動産の貸借対照表計上額及び当該事業年度における主な変動であり，「賃貸等不動産の時価に関する事項」としては，賃貸等不動産の貸借対照表日における時価及びその算定方法ということになる。さらに賃貸等不動産に関する損益が要求されている（財務諸表等規則8条の30）。

　なお，重要性の乏しいものは除かれる。連結注記表を作成する場合には，個

別注記表の注記は不要である（計算規則110条）。

14 持分法損益等に関する注記

> ① 関連会社がある場合
>   関連会社に対する投資の金額並びに当該投資に対して持分法を適用した場合の投資の金額及び投資利益又は投資損失の金額
> ② 開示対象特別目的会社がある場合
>   開示対象特別目的会社の概要，開示対象特別目的会社との取引の概要及び取引金額その他の重要な事項

関連会社を有する場合には，原則として，連結財務諸表において持分法が適用される。その場合持分法損益等に関する注記は，上欄の区分に応じてそれぞれの定めにより記載する（計算規則111条，財務諸表等規則8条の9）。なお，連結計算書類を作成する株式会社は，個別注記表における注記は不要である。

15 関連当事者との取引に関する注記

> ① 当該関連当事者が会社等であるときは，次に掲げる事項
>   イ その名称
>   ロ 当該関連当事者の総株主等の議決権の総数に占める株式会社が有する議決権の割合
>   ハ 当該株式会社の総株主の議決権の総数に占める当該関連当事者が有する議決権の数の割合
> ② 当該関連当事者が個人であるときは，次に掲げる事項
>   イ その氏名
>   ロ 当該株式会社の総株主の議決権の総数に占める当該関連当事者が有

する議決権の数の割合
③　当該株式会社と当該関連当事者との関係
④　取引の内容
⑤　取引の種類別の取引金額
⑥　取引条件及び取引条件の決定方針
⑦　取引により発生した債権又は債務に係る主な項目別の当該事業年度末日における残高
⑧　取引条件の変更があったときは，その旨，変更の内容及び当該変更が計算書類に与えている影響の内容

「関連当事者」とは，当該株式会社の親会社，子会社，親会社の子会社，関係会社，関連会社及び関係会社の子会社，議決権10％以上の議決権を保有している株主及びその近親者，当該株式会社の役員及びその近親者等をいう（計算規則112条4項）。

「関連当事者との取引」とは，会社と関連当事者との取引をいい，対価の有無にかかわらず，資源若しくは債務の移転，又は役務の提供をいう。また，関連当事者が第三者のために会社との間で行う取引や，会社と第三者との間の取引で関連当事者が当該取引に関して会社に重要な影響を及ぼしているものを含むものとしている（「関連当事者の開示に関する会計基準」5項）。

このような株式会社と関連当事者との間の取引は，相互に利害調整を享受できることがあり，その取引内容，取引価額，取引方法などに疑念を持たれるものが多い。しかし，関連当事者との取引であっても，一般競争入札による取引や預金利息・受取配当金など取引条件が一般の取引と同様であることが明白な取引，役員報酬や退職慰労金などは，関連当事者取引から除かれるものとしている。

関連当事者との取引に関する注記では，株式会社と関連当事者との間に取引がある場合には，上記に掲げる事項であって，重要なものを注記させることとしている。ただし，会計監査人設置会社以外の株式会社にあっては，④から⑥

まで及び⑧に掲げる事項を省略することができる（計算規則112条）。

16 一株当たり情報に関する注記

> ① 一株当たりの純資産額
> ② 一株当たりの当期純利益金額又は当期純損失金額
> ③ 株式会社が当該事業年度又は当該事業年度の末日後において株式の併合又は株式の分割をした場合において，当該事業年度の期首に株式の併合又は株式の分割をしたと仮定して一株当たりの金額を計算したときは，その旨

　一株当たり情報に関する注記は，一株当たりの上記に掲げる事項とする（計算規則113条）。このような情報を要求するのは，会社法の中で一株純資産額を用いて規律していること，投資家からみると持株による判断が容易であることなどによる[*4]。

　一株当たり当期純利益の金額は，普通株式によって，次の算式によって算出するものとしている。

$$\text{一株当たり当期純利益} = \frac{\text{普通株式に係る当期純利益}}{\text{普通株式の期中平均株式数}} = \frac{\text{損益計算書上の当期純利益} - \text{普通株主に帰属しない金額}}{\text{普通株式の期中平均発行済株式数} - \text{普通株式の期中平均自己株式数}}$$

[*4] 「1株当たり当期利益に関する会計基準」（平成14年9月25日，平成22年6月30日最終改正）。

17 重要な後発事象に関する注記

> ① 火災，出水等による重大な損害の発生
> ② 多額の増資又は減資及び多額の社債の発行又は繰上償還
> ③ 会社の合併，重要な営業の譲渡又は譲受
> ④ 重要な係争事件の発生又は解決
> ⑤ 主要な取引先の倒産

　後発事象とは，「貸借対照表日後に発生した事象で，次期以後の財政状態及び経営成績に影響を及ぼすもの」をいい，このような後発事象は当該会計期間の財政状態及び経営成績に属するものではないが，「将来の財政状態及び経営成績を理解するための補足情報」として有用であるとされ，後発事象のうち重要なものを注記するようになっている（注解・注 1 − 3）。昭和57年企業会計原則修正において追加されたものである。

　会社計算規則も，同様に定め，重要な後発事象は注記するものとしている（計算規則114条）。具体的な重要な後発事象の例示は，企業会計原則の注解に，上記のものが掲げられている。

　なお，連結注記表における重要な後発事象は，当該株式会社の事業年度の末日後，連結会社並びに持分法が適用される非連結子会社及び関連会社の翌事業年度以降の財産又は損益に重要な影響を及ぼす事象が発生した場合における当該事象としている（計算規則114条 2 項）。

18 連結配当規制適用会社に関する注記

　連結配当規制適用会社に関する注記は，当該事業年度の末日が最終事業年度の末日となる時後，連結配当規制適用会社となる旨としている（計算規則115条）。

19 その他の注記 ［中小会社必須］

　その他の注記は，会社計算規則における注記事項が例示項目であるため，それ以外にも貸借対照表，損益計算書及び株主資本等変動計算書により会社の財産又は損益の状態を正確に判断するために必要な事項があれば，それも注記するものとしている（計算規則116条）。

第3節　中小会計の個別注記表

1　中小会計指針の個別注記表

> 要　点
> ➤ 会社計算規則では，重要な会計方針に係る事項に関する注記等の項目に区分して，個別注記表を表示するよう要求されており，かつ，それら以外でも貸借対照表，損益計算書及び株主資本等変動計算書により会社の財産又は損益の状態を正確に判断するために必要な事項は注記しなければならないとしている。したがって，これらの規則に従い注記を行うことが必要である。

　中小会計指針は，会社計算規則における個別注記表の規定に従って，中小会社を前提として，会計監査人非設置会社で非公開会社及び公開会社の株式会社における個別注記表の記載項目を掲げている（82項）。その内容は上述の**図表17－3**と同じなので，ここでは省略する。

　中小会計指針によって計算書類を作成した場合にはその旨を注記し，作成の基礎となっている会計ルールを示すこととしている（83項）。これは単に作成ルールを明記したことに止まらず，中小会計指針に基づいて作成した計算書類に税理士・公認会計士が検証した旨の「『中小企業の会計に関する指針』の適用に関するチェックシート」を添付することで，金融機関において金利の軽減や融資審査の円滑化等の便宜を図る取扱いがある。

2 中小会計要領の個別注記表

> 14. 注記
> (1) 会社計算規則に基づき,重要な会計方針に係る事項,株主資本等変動計算書に関する事項等を注記する。
> (2) 本要領に拠って計算書類を作成した場合には,その旨を記載する。

中小会計要領は,決算書の作成目的を述べるとともに,貸借対照表や損益計算書の情報を補足するために,一定の注記を記載する必要があるとして,次のような具体的項目を要求している。中小会計要領の個別注記表の例は,後掲「資料編」資料6.に示した。

> ① 重要な会計方針に係る事項
>   有価証券や棚卸資産の評価基準及び評価方法,固定資産の減価償却の方法,引当金の計上基準等を記載する。
> ② 株主資本等変動計算書に関する注記
>   決算期末における発行済株式数や配当金額等を記載する。
> ③ 会計方針の変更等に関する注記
>   会計方針の変更又は表示方法の変更もしくは誤謬の訂正を行ったときには,その変更内容等を記載する。
> ④ 貸借対照表に関する注記
>   受取手形割引額及び受取手形裏書譲渡額を記載し,未経過リース料も記載することが望ましい。
> ⑤ その他の注記
>   計算書類により会社の財産又は損益の状態を正確に判断するために必要な事項,例えば,担保資産に関する注記などを記載する。

【資 料 編】

1. 中小会計要領の「損益計算書」
2. 中小会計要領の「製造原価報告書」
3. 中小会計要領の「販売費及び一般管理費の明細」
4. 中小会計要領の「貸借対照表」
5. 中小会計要領の「株主資本等変動計算書」
6. 中小会計要領の「個別注記表」

「中小企業の会計に関する基本要領」の適用に関するチェックリスト

[资　料]

1．中小会計要領の「損益計算書」

損 益 計 算 書
自　平成○○年○月○日
至　平成○○年○月○日

（単位：円（又は千円））

項　　目	金	額
売上高		○○○
売上原価		○○○
売上総利益		○○○
販売費及び一般管理費		○○○
営業利益		○○○
営業外収益		
受取利息	○○	
受取配当金	○○	
雑収入	○○	
営業外収益合計		○○
営業外費用		
支払利息	○○	
手形売却損	○○	
雑損失	○○	
営業外費用合計		○○
経常利益		○○○
特別利益		
固定資産売却益	○○	
投資有価証券売却益	○○	
前期損益修正益	○○	
特別利益合計		○○
特別損失		
固定資産売却損	○○	
災害による損失	○○	
特別損失合計		○○
税引前当期純利益		○○○
法人税，住民税及び事業税		○○
当期純利益		○○○ （L）

当期純利益（L）の表記は，株主資本等変動計算書上の（L）に対応する。

【記載上の注意】
　損益計算書は売上高，売上総利益（又は売上総損失），営業利益（又は営業損失），経常利益（又は経常損失），税引前当期純利益（又は税引前当期純損失），及び当期純利益（又は当期純損失）を表示する。
※　損益計算書の作成に際しては，企業の実態に応じて，適宜勘定科目等を加除・集約することができる。

2．中小会計要領の「製造原価報告書」

製造原価明細書
自　平成○○年○月○日
至　平成○○年○月○日

（単位：円（又は千円））

項　　　目	金　　額
Ⅰ　材　料　費	○○○
期首材料棚卸高（＋）	○○○
材料仕入高（＋）	○○○
期末材料棚卸高（－）	○○○
Ⅱ　労　務　費	○○○
従業員給与	○○○
従業員賞与	○○○
従業員退職金	○○○
法定福利費	○○○
福利厚生費	○○○
Ⅲ　経　　　費	○○○
外注加工費	○○○
水道光熱費	○○○
消耗工具器具備品費	○○○
租税公課	○○○
減価償却費	○○○
修　繕　費	○○○
保　険　料	○○○
賃　借　料	○○○
研究開発費	○○○
そ　の　他	○○○
当期製造費用　計	○○○
期首仕掛品棚卸高（＋）	○○○
合計	○○○
期末仕掛品棚卸高（－）	○○○
他勘定振替高（－）	○○○
当期製品製造原価	○○○

3. 中小会計要領の「販売費及び一般管理費の明細」

販売費及び一般管理費の明細
自　平成〇〇年〇月〇日
至　平成〇〇年〇月〇日

（単位：円（又は千円））

項　　　目	金　　額
販　売　手　数　料	〇〇〇
荷　　造　　費	〇〇〇
運　　搬　　費	〇〇〇
広　告　宣　伝　費	〇〇〇
見　　本　　費	〇〇〇
保　　管　　費	〇〇〇
役　員　報　酬	〇〇〇
役　員　賞　与	〇〇〇
役　員　退　職　金	〇〇〇
従　業　員　給　与	〇〇〇
従　業　員　賞　与	〇〇〇
従　業　員　退　職　金	〇〇〇
法　定　福　利　費	〇〇〇
福　利　厚　生　費	〇〇〇
交　　際　　費	〇〇〇
旅　費　交　通　費	〇〇〇
通　　勤　　費	〇〇〇
通　　信　　費	〇〇〇
水　道　光　熱　費	〇〇〇
事　務　用　消　耗　品　費	〇〇〇
消　耗　工　具　器　具　備　品　費	〇〇〇
租　　税　　公　　課	〇〇〇
図　　書　　費	〇〇〇
減　価　償　却　費	〇〇〇
修　　繕　　費	〇〇〇
保　　険　　料	〇〇〇
賃　　借　　料	〇〇〇
寄　　付　　金	〇〇〇
研　究　開　発　費	〇〇〇
そ　　の　　他	〇〇〇
合　　　　計	〇〇〇

4. 中小会計要領の「貸借対照表」

貸 借 対 照 表
平成○○年○月○日現在

(単位:円(又は千円))

項　　目	金　額	項　　目	金　額	
(資産の部)		(負債の部)		
Ⅰ　流動資産		Ⅰ　流動負債		
現金及び預金	○○	支払手形	○○	
①{受取手形	○○	買掛金	○○	
売掛金	○○	①{短期借入金	○○	
③　有価証券	○○	未払金	○○	
製品及び商品	○○	預り金	○○	
④{仕掛品	○○	⑤　未払費用	○○	
原材料及び貯蔵品	○○	①　未払法人税等	○○	
①　短期貸付金	○○	⑤　前受収益	○○	
⑤{前払費用	○○	⑧　賞与引当金	○○	
未収収益	○○	その他	○○	
その他	○○	流動負債合計	○○○	
②　貸倒引当金	△○			
流動資産合計	○○○	Ⅱ　固定負債		
Ⅱ　固定資産……⑥		①{社　債	○○	
(有形固定資産)		長期借入金	○○	
建　物	○○	⑧　退職給付引当金	○○	
構築物	○○	その他	○○	
機械及び装置	○○	固定負債合計	○○○	
工具，器具及び備品	○○			
土　地	○○	負　債　合　計	○○○	
その他	○○	(純資産の部)		
(無形固定資産)	○○	Ⅰ　株主資本		
ソフトウェア	○○	資本金	○○	(A)
借地権	○○	資本剰余金		
その他	○○	資本準備金	○○○	(B)
		その他資本剰余金	○○○	(C)
(投資その他の資産)	○○	資本剰余金合計	○○○	(D)
③{投資有価証券	○○	利益剰余金		
関係会社株式	○○	利益準備金	○○○	(E)
出資金	○○	その他利益剰余金	○○○	
①　長期貸付金	○○	××積立金	○○○	(F)
⑦　長期前払費用	○○	繰越利益剰余金	○○○	(G)
その他	○○	利益剰余金合計	○○○	(H)
②　貸倒引当金	△○	自己株式	△○○	(I)
固定資産合計	○○○	株主資本合計	○○○	(J)
Ⅲ　繰延資産				
⑦　開発費	○○			
繰延資産合計	○○	純　資　産　合　計	○○○	(K)
資　産　合　計	○○○	負債・純資産合計	○○○	

純資産の部(A)～(K)の表記は，株主資本等変動計算書上の(A)～(K)に対応。
表中①～⑧の表記は，本要領の目次(省略)における様式集対応勘定科目を示す。

【記載上の注意】
1．資産の部は，流動資産，固定資産，繰延資産に区分して表示する。
2．負債の部は，流動負債，固定負債に区分して表示する。
3．純資産の部の株主資本は，資本金，資本剰余金，利益剰余金，自己株式に区分して表示する。
　① 資本剰余金は資本準備金とその他資本剰余金に区分する。
　② 利益剰余金は利益準備金とその他利益剰余金に区分する。
　③ 「評価・換算差額等」や「新株予約権」に該当する項目がある場合は，純資産の部に記載する。
4．貸倒引当金の表示方法は3通りから選択できる。
　① 流動資産又は投資その他の資産から一括控除（様式の方法）
　② 引当の対象となった各科目（売掛金等）毎に控除し，表示
　③ 引当の対象となった各科目から直接控除し，控除額を注記
5．有価証券の表示分類について
　① 以下の2つは「有価証券」として流動資産の部に計上する。
　　　・ 売買目的有価証券
　　　・ 事業年度の末日後1年以内に満期の到来する社債等
　② 子会社及び関連会社の株式は「関係会社株式」として固定資産の投資その他の資産の部に表示する。
　③ それ以外の有価証券については「投資有価証券」として固定資産の投資その他の資産の部に表示する。
6．有形固定資産の減価償却累計額の表示方法は3通りから選択できる。
　① 償却対象資産（建物等）から直接減額し，減価償却累計額の金額を注記（様式の方法）
　② 各償却対象資産を取得原価で表示し，各科目の下に減価償却累計額を控除する形式で表示
　③ 各償却対象資産を取得原価で表示し，有形固定資産の最下行に一括控除形式で表示
7．リース取引を売買取引に係る方法に準じて処理する場合には，資産の部の固定資産に「リース資産」を計上し，負債の部に「リース負債」を計上する。
※　貸借対照表の作成に際しては，企業の実態に応じて，適宜勘定科目等を加除・集約することができる。

5. 中小会計要領の「株主資本等変動計算書」

株主資本等変動計算書
自 平成〇〇年〇月〇日
至 平成〇〇年〇月〇日

※ 純資産の各項目を横に並べる様式

(単位：円（又は千円))

	株主資本									純資産
	資本金	資本剰余金			利益剰余金				株主資本合計	合計
		資本準備金	その他資本剰余金	資本剰余金合計	利益準備金	その他利益剰余金		利益剰余金合計	自己株式	
						××積立金	繰越利益剰余金			
当期首残高	〇〇	〇〇〇	〇〇〇	〇〇〇	〇〇〇	〇〇〇	〇〇〇	〇〇〇	△〇〇	〇〇〇	〇〇〇
当期変動額											
新株の発行	〇〇	〇〇〇		〇〇〇						〇〇〇	〇〇〇
剰余金の配当							△〇〇〇	△〇〇〇		△〇〇〇	△〇〇〇
剰余金の配当に伴う利益準備金の積立て					〇〇		△〇〇	〇〇		〇〇	
当期純利益							〇〇〇(L)	〇〇		〇〇	〇〇〇
自己株式の処分 ×××××									〇〇	〇〇	〇〇〇
当期変動額合計	〇〇	〇〇〇	－	〇〇〇	〇〇	〇〇〇	〇〇〇	〇〇〇	〇〇	〇〇〇	〇〇〇
当期末残高	〇〇(A)	〇〇〇(B)	〇〇〇(C)	〇〇〇(D)	〇〇(E)	〇〇〇(F)	〇〇〇(G)	〇〇〇(H)	△〇〇(I)	〇〇〇(J)	〇〇〇(K)

(注) 当期変動額は、株主資本の各項目の変動事由ごとに変動額と変動事由を明示します。
表記(A)～(L)は、貸借対照表上の純資産の部(A)～(K)、損益計算書上の当期純利益(L)に対応。

6．中小会計要領の「個別注記表」

個 別 注 記 表
自　平成○○年○月○日　至　平成○○年○月○日

1．この計算書類は，「中小企業の会計に関する基本要領」によって作成しています。
2．重要な会計方針に係る事項に関する注記
　(1)　資産の評価基準及び評価方法
　　①　有価証券の評価基準及び評価方法
　　　　総平均法による原価法を採用しています。
　　②　棚卸資産の評価基準及び評価方法
　　　　総平均法による原価法を採用しています。
　(2)　固定資産の減価償却の方法
　　①　有形固定資産
　　　　定率法（ただし，平成10年4月1日以降に取得した建物（附属設備を除く）は定額法）を採用しています。
　　②　無形固定資産
　　　　定額法を採用しています。
　(3)　引当金の計上基準
　　①　貸倒引当金　　　債権の貸倒れによる損失に備えるため，一般債権について法人税法の規定に基づく法定繰入率により計上しています。
　　②　賞与引当金　　　従業員の賞与支給に備えるため，支給見込額の当期負担分を計上しています。
　　③　退職給付引当金　従業員の退職給付に備えるため，決算日において，従業員全員が自己都合によって退職した場合に必要となる退職金の総額の○％を計上しています。
　(4)　その他計算書類作成のための基本となる重要な事項
　　①　リース取引の処理方法
　　　　リース取引については，賃貸借取引に係る方法により，支払リース料を費用処理しています。
　　　　なお，未経過リース料総額は，○○○円（又は千円）であります。
　　②　消費税等の会計処理
　　　　消費税等の会計処理は，税抜方式（又は税込方式）によっています。

3．貸借対照表に関する注記
 (1) 有形固定資産の減価償却累計額　　　〇〇〇円（又は千円）
 (2) 受取手形割引額　　　　　　　　　　〇〇〇円（又は千円）
 (3) 受取手形裏書譲渡額　　　　　　　　〇〇〇円（又は千円）
 (4) 担保に供している資産及び対応する債務
　　　　建　　物　　　　　　　　　　　〇〇〇円（又は千円）
　　　　土　　地　　　　　　　　　　　〇〇〇円（又は千円）
　　　　長期借入金　　　　　　　　　　〇〇〇円（又は千円）
4．株主資本等変動計算書に関する注記
 (1) 当事業年度の末日における発行済株式の数　〇〇〇株
 (2) 当事業年度の末日における自己株式の数　　〇〇〇株
 (3) 当事業年度中に行った剰余金の配当に関する事項
　　　平成〇〇年〇月〇日の定時株主総会において，次の通り決議されました。
　　　　配当金の総額　　　　　　　〇〇〇円（又は千円）
　　　　配当の原資　　　　　　　　利益剰余金
　　　　一株当たりの配当額　　　　〇円
　　　　基準日　　　　　　　　　　平成〇〇年〇月〇日
　　　　効力発生日　　　　　　　　平成〇〇年〇月〇日
 (4) 当事業年度の末日後に行う剰余金の配当に関する事項
　　　平成〇〇年〇月〇日開催予定の定時株主総会において，次の通り決議を予定しています。
　　　　配当金の総額　　　　　　　〇〇〇円（又は千円）
　　　　配当の原資　　　　　　　　利益剰余金
　　　　一株当たりの配当額　　　　〇円
　　　　基準日　　　　　　　　　　平成〇〇年〇月〇日
　　　　効力発生日　　　　　　　　平成〇〇年〇月〇日

「中小企業の会計に関する基本要領」の適用に関するチェックリスト

【平成24年３月公表】

［会　社　名］＿＿＿＿＿＿＿＿＿＿＿＿＿＿＿＿

代表取締役　＿＿＿＿＿＿＿＿＿＿＿＿＿＿　様

　私は，貴社の平成　年　月　日から平成　年　月　日までの事業年度における計算書類への「中小企業の会計に関する基本要領」（以下「中小会計要領」という。）の適用状況に関して，貴社から提供された情報に基づき，次のとおり確認を行いました。

平成　年　月　日

　　　　　　　　　　税　理　士　＿＿＿＿＿＿＿＿＿＿＿＿＿＿＿　印
　　　　　　　　　　［事務所の名称及び所在地］

　　　　　　　　　　　　　　　　＿＿＿＿＿＿＿＿＿＿＿＿＿＿＿

　　　　　　　　　　［連絡先電話番号］　（　　　）　－

No.	勘定項目等	確認事項	残高等	チェック	
1	収益，費用の基本的な会計処理	収益は，原則として，製品，商品の販売又はサービスの提供を行い，かつ，これに対する現金及び預金，売掛金，受取手形等を取得した時に計上し，費用は，原則として，費用の発生原因となる取引が発生した時又はサービスの提供を受けた時に計上したか。		YES	NO
		収益とこれに関連する費用は，両者を対応させて期間損益を計算したか。		YES	NO
2	資産，負債の基本的な会計処理	資産は，原則として，取得価額で計上したか。		YES	NO
		負債のうち，債務は，原則として，債務額で計上したか。		YES	NO

3	金銭債権及び債務	預貯金は，残高証明書又は預金通帳等により残高を確認したか。		YES	NO
		金銭債権がある場合，原則として，取得価額で計上したか。	無	有 YES	NO
		金銭債務がある場合，原則として，債務額で計上したか。	無	有 YES	NO
		受取手形割引額及び受取手形裏書譲渡額がある場合，これを貸借対照表の注記としたか。	無	有 YES	NO
4	貸倒損失	法的に消滅した債権又は回収不能な債権がある場合，これらについて貸倒損失を計上したか。	無	有 YES	NO
	貸倒引当金	回収不能のおそれのある債権がある場合，その回収不能見込額を貸倒引当金として計上したか。	無	有 YES	NO
5	有価証券	有価証券がある場合，原則として，取得原価で計上し，売買目的の有価証券については，時価で計上したか。	無	有 YES	NO
		時価が取得原価よりも著しく下落した有価証券を保有している場合，回復の見込みがあると判断したときを除き，評価損を計上したか。	無	有 YES	NO
6	棚卸資産	棚卸資産がある場合，原則として，取得原価で計上したか。	無	有 YES	NO
		時価が取得原価よりも著しく下落した棚卸資産を保有している場合，回復の見込みがあると判断したときを除き，評価損を計上したか。	無	有 YES	NO
7	経過勘定	経過勘定がある場合，前払費用及び前受収益は，当期の損益計算に含めず，また，未払費用及び未収収益は，当期の損益計算に反映したか。	無	有 YES	NO
8	固定資産	固定資産がある場合，原則として，取得原価で計上したか。	無	有 YES	NO
		有形固定資産は，定率法，定額法等の方法に従い，無形固定資産は，原則として定額法により，相当の減価償却を行ったか。 (注)「相当の減価償却」とは，一般的に，耐用年数にわたって，毎期，規則的に減価償却を行うことが考えられます。	無	有 YES	NO
		固定資産について，災害等により著しい資産価値の下落が判明した場合は，評価損を計上したか。	無	有 YES	NO

				有	
9	繰延資産	資産として計上した繰延資産がある場合，その効果の及ぶ期間で償却したか。	無	YES	NO
		法人税法固有の繰延資産がある場合，長期前払費用等として計上し，支出の効果の及ぶ期間で償却したか。	無	有 YES	NO
10	リース取引	リース取引に係る借手である場合，賃貸借取引又は売買取引に係る方法に準じて会計処理を行ったか。	無	有 YES	NO
11	引当金	翌期に従業員に対して支給する賞与の見積額のうち，当期の負担に属する部分の金額を賞与引当金として計上したか。	無	有 YES	NO
		退職金規程や退職金等の支払いに関する合意があり，退職一時金制度を採用している場合，当期末における退職給付に係る自己都合要支給額を基に退職給付引当金を計上したか。	無	有 YES	NO
		中小企業退職金共済，特定退職共済等を利用している場合，毎期の掛金を費用処理したか。	無	有 YES	NO
12	外貨建取引等	外貨建金銭債権債務がある場合，取引時の為替相場又は決算時の為替相場による円換算額で計上したか。	無	有 YES	NO
		決算時の為替相場によった場合，取引時の円換算額との差額を為替差損益として損益処理したか。	無	有 YES	NO
13	純資産	期末に自己株式を保有する場合，純資産の部の株主資本の末尾に自己株式として一括控除する形式で表示したか。	無	有 YES	NO
14	注記	会社計算規則に基づき，重要な会計方針に係る事項，株主資本等変動計算書に関する事項等を注記したか。		YES	NO
		会計処理の方法を変更した場合，変更した旨，合理的理由及びその影響の内容を注記したか。	無	YES	NO
		中小会計要領に拠って計算書類を作成した場合，その旨を記載したか。		YES	NO
15		すべての取引につき正規の簿記の原則に従って記帳が行われ，適時に，整然かつ明瞭に，正確かつ網羅的に会計帳簿が作成されているか。		YES	NO
		中小会計要領で示していない会計処理の方法が行われている場合，その処理の方法は，企業の実態等に応じて，一般に公正妥当と認められる企業会計の慣行の中から適用されているか。	無	YES	NO
		上記以外の中小会計要領の項目がある場合，その適用状況が適正であることを確認したか。	無	YES	NO

● 「残高等」の欄については，該当する勘定項目等の残高がない場合又は「確認事項」に該当する事実がない場合は，「無」を○で囲みます。「確認事項」に該当する場合において，中小会計要領に従って処理しているときは，「チェック」欄の「YES」を，中小会計要領に従って処理していないときは，「チェック」欄の「NO」を○で囲みます。
● 「NO」の場合は，「所見」欄にその理由等を記載します。
● 「所見」欄には，上記のほか，会社の経営に関する姿勢，将来性，技術力等の内容を記載することもできます。

所　見	

参考著書

　本書を著述するにあたって参考にさせていただいた主な著書について，著者名及び著書名を掲載して御礼を申し上げます。

相澤哲編『一問一答　新・会社法』商事法務
相澤哲編『立案担当者による新・会社法の解説』商事法務
江頭憲治郎ほか『改正会社法セミナー（株式編）』有斐閣
太田達也『改訂増補版　新会社法の完全解説』税務研究会
太田達也『「純資産の部」完全解説』税務研究会
神田秀樹『会社法（第10版）』弘文堂
郡谷大輔ほか『「会社計算規則」逐条解説』税務研究会
国税庁『改正税法のすべて』大蔵財務協会
酒巻俊雄ほか『逐条解説会社法』中央経済社
商事法務編『織込版　会社法関係法令　全条文』商事法務
髙野総合会計事務所『Q＆A剰余金をめぐる実務』新日本法規
武田隆二編『新会社法と中小会社会計』中央経済社
中央経済社編『「会社法」法令集（初版，第９版）』中央経済社
中央経済社編『新「会社法」詳解』中央経済社
鳥飼重和ほか『非公開会社のための新会社法』商事法務
中島祐二ほか『資本の部の実務Q＆A』中央経済社
日本公認会計士協会東京会『会社法決算書類の作成と開示実務』税務研究会
日本公認会計士協会京滋会『Q＆A資本取引等をめぐる会計と税務』清文社
日本税務研究センター編『新会社法と課税問題』財経詳報社
葉玉匡美編『新・会社法100問』ダイヤモンド社
弥永真生『コンメンタール会社計算規則・商法施行規則（第２版）』商事法務
弥永真生『リーガルマインド会社法（第10版，第12版）』有斐閣

索　引

【あ】

洗替法 -- 112

【い】

委託販売 ------------------------------------ 46, 49
1円資本金 ---------------------------------- 241
一時差異 ------------------------------- 203, 210
著しい下落 ---------------------------------- 80
1年基準 -------------------------------- 70, 217
一般債権 -------------------------------------- 95
移動平均法 ------------------ 107, 127, 130, 132
違法配当 ---------------------------------- 272

【う】

受取手形 -------------------------------------- 90
打歩発行 ---------------------------------- 220
売掛金 -- 91

【お】

オペレーティング・リース取引 ---------- 176

【か】

買掛金 -- 217
外貨建金銭債権債務 ------------- 190, 193, 195
外貨建財務諸表 -------------------------- 188
外貨建取引 --------------------- 188, 189, 195
開業費 ------------------------------- 166, 169, 171
会計慣行 -------------------------------------- 12
会計帳簿 ------------------------------- 20, 22
会計方針の変更 ----------------- 302, 308, 322

【か】（続き）

回収可能性 ---------------------------------- 208
開発費 --------------------------- 166, 169, 171
貸倒懸念債権 ------------------------------ 95
貸倒損失 --------------------------- 94, 96, 102
貸倒引当金 ------------------- 94, 99, 102, 230
割賦販売 ------------------------------- 46, 49
株式交付費 --------------------- 167, 169, 171
株式払込剰余金 -------------------------- 251
株主資本 ------------------- 240, 261, 285, 290
株主資本等変動計算書 ----- 31, 281, 285, 330
為替差損益 ---------------------------------- 190
為替相場 ---------------------------------- 189
関係会社株式 ------------------------------ 108
完全性の原則 -------------------------------- 68
関連会社株式 ------------------------- 108, 111

【き】

機械及び装置 ------------------------------ 142
期間損益計算 --------------------------- 43, 224
基準資本金額 ------------------------------ 252
擬制資産 -- 163
級数法 -- 154
切放法 -- 112
金銭債権 ----------------------------- 93, 98, 101
金銭債務 --------------------------------- 221, 222
金融商品取引法 ----------------------- 3, 15

【く】

繰延資産 -- 163
繰延税金資産 --------------------- 145, 203, 205
繰延税金負債 --------------------------- 203, 205

【け】

経営成績	43
経過勘定	134
計算関係書類	27, 34
計算書類	27, 29, 30
計算書類等	27
決算公告	37
欠損金額の消去	256
欠損填補	249
減価償却	149, 158
現金及び預金	90
減資手続	248
減資等	247
検収基準	49
建設仮勘定	142
源泉所得税	51
減損損失	81, 156, 158
権利金	146

【こ】

公開会社	304
鉱業権	144
公共的施設	146
工具, 器具及び備品	142
工事完成基準	46
工事契約	49
工事進行基準	46
公正妥当	13, 18
構築物	142
合同会社	275
子会社株式	108, 111
固定資産	141, 147, 158, 159
固定負債	217
誤謬の訂正	302, 310
個別注記表	31, 301, 321, 322
個別法	126, 130, 132
懇談会報告書	7

【さ】

在外子会社等の財務諸表	192
在外支店財務諸表	191
債権金額	82
債権者保護	270
最終仕入原価法	130, 132
財政状態	67
再調達原価	128
最低資本金規制	242
債務額	219, 221, 222
先入先出法	126, 130, 132
残存価額	150, 152

【し】

時価主義	77
時価法	83
事業税	50
事業報告	37
資金運用形態	67
資金調達形態	67
自己株式	258, 261
自己の建設	148
実現主義	44, 53
実用新案権	144
支払手形	217
資本金	241, 250, 273, 275
資本準備金	251, 261, 285, 287
資本準備金積立額	254
資本剰余金	262, 265, 285

資本剰余金配当割合 ---------- 254
借地権 ---------- 144
社債 ---------- 218
社債発行費 ---------- 167, 169, 171
従業員に対する賞与 ---------- 230
住民税 ---------- 50
重要性の原則 ---------- 68, 134
重要な会計方針 ---------- 302, 307, 322
出荷基準 ---------- 49
取得価額 ---------- 93, 107, 127, 147
取得原価 ---------- 84, 124
取得原価主義 ---------- 77
純資産の部 ---------- 74, 239
準備金の減少 ---------- 255
償却原価法 ---------- 82, 98, 110, 220
償却すべき資産 ---------- 79
証券取引法 ---------- 3
少数株主持分 ---------- 291
試用販売 ---------- 46, 49
消費税等 ---------- 52, 183
商標権 ---------- 144
商品評価損 ---------- 125
正味売却価額 ---------- 128
剰余金 ---------- 250, 256, 265, 269
剰余金額 ---------- 275
賞与引当金 ---------- 230
新株予約権 ---------- 261, 286, 291
新株予約権発行費 ---------- 167, 169, 171
シングル・スタンダード ---------- 8
真実性の原則 ---------- 20
信頼される決算書 ---------- 21

【せ】

正規の簿記の原則 ---------- 20

税効果会計 ---------- 199, 210, 211
生産高比例法 ---------- 155
正常営業循環基準 ---------- 70, 217
製造原価明細書 ---------- 63
生物 ---------- 148
設立費用 ---------- 244

【そ】

相当の償却 ---------- 79
総平均法 ---------- 107, 127, 130, 132
創立費 ---------- 165, 169, 171
その他資本剰余金 ---------- 250, 261, 265, 285
その他の注記 ---------- 302, 320, 322
その他の流動資産 ---------- 89
その他有価証券 ---------- 111, 114
その他利益剰余金 ---------- 250, 261, 285
ソフトウェア ---------- 144
損益計算書 ---------- 31, 59, 61, 325

【た】

大会社の会計 ---------- 16
貸借対照表 ---------- 31, 67, 73, 328
退職給付引当金 ---------- 216, 227, 230, 232
耐用年数 ---------- 150, 152
建物及び付属設備 ---------- 142
棚卸減耗費 ---------- 125
棚卸資産 ---------- 89, 123, 130, 132
ダブル・スタンダード ---------- 8

【ち】

チェックリスト ---------- 19, 333
注記事項 ---------- 306
注記表 ---------- 301

中小会計指針 ------------------------------- 5
　　－の外貨建取引等 ------------------ 193
　　－の金銭債権と貸倒損失等 ------- 98
　　－の繰延資産 ------------------------ 169
　　－の経過勘定等 --------------------- 137
　　－の固定資産 ------------------------ 158
　　－の個別注記表 --------------------- 321
　　－の収益及び費用 ------------------ 48
　　－の純資産 --------------------------- 261
　　－の税効果会計 --------------------- 210
　　－の損益計算書 --------------------- 62
　　－の貸借対照表 --------------------- 76
　　－の棚卸資産 ------------------------ 130
　　－の引当金 --------------------------- 229
　　－の評価 ------------------------------ 85
　　－の負債 ------------------------------ 221
　　－の有価証券 ------------------------ 116
　　－のリース取引 --------------------- 182
中小会計要領 ---------------------------- 7,10
　　－の外貨建取引等 ------------------ 195
　　－の株主資本等変動計算書 ------ 330
　　－の金銭債権と貸倒損失等 ------ 101
　　－の繰延資産 ------------------------ 171
　　－の経過勘定 ------------------------ 138
　　－の固定資産 ------------------------ 159
　　－の個別注記表 --------------- 322,331
　　－の収益及び費用 ------------------ 53
　　－の純資産 --------------------------- 262
　　－の税効果会計 --------------------- 211
　　－の製造原価報告書 --------------- 326
　　－の損益計算書 --------------- 62,325
　　－の貸借対照表 --------------- 76,328
　　－の棚卸資産 ------------------------ 132
　　－のチェックリスト --------------- 333

　　－の販売費及び一般管理費の
　　　明細 ------------------------------- 327
　　－の引当金 --------------------------- 235
　　－の評価 ------------------------------ 85
　　－の負債 ------------------------------ 222
　　－の有価証券 ------------------------ 118
　　－のリース取引 --------------------- 182
中小企業の会計 ------------------------- 16
帳簿棚卸高 ------------------------------- 125

【て】

定額法 ------------------------------------- 150
低価法 ------------------------------------- 83
定率法 ------------------------------------- 152
適正担保 ---------------------------------- 4
電磁的記録 ------------------------------- 33

【と】

当座資産 ---------------------------------- 89
投資その他の資産 ---------------------- 145
投資有価証券 ---------------------------- 108
土地 --------------------------------- 142,149
特許権 ------------------------------------- 144
取替法 ------------------------------------- 155
取立不能見込額 ------------------------- 82

【に】

認識基準 ---------------------------------- 44

【の】

のれん ------------------------------ 74,144
のれん等調整額 ------------------------- 271

【は】

売価還元法 —————— 127, 130, 132
配当等の制限 —————————— 270
売買目的有価証券 ———— 91, 109, 112
破産更生債権等 ————————— 95
発生主義 ————————————— 44, 48
払込金額等 ——————————— 244

【ひ】

引当金 ———————— 224, 229, 235
引渡基準 ————————————— 49
非公開会社 ——————————— 304
評価・換算差額等 ———— 261, 286, 291
表示方法の変更 ————— 302, 309

【ふ】

ファイナンス・リース取引 ———— 176
負債 ———————————— 215, 217
分配可能額 ——————————— 270

【へ】

返品調整引当金 ———— 216, 228, 230

【ほ】

法人税(法) ——————— 50, 146, 180
法定繰入率 ——————————— 97
法定実効税率 ————————— 204
保存義務 ———————————— 22, 33

【ま】

前受金 ————————————— 217
前受収益 ——————— 135, 137, 138
前払費用 ——————— 134, 137, 138

【み】

満期保有目的の債券 ———— 109, 113

【み】

未収収益 ——————— 136, 137, 138
未払費用 ——————— 136, 137, 138

【む】

無形固定資産 ————————— 143

【も】

網羅性の原則 —————————— 68
持分会社 ————————— 273, 304

【や】

役員に対する賞与 ———————— 231

【ゆ】

有価証券 ——————— 107, 116, 118
有形固定資産 ————————— 142

【よ】

予約販売 ———————————— 46, 49

【り】

リース債務 ————————— 73, 178
リース資産 ——————— 74, 142, 178
リース取引 —————— 175, 180, 182
利益準備金 ———— 250, 261, 262, 285
利益準備金積立額 ——————— 254
利益剰余金 —————— 250, 261, 285
利益剰余金配当割合 —————— 254
利益の配当 ————————— 274, 277
流動資産 ——————— 69, 73, 75, 89
流動負債 —————— 69, 73, 75, 217

【わ】

割引発行 ―――――――――――― 219

著者紹介

中島　茂幸（なかしま・しげゆき）

略歴　北海道生まれ
　　　　日本大学商学部卒業
　　　　国税庁税務大学校・東京国税局
　　　　税理士登録（第70654号）
　　　　北海学園北見大学助教授・教授
　　　　北海商科大学大学院教授　現在に至る。

所属学会及び公職
　日本会計研究学会，税務会計研究学会，日本租税理論研究学会（理事）
　日本税法学会，租税法学会
　北海道税理士会・審理室委員・指導研修部研修講師

著書及び論文
　共著『判例戦略実務必携（法人税編）』，『同（所得税編）』，『同（消費税編）』
　　　（東林出版社）
　共著『個人課税の再検討』（税務研究会）
　共著『ベーシック税務会計＜企業課税編＞』，『同＜個人課税編＞』（創成社）
　単著『判例・裁決例による消費税の実務解説』（税務研究会）
　単著『日商検定１級商業簿記会計学』（東京教育情報センター）
　単著『新会社法における会計と計算書類』（税務経理協会）
　論文「使途秘匿金の課税と開示」『税務会計研究の現代的課題』（第一法規）
　論文「税効果会計」『21世紀日本の会計』（税務経理協会）
　論文「ＩＦＲＳに揺れる中小企業の会計」『文化科学の現在』（共同文化社）
　　　　　　　　　　　　　　　　　　　　　　　　　　　　　他多数

著者との契約により検印省略

平成24年9月15日　初　版　発　行	中小会社の計算書類と経理実務 －「指針」と「基本要領」－

著　者　中　島　茂　幸
発行者　大　坪　嘉　春
印刷所　税経印刷株式会社
製本所　株式会社　三森製本所

発行所　〒161-0033　東京都新宿区下落合2丁目5番13号　　株式会社 税務経理協会

振　替　00190-2-187408　　電話　(03) 3953-3301（編集部）
ＦＡＸ　(03) 3565-3391　　　　　（03) 3953-3325（営業部）
URL　http://www.zeikei.co.jp
乱丁・落丁の場合は，お取替えいたします。

© 中島茂幸 2012　　　　　　　　　　　　　　　　Printed in Japan

本書を無断で複写複製(コピー)することは，著作権法上の例外を除き，禁じられています。
本書をコピーされる場合は，事前に日本複製権センター(ＪＲＲＣ)の許諾を受けてください。
JRRC〈http://www.jrrc.or.jp　eメール：info@jrrc.or.jp　電話：03-3401-2382〉

ISBN978-4-419-05888-3　C3034